U0519061

总法律顾问手记

百战归来再读书

李熠 著

General Counsel's Notes

知识产权出版社

全国百佳图书出版单位

图书在版编目（CIP）数据

总法律顾问手记 . 百战归来再读书／李熠著 . —北京：知识产权出版社，2018.8

ISBN 978-7-5130-5682-3

Ⅰ . ①总… Ⅱ . ①李… Ⅲ . ①法律—基本知识—中国 Ⅳ . ①D920.4

中国版本图书馆 CIP 数据核字（2018）第 156892 号

内容提要

本书通过职业规划、律师之道、法务管理、海外并购、职业道德及合规五部曲，共
36 篇文章，娓娓道来律政职场的点滴。本书精进地新增海外并购专题，揭秘海外并购前
后的法务管理要点难点，并提出建设性的解决方案。作者以总法律顾问的身份，以 20 多
年的职场经历，走心总结多年的职场心得，诚恳解读职场关键点，一如既往地为律政新
人传道授业，为律政精英答疑解惑，助力法律人实现职场步步为"赢"。

责任编辑：崔开丽	**责任校对**：谷　洋
封面设计：SUN 工作室　韩建文	**责任印制**：刘译文

总法律顾问手记

百战归来再读书

李　熠　著

出版发行：知识产权出版社有限责任公司		网　　址：http://www.ipph.cn	
社　　址：北京市海淀区气象路 50 号院		邮　　编：100081	
责编电话：010-82000860 转 8377		责编邮箱：cui_kaili@sina.com	
发行电话：010-82000860 转 8101/8102		发行传真：010-82000893/82005070/82000270	
印　　刷：北京建宏印刷有限公司		经　　销：各大网上书店、新华书店及相关销售网点	
开　　本：720mm×1000mm　1/16		印　　张：21.5	
版　　次：2018 年 8 月第 1 版		印　　次：2023 年 9 月第 2 次印刷	
字　　数：260 千字		定　　价：58.00 元	

ISBN 978-7-5130-5682-3

出版权专有　侵权必究

如有印装质量问题，本社负责调换。

自　序

（一）

2016年11月21日，天还没冷透，北京城就匆匆地下了第一场初雪；恰好如我还没有百分百地作好出书的准备，第一本书《总法律顾问手记——律政职场胜经》就在雪天上市了。

一方面，在人生四十的边缘，有机会把二十多年经验之谈用近四十篇文章编辑成书，于我，是莫大的欢喜；另一方面，第一次出书生怕个别之处欠考虑，亦担心书对于读者的价值；两厢夹击之下，书一上市我竟然生病了。直到一个月后编辑告诉我首月新书销量过2000册，我心里的石头才缓缓落了下来。但我并没有因此觉得快活，相反，随着新书的出版我走到了人生的重大拐点上。

出国留学是我二十年的心头夙愿。从一个家道中落的大专生，变成国内的985、211院校的研究生，已耗尽我的心力；俗话说"路要一步步地走，饭要一口口地吃"，读书时我不敢有过多的奢望，只能把心愿暗暗地藏在心底。毕业后，受惠于四川大学法学院教育、个人勤勉和时代所赋予的机遇，

我从民企的小法务专员转变成跨国公司中国区总法律顾问。麻雀飞上枝头成凤凰，太多的挑战和无数新内容需要我不断从工作中领悟、体会，工作第一的想法盘踞脑海。

人到四十，回望人生规划，仅剩美国留学尚属待办事项，眼见着做这件事的最佳时机随着新书出版而来临，做不做，需当机立断。

（二）

为什么一本著作成就了我的海外留学的最佳时机？这恐怕还得从我对海外留学目标的定位和客观要求说起。

2003 年当我考上四川大学法学院法律硕士研究生时，一位朋友工作七年后从一家刑事杂志编辑社申请去了哈佛大学法学院 LL.M.（Master of Law）项目，她成了我的榜样。除了她出众的个人背景，给我留下深刻印象的是她发表多达十几篇的专业文章。我了解情况后也判断了我申请美国名校的可能性，就我的家底如果没有什么特别加分项，申个好学校几乎没可能。可我的目标是美国名校，首先得积累家底和亮点；其次需积累经济基础，毕竟众所周知美国法学院学费昂贵；最后我对托福信心也不足，考研究生之所以考三年，就曾几次折在法硕六十分的英语录取线上，去美国法学院读书托福想必更难。

家底和亮点如何积累？钱如何解决？英语如何提高？这是横卧在我的美国留学梦和现实之间的三大现实问题。

既然问题暂时无解，就先把眼前的做好，再伺机寻求突破！对一个法学院的学生而言，无非是争取取得优异的学业成绩，毕业时有像样的事业起点。幸好经历过高考的挫败，工作过八年后当我终于有机会进所像样的学校读书，我十分珍惜；读书时我因刻苦勤奋闻名法学院，并通过十分欣赏我认真读书态度的马列哲学教授的反复传播，为其他学院所熟知，以至于经常有人慕名而来在图书馆关门的时候特意在门口等我交流。

许多人绝口不谈勤奋刻苦的读书过程，担心这会削弱榜样的光环，显得自己没有那么有天赋；于是只谈眼前的成就，仿佛成功就随随便便地触手可得，这是一种误导。我不认为自己有惊人的天赋，我相信脚踏实地的力量，相信路一步步走下去，终究会延伸到我想去的远方，只是时间和机遇问题。而务实又何尝不是一种坚定而现实的力量？

努力读书的正向激励，除了货真价实的知识，还有呈现给未来雇主的体面的成绩、一等奖学金和优秀硕士毕业生称号，这些最终帮我这样没任何社会背景的法学院毕业生，找到了一家民营企业法务专员的位置。说小了有份谋生的生计；说冠冕堂皇一点，有份事业起点。

事实上我找到的不仅是份生计，还是十分难得的事业契机。我所在的这家汽车业民营企业吉利汽车，后来通过并购世界知名汽车公司瑞典沃尔沃汽车公司，发展为世界500强。伴随吉利汽车扩张发展的过程中，我在事业上经历了置之死地而后生，不断超越能力极限的过程；我在并购交易中所作的贡献终获得认可，从最初不起眼的吉利汽车小法务专员，转到沃尔沃汽车中国区任法务总监，2012年我成为法国雷诺汽车中国区的总法律顾问。

当我完成身份转变后，从留学申请的角度来考察，虽然我的学业家底相比名校本硕连读的学子薄一些，但我的事业家底却比许多名校毕业生强不少，而且有知名案例经验在身，我意识到冲击传统前14名法学院的录

取标准的家底积累准备就绪。另一方面，虽说法务工作是清水衙门，但事业发展带来经济收入的增长使读书费用已过关。最后，事业发展到一定高度后，鉴于自己在来路上获得的各路无私帮助，我尝试通过公众号分享经验得失，致力于帮助年轻法律人事业提升，意外地收获了个人的第一本著作《总法律顾问手记——律政职场胜经》，亮点自然而然地呈现在眼前。

世间万物，种什么因，结什么果。第一本著作出版后，我敏锐地察觉，当初阻碍我夙愿实现的条件已万事俱备，只欠东风；而东风就是我个人的当机立断和体面的托福成绩。

（三）

相比托福成绩，我个人的当机立断则更为关键。

托福考试看上去很难，但只要找到学习方法加刻苦练习，别人能考过的入学门槛，我也能。而在决断方面，一边是体面跨国公司颇为体面的工作平台和薪酬福利保障，一边是多年的夙愿和未知的未来。如何选择和权衡得失，十分为难。

一方面，四十正是年富力强做事业的好时候，万一决策失误，沉没成本极高。这使得同龄人多数会不由自主地选择稳定，害怕冒险，更别提放下一切重新出发，在上有老下有小的年纪，这太奢侈。另一方面，日子已经稳定得如同温水煮青蛙般无聊，而我又有精进一步、向亚太区总法律顾问进发的渴望，现实是海外求学经历是这个位置最起码的标配，虽然我也本能地恐惧失败，但比起无所事事地在一个位置上原地踏步消磨生命，我更愿意去挑战自己的潜能，给生命一些张度和色彩。

如果不考虑现实因素，百战归来再读书，无疑是提升水平、开阔眼界的绝佳机会，除了我所纠结的现实的利益和风险之外，把这段经历放到人生的长河中长远地看，利大于弊，甚至可以说人生无悔！

但得到眼前的一切的过程太难了，当我要决定是否放下历经千辛万苦才拥有的事业地位，去追求另外一个未知时，这个决定显得格外重。女性在男人主导的世界要成就一番事业太难了！一路走来过五关斩六将，随时整装出发、南征北战是家常便饭，就算为了一丝生机也得拼尽全力奋斗；除了辛苦努力地工作外，但凡稍有能力的女性多少得忍受旁人非议，这可能不仅有对手的打压，还有同伴的嫉妒。

我能接受的底线是什么？如果不能获得如期的事业和经济回报，我能否接受？这在我的人生终极目标中究竟多重要？

当我直面内心时，局势变得明朗。无疑这一步在我的人生中具有承上启下的意义。一是我未来二十年的事业的可持续发展，甚至终极事业梦想，需要这一步支撑；不走这一步事业已然见顶，走这一步还有突出重围的机会。二是人生中许多事无法仅用经济利益与投资回报率的单一维度去衡量，海外留学归来不见得会立竿见影地有更好的事业机会，但人生是一个逐渐自我实现和自我圆满的过程，能完成人生夙愿、收获自信和满足、收获知识，亦是无上欢喜。三是随着法律职业辅导事业不断深入，无论是通过写文章、出书、线下交流，还是一对一见面辅导的方式为青年法律人提供援助，不断地输出的前提是不断地输入，需要我持续地补充知识、开拓眼界，源源不断地提供更多的进阶作品，用全球化的眼光和视角为青年法律人答疑解惑。

真正不舍的是我的粉丝、读者和已经积聚的业界影响力。在过去的两

三年中，我们通过文字彼此交心交朋友、彼此成就，与其说我的作品有益于读者，倒不如说读者的鼓励和反馈给我灵感和启发，鞭策我奋进。读者通过我的观察和视角，收获一个更大的世界；而我借读者的反馈的关注点，看到了更全面的、更精准的法律江湖的症结所在；进而通过不断的梳理总结，构建了个人的法务管理知识体系。虽然写文章、做线下活动并一直保持着公益性的运作，正如胡适先生所言："成功不必在我，但功力必不唐捐。"

（四）

看到大局后及时谋定而动，是我该做的事情。2017 年 1 月正式踏上了我的美国 LL.M. 申请征程，全力以赴备考托福准备申请；遇到过许多无法想象的困难，但心诚则灵，一切有如神助，最终都克服了。

首先是历时七个月痛苦和煎熬的托福，最终的结果令人振奋；109 分的成绩，可以说比不少二十岁左右的年轻人考得体面，到了冲击名校的分数段，如此结果，我很自豪。

其次，我克服了有法律硕士学历但无本科学位的同等学力基础的考生的美国 LL.M. 申请资质问题。海外高校对本科学位的重视程度是国内无法理解的，他们并不是用我们国内想当然的用最高学历理所当然地取代原学历的认证方式；缺乏本科学位但有硕士学位的现状，咨询过无数过来人和留学中介，众口一词没有先例可循，这成为无解的拦路虎。最后我经过坚持不懈地与目标校沟通解释，弄明白了他们的真正关注点，最终得到了 3 家公认的 TOP 14 排名学校（乔治城大学、西北大学、纽约大学）的入学通知书及芝加哥大学的 Waiting List，为同等学力起点的法律或法学硕士学位持有者，走出了一条传说中走不通的路。

虽然申请之路上依然有许多我个人无法解决、无法控制的事件时有发生，我有无数次接近崩溃的心境，这包括我的大专成绩档案因母校搬迁而集体遗失的困境，中欧国际工商学院的 EMBA 学位无法得到美国法学院申请委员会（LSAC）认证的硬伤等；写申请的个人陈述时，一遍遍地回顾一路走来的艰辛，无数次潸然泪下；一次次地问自己为什么非要在这个年纪去美国留学，心志愈坚。2018 年 3 月，申请结果最终尘埃落定，花落全美排名第六的纽约大学法学院。

（五）

"静水流深，闻喧享静"，当我写下这段话的时候已是盛夏七月；我边准备远赴美国留学的行囊，边为自己的第二本新书《总法律顾问手记——百战归来再读书》写自序，这八个字不由自主地浮现在我的脑海中。

记得两年前第一本书刊印的时候，朋友问我接下来怎么打算？虽然当时有些事没完全想好，但我想这绝不会是我唯一的著作，这只是一个开始。开始容易坚持难，而今当第二本新书即将出版成册与读者见面的时候，我为信守了承诺而感到欣慰。

这是一个最好的时代，也是最坏的时代！互联网带给我们便利，通过公众号平台我和读者分享观点、并肩前行；同时网络上鱼龙混杂，吐槽文章遍地都是，连严谨的法律业也没能免俗。相比简单的粘贴和复制，负责任地写干货文章自然就辛苦很多，一篇文章写上十几天是常有的事，这种苦不是谁都能受得起的，不劳而获、坐享其成的也大有人在。一方面，我的文章和我的线下活动面临各种模仿，甚至抄袭；另外一方面，写严肃

有深度的文章因没太多槽点和热点，进而无法有效传播，这是互联网传播逻辑之一。我是该继续坚持走自己的路、说自己的观点，还是随波逐流、人云亦云？这也是一个摆在我面前，需要慎重考虑的问题！

正如有的人为星辰与大海而生，一路蜿蜒磅礴以汇入大海为目标，静水深流是她的写照；有的人喜欢溪流的欢脱，娱乐大众也无可厚非；有人喜欢狷狂而热烈地发言，而亦有人喜欢厚积薄发后深刻的见解，喜欢独享一隅净土，闻喧享静，安静地完成她的使命；如果说涅槃和重生，是我人生如影相随的主题，那么静水流深、闻喧享静，则是我的风骨，不必为外界的杂音而改变。

我无法承诺遥远的未来，我能承诺的是无论我身处何地《总法律顾问手记》会继续写下去，把我看到的世界和对世界的观点呈现给读者以作参考，希望随着时间的推移能发展成一个系列，我们一起进步、守望、分享、传播。

此时此刻，奉上第二本诚心之作，并作别亲爱的读者。远赴重洋寻求真知，是为了未来脱胎换骨的回归；坚守写有深度的文章，不以追求经济利益为己任，是为了在中国法务群体的发展历程中，留下些扎扎实实的印记。好在我并不是在独行，想感谢的人太多，在此一并谢过。

我的《百战归来再读书》继《律政职场胜经》之后，又带走了我的一段生命，它们是我心血的结晶，带着我最美好的祝福呈现给读者。衷心希望它们能陪伴读者左右，尤其在某个需要力量和帮助的生命阶段。致以我最真挚和温柔的祝福！

李 熠

2018/7/2 雨夜于杭州

目 录
CONTENTS

1

总法律顾问手记
百战归来再读书

律师之道

法务管理

海外并购

职业道德及合规

附　录

职业规划

写给法律人的 2018 新年寄语

亲爱的读者：

新年快乐！

从公众号开通至今一晃两年半了，虽然读者中的很多人与我素未谋面，但我们早已在文字中相互熟悉。每周日我的文章会翩然而至，你听我在文中娓娓道来；而我则在后台一条条地查阅和回复你的留言。读到妙处，彼此会心一笑，用"海内存知己，天涯若比邻"来形容也不为过。

2017 年，我迎来了人生四十。旅程过半，走到了一个什么都不再强求，却又分外懂得奋进的年龄。在走了一段平顺的事业之路后，我听从了内心的声音，再次启程走出舒适区。也因为这段归零，我被一些必要的准备工作牵制，离开了公众号一段时间，直到十一月初方翩然回归。

原谅我的这一小段不辞而别。为了完成新起点的准备工作，我独自走了一段艰难甚至无望的路，暂时专注在另一个更重要的任务上。毕竟，这将为我及我们的未来二十年的路打下基础。没有什么比完成一件渴望了二十年，却恐惧了二十年的事更艰难的了！在走过了这段需要勇气和力量支撑的路后，未来已然渐渐开阔明朗；而亲爱的你们，是我未来版图中的

1

总法律顾问手记

百战归来再读书

一部分，这一点不会改变。

同时，令我十分宽慰的是，回归后我依然有你们热烈而真挚的支持。后台的粉丝数没降反升，文章的阅读量也在稳步回升，这是彼此最好的守望！岁末年初，写下我这一年的一些反思和展望，化为给法律人的新年寄语，与君共勉。

（一）向前走，好事总比坏事多

2017 年，我离开了雷诺汽车，第二次事业归零。当我从工作了近五年的嘉里中心离开的那一刻，拥抱送我到大堂的同事乔姐，想到三十五岁时我从上海来北京背井离乡打拼的决绝和勇气，选择北漂生涯后经历的酸甜苦辣，2017 年无疑是我的转折年。

那年二十九岁，我从四川大学法学院回炉改造后结束了我的第一次归零，手里拽着法律职业资格、硕士学位及毕业证，摸着因读书而空空如也的钱袋子，想到活到三十，除了知识却一无所有，我不禁感慨命运的艰难。一个疑问难以抑制地涌上我的心头，知识真的能改变命运吗？

暮春五月，成都的空气里弥漫着温柔的甜香，来往的路人流露的多是欢喜的表情。而我一个人漫无目的地在四川大学西门外科华北路街上沉思，想着何去何从。穿着褚黄色僧衣的和尚半道拦住我，要送我几句话："别害怕，向前走，好事总比坏事多。"说罢他又翩然离去了，潇洒得紧。

他的几句赠言倒正是当时我所需要的：向前的勇气和对未来的信心！哪怕是盲目的信心和勇气！

在正式开始法律职业生涯后，我仿佛天生是接盘侠。我遇到过许多的

2

困难，接过许多别人不愿意接的项目，处理过许多看似毫无希望的纠纷。我也喜欢那些一看就知道成功希望很大的项目，那会为我带来业绩；我喜欢那些容易处理的诉讼和纠纷，那会给我带来好名声；我喜欢事业之路顺遂，那会让我保存体力和精力，更轻松地接近事业目标。

但一个没有背景的法学院毕业生，找到一份工作已实属不易，不敢奢求领导同事的额外关照。**唯有放低姿态，从最小的、别人不屑的事做起；于卑微之中体现生命的怒放和张力，于尘埃之中开出绝世的花。**

知识不会改变命运，但会带来改变命运的机会，能不能抓住那些机会，就和个人的眼光、判断和心态有关系。谁说那些麻烦事、烂摊子和看似永远不会成的项目不是机会？也许它们就是命运化了装的礼物！凭着对法律职业的执着和不轻言放弃的精神，我和同事们一起盘活了不少"死"项目。最大的意外是在 2010 年帮老东家吉利汽车做成了收购沃尔沃汽车项目。

这个项目当初是媒体集体唱衰的项目。但我却欢欣鼓舞，觉得这是一件非常有意义的事业，并没有考虑项目不利后黯淡的事业前途。我考虑的是在这个过程中，我有机会大开眼界、收获成长、提升领导力，这便是项目于我的意义。不可否认的是，沃尔沃收购项目为我后来的事业格局奠定了重要的基础。但于我而言，交易的交割，只是一件副产品。

事业上我想得很少。**这使我得以在洞察全局后，将目光专注在最重要的东西上。做了决定以后，我全力以赴以破釜沉舟的勇气去完成使命。**天下哪有不冒风险的事业，风险和收益永远是正相关。我愿意承担风险去换取成长，相信好事总比坏事多。

也许不少读者和我一样，走到了一个需要做出改变的时刻。让我们勇敢地拥抱变化，接受前途的不确定，向自己认定的方向开足马力前进，不

要被自己的心中的臆想和恐惧束缚。哪怕你选择了一条少有人走的路，相信我，向前走，好事总比坏事多。

（二）有职业规划，做自己的领航者

当我回望职业生涯，最庆幸的事，是在四川大学毕业前夕，做了十年职业规划。

作为家庭的第一代大学生，我意识到父母能把我送到大学已算万幸，事业上的问题，父母的经验帮不上什么忙，得自己解决。遇到过几次事以后，能求助的无非是师长朋友。有见识的人和普通人的见解差异甚大，有时一不小心会对人的命运产生决定性影响。

后遭遇家中变故，坚定了我通过考研这个手段去实现知识改变命运的想法。1997年报考时收到错误的信息，本科的学历方可考研。而我并没有认真地多方求证信息的准确性，就稀里糊涂地走上了漫长的五年自考路。到2000年，我通过网络了解到大专毕业两年即可考研，才发现我已在无知中蹉跎了三五年的青春。

我反省过原因。首先小城市信息封闭，信息不对称；其次，我自信心不足，没有勇气质疑和探索消息的准确性，转而想通过自考补上这个劣势；再次，我对考研、专业选择、未来打算，没有成体系的想法，内心并不足够坚定和明确。稍微一遇到点未经求证的风吹草动，格局有限就退缩了，自己束缚住了自己的手脚。当时如果身边人稍加点拨，明确方向和心志，我至少可以提早3年毕业。而人的一生中有几个三年？

这个教训印象深刻，以至于研究生毕业时，我想到过去曲折的等待和

4

蹉跎，便认真地做起了职业规划。学着书上的指示，列出了自己的优点、缺点；又请了网上找的职业分析师，用性格测试工具、职业倾向性工具去分析机会、剖析自我；但即便是已经把自我剖析得血淋淋的，依然不成体系。我感到很迷茫。

迷茫也逼得我去向老师和已毕业的师兄师姐沟通。**这世界，你若对人真诚，你遇到的会是更多积极的反馈。**其中林达师兄建议我把握大的经济发展趋势，在大的趋势下去选择产业、充分发挥特长去实现职业梦想。最终他的启发使得我选择了汽车业法务作为起点，因为产业够大、在中国有机会、能充分发挥我个人的法律商业交叉背景和英语不错的特长。在这个基本前提下，我把十年、五年、三年的规划再细化，通过 3 个月左右的时间反复验证思考，有了自己的第一份职业规划。

有了它，我目标明确，清楚什么时候面对机遇该出手。譬如当公司的投资部向我发出邀请时，别人都说比在法务部强，我拒绝了；但沃尔沃项目出现时，即便别人都说做不成，我接了。

职业规划的意义宛如航海中的灯塔，可能不是时时需要它，但它的存在使我们能更敏锐地察觉到人生的重大机遇；使我们于顺境时不迷失，于逆境时不惶恐；尤其在那些风雨交加的夜航中，职业规划宛如一颗熠熠生辉的夜明珠，穿透迷雾引导方向；也让我在各种境遇之下得以保有内心的安定。弥足珍贵！

这份职业规划中的 90% 在毕业第六年实现了。2017 年，我把最后、也是最难的 10% 补齐了，梦想终于团聚到了一起。回首 29 至 39 岁的黄金事业期，我没有遗憾。

我也衷心希望读者有清晰的职业目标。如果暂时没有，岁末年初的这

段时光，正是总结过去规划未来的好时机。不妨拿起笔来写一写；和知心的朋友师长商量一下；如果确实有必要，也可以通过"在行"找到我。

（三）保持洞察、开放和灵活性

这一年我反复在想，我的四十到五十岁该如何度过。甚至想得更长远，我未来二十年的职业生涯该如何规划。

一个成熟的成年人，走到半场，在还有多少潜能可以挖的问题上，心中是有数的。选择职业就是选择了一种生活方式，除了考虑我内心的喜好，现实的财务现金变现能力，也考虑能否对行业及社会有所贡献。

一路走来，得到过许多帮助。记得考研时，二次未中十分沮丧，师兄真诚地打长途电话对我说："I will stand by you，till you succeed"，最终所幸在师兄将要毕业的时候成了他的一年级学妹。研究生学费不够时，得到了朋友的慷慨解囊，让我没有后顾之忧地完成了学业。工作后遇到的师长领导，将自己的宝贵的人生经历及生活的智慧与我分享，指点我学习如何洞察先机、有智慧地处理公司政治，扶我上马并送我一程的良师益友不在少数。这些善良的人给予过我的珍贵的帮助，并不需要我回报，但爱和感激是需要自觉传递下去的。

我过去以为，奉献是实现财务自由后的人才需要做的事情，但事实证明是我把奉献庸俗化了。奉献在不同的人生阶段，只要量力而为，可以有不同的内容。基于这点领悟，我开始写《总法律顾问手记》系列，至今已然65篇。我曾无数次想放弃，但又无数次坚持了下来。通过这个过程，我建立了自己的知识体系，收获了业内的交流机会，结识了新朋友，出了与文章同名的书。奉献，带给我的意外收获太多了，这也将是我未来的使命之一。

当然，我也在寻求更好的事业时机，寻找机会把剩余潜力发挥出来。而要发挥这剩余潜力，我需要为自己创造一些条件。我发现那百分之十尚未完成的梦想，虽然实现它对我而言会很难，但它就是连接过去和未来的桥梁。当我明白了这一点后，我毫不犹豫地拥抱了我人生中最难的任务之一，接受前途未卜的不确定，在 2017 年把梦想实现了。正所谓天道酬勤，自助者天助！

假设我六十岁退休，未来二十年能否在事业上再螺旋式地上升几个台阶，在于我今天是否已经有务实并具有前瞻性的职业规划。它将是我未来事业发展的骨干和支柱。虽然二十年的计划无法做到细致，但至少可以有框架；然后在这个框架之上，保持一定的开放性和灵活性。

开放性和灵活性，是对长期职业规划必要的补充。比如，几年前当来北京工作的机会摆在我的面前时，我心中舍不得杭州刚装修完的新家和深入骨髓的南方饮食、文化；当我内心两种力量在打架的时候，一位老友给了我建议："City matters, but career matters more, be open-minded"。这促使我放下杭州、上海已有的一切，有了雷诺汽车的五年。这五年我过得很开心，接触到了更大的世界，上了 EMBA 充实自己，在人格上更加成熟自信。

运气当然很要紧。但你至少得在路上，运气才会找到你。同时，我们需要有一定的灵活性，尝试用比过往开放的心态去做取舍。**我常说一个人的事业边界有多大，在于她究竟给自己划了多少条条框框；条条框框本身并没有什么错，关键在于其中是否保有一定的灵活性。**中间的尺度，需

要自己去用心把握。

（四）学习求助和示弱

奋斗的路从来不会是轻松的，需要有对事业长久的执着和热情才能坚持下去。在这个过程中，我们需要咬紧牙关，也需要学习求助和示弱。**坚强是渡过难关的方法，但适时的示弱和寻求帮助，也是。**我曾经很坚强地独自扛下很多负担，回首那段时光，它并没有让我变得快乐或者高尚，有时甚至是苦不堪言。

示弱和寻求帮助，是敢于面对不完美的自我，不在乎别人的眼光和评价，专注于解决问题和学习成长，做对自己有益的事情。示弱，不是真的弱，它的基石是内心的自信和强大。柔软的是我们的身段，有一天你会发现，那些骄傲的自我并没有什么用处，只是装点门面而已。

从事法律工作的人，十有八九都是聪明人，要承认自己不行，太难了，这无疑是需要极大的勇气。学习法律的人，十有八九清高，才高八斗但书生意气，以退为进对他们而言，是个难题，我亦如此。

过去我总是自己解决一切问题，我害怕别人给我贴上"不行"的标签，极力想证明自己；我也怕给别人带来不必要的麻烦。过了很多年，我才学会放下盔甲，学习示弱和寻求帮助。有一天，当坚强走到了极致，我们会惊讶的发现坚强的尽头是柔软；那些坚强解决不了的事情，用示弱的柔软，反而出其不意顺利地解决了。发现这个秘密，令我感慨万千，也拥有了一个事业上的秘密武器。

强强狭路相逢，短兵交接勇者胜，但僵持不下时，肯以退为进者胜。

尤其面对无解的死局，更是如此。只知进不知退的人，是沙场小卒；而进退有度的人，方可笑傲江湖。

未来的人生，心态上，我会坚韧也会示弱求助，我认为这是在事业的江湖拥有进退自如的诀窍。我也希望我的读者能领略其中的精妙。当用尽勇气和努力尝试无果的时候，不妨学习请教他人、以退为进。

四十岁的最后一天，往事如电影画面般从脑海中掠过，于思绪纷纷中写下这些片言只语，想说的话很多，在这岁末年终感慨万千的时刻，化作对自己和读者的 2018 新年寄语。Happy New Year！

总法律顾问之路 *

（一）法务是什么

在过往我走进法学院的讲座中，我发现许多同学了解律师、检察官、法官三位一体的职业体系，但对于法务了解很少。也有社会经验比较丰富的同学，会很聪明地将它和财务联系在一起，因为都有个"务"字。我觉得能这么想的同学特别会融会贯通，确实法务和财务在公司里都属于风险管控的一部分；不同的是一个从财务的角度来考察控制风险，而另一个从法律的角度来观察、识别和控制风险；目的均为保证公司顺利运营，避免不必要的经营风险。

法务的另一个名称是公司律师，这么说就比较容易懂了。律师事务所的律师为客户服务并收取费用，但不受雇于客户，因此律师事务所可以为许多家客户同时或分别服务，只要不存在利益冲突。法务只为一家客户服务，而且受雇于这家客户，是在客户内部从事法律服务的律师。根据目前国家规定，有律师执业资格的律师受雇于公司后，律师执业证是没法再挂

---

* 本文为作者于浙江大学光华法学院演讲时的讲话稿。

在律所的，但公司律师又有超过 50% 以上的从执业律师转行而来，所以公司律师和外部律师有天然的、不可分割的联系。同时，公司律师平常在工作中遇到不熟悉的领域，又会将部分工作委托给执业律师。因此，从我的角度来看，**法务这个职业属于律师体系的一部分，相当于专业医院的医生和大企业保健医生的区别。**

坦白讲，我被吉利汽车录用为法务专员的时候，和在座的同学一样，并不清楚自己将要做什么。但我依然很高兴，因为我在上法学院之前从事过八年的商业工作，我一直想将我法律和商业的复合型背景相结合，所以去大企业工作是我的志向之一。至于法务做什么，我当时觉得不了解不重要，去了就知道了，至少是从事法律工作，没有转行。这就是我从四川大学法律硕士毕业时朴素的想法。

（二）如何成为一名合格的法务

我去了吉利以后天天想，我该怎么开展工作，怎么实现自己的职业理想。

当时吉利汽车的法务部 11 个人，早期以诉讼业务为主，但随着吉利汽车的业务日趋稳定，非诉业务急剧增长，所以公司就去 211、985 高校招了一批硕士研究生来充实业务骨干，我就是在那个时机进入公司的。后来我成了总法律顾问后，再回头看，我才发现我的运气实在太好了。正常来说公司招法务一般选择从律师事务所工作三年或五年以上的律师，对应不同的职级。虽然也有少量校招，但实在罕见；没有做过执业律师，却在跨国公司做到总法律顾问职位的更加少见。**这并不关乎能力，但难在打破思维定势。**如果同学们今后和我一样，有机会一毕业就被招到公司做法务，

一是说明你很不错，因为这类职位对应届生开放太少了，如果你被录用应该感到骄傲。但从另一个角度而言，你在成长过程中面临的挑战，将比在律所工作过几年再转法务的同事大得多，但依然有成才的可能，关键在于你是否能跨越这些挑战。

作为一名合格的法务，首要的是业务能力，能帮助公司有效快速地解决法律问题。**法务的"本"是法律知识和法律实践能力，这即是法务的价值所在。如果大家有兴趣成为一名优秀的法务，提升法律修养和用法律解决问题的能力将至关重要。**我想现在学校的案例式教学方式、课程式教育及法学院普及的司法考试制度，能为学生今后从事法务工作打下一定的基础。

当然做法务仅有业务能力是远远不够的。**法务工作对人的综合素质要求比较高，对人际交往能力、沟通交流能力、商业理解能力都有要求。**和律师事务所合伙人、资深律师出面面对客户、初中级律师，以律所内工作为主不同；法务工作从第一天开始就将直接面对内部客户，需要就各种正常工作和突发事务做出反应，所以法务对综合能力的要求更高。你不会和人打交道，就有可能在公司被边缘化，所谓的不受人待见；你不会结合对商业的理解去有效地解决问题，就会被质疑是"书呆子"，出的法律意见执行不下去，没人尊重你的意见，就会缺乏权威性；甚至你不会写商务电子邮件，在公司内部给人留下不专业的印象，你的法律意见就会容易被人误解。更何况法律实践的许多内容是学校里学不到的，做公司律师要学的东西实在太多了。比如说学校教了合同法，但学校教过你们怎么改一份法律合同吗？

总而言之，如果想成为一名合格的法务，要致力于提升自己的综合能

12

力和法律实践能力。这种能力包括商业公文写作、商务礼仪、交流沟通等。在校期间可以多实习，提升自己对法律实践能力的理解和积累。就提升法律实践能力而言，我觉得律师事务所是你们最好的实习场所。

（三）如何从法务成长为总法律顾问

那么如何从一名法务成长为总法律顾问呢？为了生动一些，我将以吉利汽车并购沃尔沃汽车为例来分享一下我的心得体会。

做这个并购案的时候，我已经是吉利集团法务部副部长。两年内从法务专员升到这个位置（当时法务部已经有 33 人），**有运气的成分，但主要靠正确的职业规划、自律和不嫌辛苦**。举个例子说，我读法学院前做国际贸易很多年，有英语基础；毕业的时候我仔细地考虑我将来从事什么类型的业务，当时结论是去大企业做法务，最好是做涉外业务的法务。因为有这个想法，所以我在读研究生时自学了法律英语，当时四川大学不开法律英语课，我觉得不会法律英语就没有做涉外法律事务的机会。**我的想法是涉外的法律事务在公司里具有高曝光度，如果做得好，容易引人注目，容易显得出众而获得晋升。要杀出重围获得事业机会，做涉外业务是我的一个途径，这个判断我从一开始就有了**。我到吉利后，一开始在宁波制造工厂做国内业务，并不能接触到涉外业务。但我没气馁，晚上坚持在办公室继续自学法律英语，其他同事都去玩了——他们觉得我太爱学习了，没带我去玩。

半年后公司想进军欧洲市场到国外建厂，谈判开始本也没邀请我，但我的直接老板不懂英语，这时便想起我天天在自学英语，就想着让我去听

听给挣回点面子，也考验考验我。结果到场后我发现公司的谈判团队，居然要靠对方中国区总经理翻译，我就主动说我来做翻译吧，这样，就一边做法务一边做翻译混入了谈判队伍中。因为我做得很认真，获得了总经理的信任，结果成了海外项目的核心成员，最后又因为这个项目在集团获得了名声，没过几年就顺利地被提拔成了副部长。

回想，如果没有一个判断正确的职业规划，我可能也会像很多人一样，想有所作为，但又不知道该怎么做，急得像个无头苍蝇在原地不停地打转，没有前进。所以，好的职业规划是好的开始，建议同学们有空时花时间想一想，想做什么，该怎么实现。

后来我去做并购法律组负责人是集团法务部推荐的，其中最大障碍是我过去并未做过并购。当时并购的外聘团队包括投行、律师事务所、会计师事务所，都是国际第一梯队，非常优秀。起初我心里也有过顾虑，担心自己会不会拖后腿。因为担心，所以也认真想了想自身情况，我的优点很明显。第一，我从吉利的普通法务成员成长起来，跟内部人员都很熟悉。因为并购法律负责人的一个功能就是要能够在内部团队和外部团队之间沟通协调，而我对内部的熟悉程度，足以承担这个责任，从法律口来推动内部和外部团队将并购项目顺利向前。第二，商业谈判是我的强项，这在并购中处理悬而不决的问题中发挥了重要的作用。因为我从事过商业工作八年，谈判是我的强项，而且我离内部客户近，对吉利商业模式的理解和商业文化的理解是外部律师无法超越的，这一点在最难的知识产权谈判中体现得比较明显。当然，我的缺点是不熟悉国际并购流程和常识，这一点因聘请了经验丰富的外聘律所也很好解决，我请他们给我做个必要的知识导入就很有帮助。我法律英语底子差一些，但我的学习能力很强。在我一进入到国际并购的流程中，我就主动地学习。记得飞伦敦的整个航程 11 个小时，都是在读英文合同或者律所写的 MEMO 中度过。虽然我没有去海外读 LL.M.，但我最好的学习是在工作实战中所学，所以能力也有了质的变化。另外，我当时对国际所的管理和合作的经验欠缺一些，那我就在并购中一点一滴地建立自己的信用。比如说，我说可以的事情，就是一定可以的，绝对不会食言。所以和我工作，可预见性很强，因为我本身就是个计划性很强的人，不会出意外。那么久而久之合作的律所就知道，只要找到我，我说可以了，那么吉利内部就是可以了，这种信任一旦建立起来，管理和被管理的关系就简单多了。一方面我们请了专业的国际并购排名第二的所来做这桩业务，他们业务上是我的老师，我向他们学习。另外一方面，无论是法律资源的调配、具体谈判意见在法律条文上的落实和认可，还是律师费用的核实和管理，他们通过我去和内部沟通协调。**所以，遇到困难，遇到没做过的事情，并不可怕。只要正确认识自己的优点和不足，并想办法去解决不足，机会会眷顾有心人。**

其实并购案中我也有很遗憾的地方，其中之一便是吉利法务部只有我一个人参与了这个复杂而精妙的并购案。当时我确实人手紧缺，记得我当时一天要处理 300 封左右的邮件，并以这样的工作量工作了近两年。部门里也有从海外留学回来的同事，可遗憾的是当我去试图邀请有兴趣的人和我一起来做这个案例的时候，大家都表示对这个并购案没有信心，大多都是认为做不成，而不是想怎么把它做成，自然也就没意识到这是个很好的学习和成长机会。尽管最后，我个人因为负责这个并购案，而成为吉利集团三位"并购突出贡献者"之一，并获得嘉奖，但作为法务部的负责人，没能说服自己的同事，多一些理想和情怀，变不可能为可能，也确实是一

件很遗憾的事情。

如果说这个遗憾有什么可以给大家借鉴的话，**就是在职业生涯中，人人都觉得是机会的，那往往不是什么机会，即使是，也是竞争异常激烈，因为大家都看得见，会去争。而往往对觉得不可能的事，我们反倒要尝试多抱着一些好奇心去试一试，不要怕付出，不要太过于现实，因为成功藏于一些情怀和理想之中。**

最后，正是因为我在吉利并购沃尔沃案中所发挥的作用，我获得了很高的集团内部曝光率，并购结束后我转任沃尔沃汽车中国区法律负责人，2012 年又转任法国雷诺汽车中国区的总法律顾问，实现了从民企到跨国公司的职业转换。**这些既是机遇，也是个人努力的结果，但没有方向的努力只会原地打转。**

希望此番简短的交流，能使大家初步了解：法务是什么工作，如何成为一个合格的法务，以及如何从普通的法务成为总法律顾问。

司考后，写给法律新人的八条职业忠告

（一）力求结果导向

客户之所以会来聘请律师和法务，是因为意识到了法律在商业中所发挥的价值，因而愿意为之付出费用。这种价值可能是完善了交易结构，预防了法律风险的发生；可能是法律意见有价值，对来咨询的当事人起到了指点迷津的作用。无论对客户具有何种价值，客户付出了对价，就期待有个反馈结果。

同理，律所带您入门的师傅或者企业的法务总监聘用了您，为您付出了对价，就是您的客户，期待您能完成一些初级工作。对于老板交代的事，有义务当下能办的马上去办，今日能完成的不拖到明天。新人对什么都好奇，爱瞎琢磨，老板不怕。怕的是什么都研究了一番，说得头头是道，交代的事情却不了了之，做事虎头蛇尾没个结果。

譬如前两天，我请助理帮我找个法律文件并复印一份给我，处理一个诉讼案件用。交代下去后，却没后续反馈了。过了一天忍不住追问，发现

她忘了这这件事。我的年纪比她大20岁左右，不知为什么她的记忆力比我老十岁。这让我对她的印象大打折扣。这种事发生几次，信任就丢光了，今后谁还敢把事情交代给她？

能有效完成工作任务有产出的法律新人，才是对老板有价值的。老板请你来是希望能完成工作任务的，不可光说不练。摆正自己的位置，高产出、高效地做好力所能及的事，才是良心法律新人。

（二）培养独立工作能力

不少年轻法律人刚刚走上工作岗位，显得手足无措，等着师傅带、上级教，依赖心理很严重，活脱脱一副长不大的小孩样，一口一句"我不知道"。

比如在公司工作的法务新人，遇到内部客户咨询"主合同还没盖章，从合同能否先盖章"之类的问题。如果这个咨询作为一道司法考试题的话，您一定能得出个大致的判断。可是前两天研究生毕业的小助理遇到了这问题，直接就跑来找我，要我给她指导。我无奈地看着她，让她先自己查合同法、民法等找到相关法律依据出具个基本意见，再找人商量。我坚定地告诉她，我只教她工作方法，她需要把这件事情自己独立完成。我给她答案，那就是我帮她挣了薪水，这不是我的义务，是她的义务。

想早日成才，**先树立"自助"观念，方有机会得到"他助"**。所谓"自助者天助"。师傅也好、上级也罢，没有义务像父母或哥哥姐姐般帮您。自己能动手解决的问题，自己解决，不去给师傅和上级添堵。自己吃不准的事情，找合适的时机请教。从心理上把自己当成一个能独当一面的成年人，才能像个资深律师一般有独立面对客户的机会。

18

（三）树立求真务实精神

单位新人入法务部门的第一天，除交他们一套工作手册，还会和他们强调人心"险恶"。只相信自己求证后的事情，不要轻信对方的陈述，更不可想当然地把没求证过的"事实"当真。重要的沟通以书面邮件为主要沟通方式，留下证据，万一被坑了，背黑锅，我才有帮忙出头澄清事实的机会。从新人们看我的幽怨的小眼神，我心领神会地察觉他们必定觉得我太不信任人了。朗朗乾坤，哪里有这么多的大灰狼！

可是当事人或客户来咨询的时候，为了获得他想要听到的回答，或出于保护白己的利益的需要，会倾向于在事实陈述上有偏差。而新人社会阅历浅，容易没经过刨根问底式的求证和核实，就先入为主信以为真。这个亏，要吃过许多次，才知道痛，才会长心眼。

法律推理的起点不真实，法律成果是不会正确的。最怕听到法律新人理直气壮地跟我说，据说这个事情是这样的……遇到这种时候我会反问，你核实过没有？去调查一圈核实情况再说吧。待到核实一圈后，十有五六会幽怨地告诉我，原来还有其他情况，他们为什么不说啊……。可见求真务实有多重要！

（四）提升逻辑思维和结构思维能力

法律新手在工作中容易只有点状思维，单一分裂地看问题，而看不到事物之间的内在联系，缺少逻辑思维和结构思维能力。

　　举个例子。法律新人审理合同，只看到具体条款的约定，忽视整个合同的逻辑和结构，观察不到条款和条款之间的内在逻辑，对主合同和附件前后一致性、文本表达不重视。所以做技术活的时候，就容易出现重要条款的"残次品"。更别提去理解商业逻辑了。闷头什么都不问，接到合同一言不发就动手改的人，大有人在。这样的工作成果自然是交不了差的。

　　这大约就是古人说的"看山是山，看水是水"的初级认知状态。需要通过有意识的培养和修炼，进化到"看山不是山，看水不是水"的认知状态。到最后，弄明白事情的来龙去脉和逻辑体系后，再次精进到"看山还是山，看水还是水"的认知状态。我认为这是**法律新人认知水平提升的必经三步曲**。

（五）换位思考，为客户着想

　　现在你有两个助理，交代相同的任务，要他们在现有模板基础上代为起草一份董事会决议，经过您的审核后发给公司的董事们审批。其中一个助理在模板上改动时为方便您的审核显示了改动痕迹，最后发送来审阅的文件既有修改版也有清洁版，还根据您过去的邮件格式，代拟了一份给董事会成员审批的邮件内容。而另外一个助理也是在模板上改动，但他的文件没有显示出改动的痕迹，您必须自己去仔细核对改动之处，当然也没有超出您期望值的代拟的给董事会成员审批邮件。假设两份改动的质量相似，您对哪个助理更有好感？我相信百分之九十九会选择前一个助理。

　　不难看出，**换位思考，为客户着想，是做法律工作的必备情商**。这就是许多法律界老师傅口口相传的"眼力劲"吧。第一位助理，能从方便老板，也就是他最重要的客户的需求出发，考虑如何让老板更高效地审阅修改后的董事会决议。而且进一步预测到在董事会决议定稿后，会需要写信向各位董事汇报并申请批准，这个需求显然是超出老板的工作任务安排，但是客观存在的。他能看到老板的下一步需求，并提前主动准备，这无疑是超出老板预期的。第二位助理，则表现普通，无功无过。切记，**能超出客户或老板预期的法律新手，容易得到青睐**，工作任务和锻炼机会比普通人更多，自然容易在激烈的职业竞争中脱颖而出。

（六）举一反三，勤于总结

据说从新手到业内专家的距离是一万个小时的工作量，折算到年大约是用十年的光景完成知识和经历的积累。法律工作亦是如此。

如想提高成长的速度，除不断的学习，法律新手**需做到能举一反三，融会贯通，并勤于总结梳理知识体系**。比如今天师傅教过的问题，记录下自己有什么地方没想到的，一个完整成体系的解决方案该是怎样的。又比如在审理了几百份合同的过程中，对审理过的合同分类，并对同类合同做个总结，这类合同中容易出现法律纠纷的点在哪里，在哪些条款上需重点保障。分门别类，以此类推，建立自己的知识体系。长此以往，必将从中受益。

（七）团队精神

作为法律新人，刚开始难以独立承担工作，难免需要和老板或同事相互配合，完成工作任务。这时候具有团队精神就非常重要。

团队精神要求成员们放弃小我,彼此之间有一定的分工,为了完成一个共同的目标,在团队领导的领导下通力协作。刚开始工作,难免从事辅助性工作多一些,不要抱怨,也不要不满。一方面是由于您的能力所限,另一方面也是为了完成一个共同的目标团队分工合作的需要,要多从大局着想。有时候您在团队中的意见不一定能获得其他团队成员肯定,多思考下未获得肯定的客观原因,不要耍性子,应服从团队的决定。

现在法律行业越来越向专业化分工的方向发展,一个人全能,什么都能做的阶段已经过去了。律师之间的合作、律师和法务之间的合作、法务之间的合作均很频繁。做一个有团队合作精神,能和众人一起完成工作目标的人,更受欢迎。

(八)有所为,有所不为

法律新人要对法律有所敬畏。作为律师应把握好和客户之间工作的分寸和距离感。作为法务,把握好和内部客户之间的关系。

公正,意味着做人不偏不倚,做事以事实为依据、以法律为准绳,有所为,有所不为。律师不是什么钱都可以赚的,律师有律师的职业道德和底线,并对此有所敬畏。法务也是如此,应和内部客户保持适度的距离,保持客观公正立场,不参与违背职业道德的交易,如发现此类事情,有义务按制度上报。

技术好很重要,但归根结底,**一个有技术加有职业道德的律师,才是真正受人尊重的律师**。人生的路很长,不为一时的诱惑所迷惑。守住初心,方得始终。

在法律的从业路上，
如何为自己找个伯乐

年后春暖花开，想换个公司或律所的法律人不在少数。剔除各种江湖恩怨和八卦，在职业发展过程中，除了不断加强自身实力，最重要的是选择好平台和老板。好的平台意味着相对多的事业机会；好的老板则意味着实实在在的事业前途，重要性不言而喻。

在我的事业发展过程中决定性因素之一就是老板在几个转折点的鼓励和支持，实属幸运。虽说这是一个双向选择的过程，但当我回想曾经为之服务过的几位老板的令人钦佩之处，总结如下：

首先，出身不是识别好老板的标志，正直有领导力是关键。

国企、名企、跨国公司均有值得跟随的老板，以为跨国公司的老板就是好，民企、国企的老板就是土，这并不客观。虽然企业的文化和风格不同，但每一家企业只要运营良好平台足够大，大多藏龙卧虎，可以选择合适的老板学习和跟随。

记得我从事商业第一年，和国企总经理来北京参展，认识的几个相同地方来的行业伙伴想去游览京城，托我帮他们照看下展位。总经理看到了特地叮嘱我，答应的事情一定要做到，做不到就不要答应，否则失了信用

难以立足，他的这份特别的嘱咐对刚出道的我而言印象非常深刻。在他的影响下，我也渐渐养成了言出必行的习惯。这条原则为我在工作上赢得了许多信任，信任的累积就意味着下一次合作机会。因为好的项目出现需要可靠的人，大家自然会想到我。至今回想起来，与这位国企总经理工作的几年，在他的潜移默化下我树立了工作中为人处世的基本准则，这对我的人生产生了长远的影响。因此，老板的出身不是问题。

但正直有领导力却是值得跟随的老板们的共性之一。我的第一位法律线老大，就是这样一位正直、知人善用的老板。他是位退休少将，时任吉利汽车集团法务副总裁，我为他工作时还很年轻，对律师所需的全方位专业性认识不够，他就会时不时地帮我指出来。比如我的手指上蔻丹的颜色太艳了，会影响我作为律师的专业性；个别衣服颜色太鲜艳，衣着大方简洁才凸显律师的风范和气质等。但瑕不掩瑜，一旦到有大项目和大案，他第一个想到给我机会。他出发点是栽培而不是找茬，因而处事公正，我虽然时不时地被"教育"，但心服口服。

真正体现他真诚的领导力是另一件小事。记得有一次他一着急对我发了很大的脾气，事后彼此也一直没说开。有一次出差从桂林飞杭州途中，他特地向我道歉。他说要尊重知识分子，话说重了别放心上；同时挑明了已提拔我当部门副总，内部考察流程已启动。一位指挥过千军万马的将军，专门为工作中常见的小摩擦向我道歉，这是我万万没预料到的。

做领导的不装傻主动道歉，这份真诚的领导力和广阔的胸襟值得我敬仰！也正因如此，后来我拒绝了其他副总裁的工作机会调任邀请，跟随他专注在法务领域工作，直到在沃尔沃收购成功后听从他的安排转去沃尔沃汽车建立自己的事业天地。

其次，不迷信老板大牌，合适是王道。

走专业化发展路线更有利于成材，这已是共识，无需多言。但许多人在认准专业化发展的基础上，迷信大牌老板，认为水平越高对自己的发展帮助越大，却是一个需要破除的执念。**并非老板大牌就对下属帮助更大，而是和我们的职业发展方向匹配度高的老板，比职业方向不一致的大牌老板强；即使职业方向相同，与我们执业水平段位差距在 3 到 5 个内部等级之内的老板比执业水平相差悬殊的大牌强。法务、律师均是如此。**

以为大牌老板更合适的观点背后的逻辑是跟着大牌老板资源多、人脉广、有面子，近水楼台先得月；如果能获得老板青睐提携，占得先机，可以走捷径少奋斗三五年。但殊不知却忘记了，和老板的执业水平等级相差太远的下属，并不能立刻为老板创造令人瞩目的价值；另一方面，老板花费大量的时间来指点调教水平悬殊的下属是十分费时间和心思的，而大牌老板最缺的就是时间。

反观律师业的职业传承模式，师徒式的教育和指点关系是律师业传承和常青的基石。而技能相差悬殊和缺乏实践指导的后果，很可能是大牌老板没时间指点小律师，小律师对大牌的老板的价值又相当有限，彼此之间并未形成真正的师徒关系。

这就好比一个武林高手，虽有意把一身的武艺传与徒弟，但如果双方水平差距悬殊，一般需要同门的早入道几年的师兄弟姐妹来带一带，师傅最多得闲时指点一二。等到师傅真正可以指点徒弟的时候，得等到徒弟学艺渐精，承受得起师傅的切磋。如果门道都没摸熟，恐怕名师指点也没什么发挥的余地。更何况一入门来就迫不及待地和师傅切磋武艺，刀剑无眼

伤了彼此也是有可能的。而早入门几年的师兄弟姐妹才是这位学徒学艺路上的真正领路人，以我的拙见，早入行 3-5 年正好！

回到法律人寻找职业发展路上的好伯乐这一话题，关键要打破非大牌老板不跟随的执念，彼此之间匹配度才是判断老板是否合适我们的基本准则。 好好珍惜那些比我们早几年入行又真正肯花时间在我们身上的老板吧！也许他们并不大牌，依然在通向功成名就的路上努力，但从学艺的角度而言，他们就是匹配度最高的老板。一味追求名师，而忽视了彼此在业务能力、人格成熟度等方面并不匹配，恐怕在双向选择中不是彼此无缘，就是仅仅是名义上的师徒而已。

再次，做个有提供价值的能力、肯出力的法律人，才能吸引好老板。

当身边有人说难以找到好老板时，我会提醒他们除了感慨运气，不妨客观地想一想是不是自己能提供的价值太有限了，而无法获得伯乐的青睐。**人与人之间永恒的交际法则是价值交换，我们寻找有价值的老板和平台，老板和平台也在寻找有价值的律师。因而做一个有价值的人是王道。**

有价值并不是说得有多高深的本领，**而是做初级律师阶段耐得住烦、踏踏实实做好自己份内或其他力所能及的事；在中级乃至高级律师阶段，则在做好份内事的基础上多着力于提供附加价值。** 如此，不断地在事业平台上，建立起个人品牌信用，不愁没有事业上的伯乐。

肯出力努力工作的律师，在以出卖智力和时间挣钱的律师业来说是个亮点。随着社会的发展，无论是公司法务还是律所律师，越来越多的年轻律师不喜欢加班，这亦无可厚非；但作为法务部的管理者及公司 CEO，对工作需要时能以工作为重、格外敬业的律师，总是特别珍惜。原因在于管理者在一个大的项目或案子出现的时候，很难十分精准地预估到所需要的人力资源配置，更何况项目或案件的进展过程中有可能存在着一定的超预期性。作为管理者，喜欢与配合度高的律师、法务合作；高配合度在CEO的心目中除服务上的专业周到，也包括必要的加班和出差，用最俗的话说肯吃苦。

作为甲方当我代表公司聘请律师团队服务时，除了专业度，我最关注的就是配合度；作为管理者，当我寻找合适的公司法务加盟团队时，与团队的配合程度、是否愿意以工作为重也是我需要考虑的一个重要因素。有的律师本身水平不错，可是合作起来配合程度不高，要求比较多，不肯拿出一百二十分工作热情来工作，这对管理者而言是不想要的额外负担。因而只要有机会，就一定会去找配合度更高、专业水平也不错的律师。

不惜力对外表现为与团队和管理者的高度配合，对内亦是一种肯学肯钻研的态度。一个不惜力的律师、法务对法律问题乃至商业问题都是常保有一颗好奇心，不断主动学习。这样的律师或法务，专业能力上自然容易取得进步。这也是为什么不惜力的律师，更容易在公司或律所的平台内建立自己的信用、提供价值、不断获得赏识的原因。

最后，重视业务线老板的话语权。

现在的公司多为矩阵管理体系，高级别的法务多数有两条汇报线，一条实线汇报，在薪酬升职等方面有更大的生杀大权；另一条虚线汇报，却也影响力着实不小。商务线的老板和法律线的老板，哪头是虚线汇报哪一头是实线汇报，视公司传统和业务发展阶段而定。

有两个老板有更多的人指导和帮助，本应该是件好事，但当两位老板

在某些事情上想法不一致的时候，麻烦也会接踵而来，成了一件挺考验IQ 和 EQ 的事。记得最多的时候，我同时向三位老板汇报，个中滋味可想而知。

之所以要提一提法务要重视业务线老板的作用，是因为大部分法务在职务初期，更依赖的是专业线的老板的指点和帮助，寻找机会在专业上成长为一个合格的律师，才能走出法务部为业务线所用。而这种习惯一旦形成，到了中高级律师、法务阶段，当有机会与业务线老板合作时，许多人会有一种错觉，觉得专业线的老板才是亲爹亲娘，业务线的老板是隔壁的叔叔婶婶。其实这是基于习惯而形成的错觉。

诚然在律师的起步时期，专业线老板是"奶娘"，但随着律师、法务的专业技能逐步进步和发展，真正有价值的机会却来自商业线老板的认可，这和实线汇报及虚线汇报关系并不大，而是由法律为经济服务这个基本原则决定的。

就我的经验而言，尽管对我影响巨大的机会都是商业线和专业线的老板共同作用的结果，但商业线老板起的作用是决定性的，因而商业线老板在关键事项上的话语权不容忽视。同时，商业线的老板在格局、思考问题的思路上给我极大的启发，也给了我许多可遇不可求的事业良机，对我的人生产生了积极影响。所以我一贯鼓励公司法务尽可能积极地为商业服务，这是法律服务商业的需要，也是寻求事业良机的需要。**但我所说的这种重视，并不是牺牲合规为代价的无底线的讨好，而是通过提供专业敬业的服务获得商业线老板的信任，增进彼此的理解，获得工作上的认同从而获得更多的良机。**

综上所述，事业发展伯乐很起画龙点睛的作用。如何找到伯乐，首先是自己要有双慧眼，识别出伯乐的特征；其次是自己要有作为，具有能为伯乐所用的价值，从而建立起紧密的联系；再次就是留意双方的匹配度的问题，不用过度执迷于大牌的师傅；最终还要有洞察力，能看懂大局下的关键点中的话语权。若能做到以上几条，何愁人生路上无伯乐，事业前途无良机？

世界那么大，
法务跨界跳槽怎么看

前几天，与参加"律政职场私董会"的资深群友聊天，说到法务跨界跳槽的问题。想到近期的法官离职潮，这个问题口头交流不过瘾。故此写篇短文，和圈内的朋友们交流一下。

问题一：行业越做久，跨行业跳槽机会越少？

可能你会说，为什么给到我的新机会中，与原来的行业相关的机会居多；或者即使给了面试的机会，最后东家还是倾向于选对那个行业的背景有一定了解的候选人。臣妾不甘心！

的确，跨界跳槽，一是要看候选人有没有走出舒适区、尝试跨界挑战的勇气，二是要看新东家对候选人的期待是什么。如果新东家急缺人手顶岗，行业内同类型企业多，不愁候选人资源的情况下，多半会选择具有原行业背景的候选人。

这样的好处显而易见，行业浸润久了，背景上下文等不用多说，说句夸张的，确认过眼神就知道接下来该做什么活，这是最实用的选人方式，但并不一定经济。不好之处也很明显，圈子里互相跳来跳去的，好用的人毕竟有限，有时候为了获得一个有价值的候选人付出的价格不菲；还有一点不好之处，圈子里的人出不去，圈子外的人进不来，没有新鲜血液，缺创新，东家长西家短的八卦却不少，有时候不免令新东家头疼。好在法律的技术专业性强的特征，使得法务工作的适配性很强，因此心态开放的新东家，也乐意看看圈子外的候选人。

除了候选人个人是否愿意开放地看机会，还在于新东家的选人标准，行业的宽窄度和新鲜度。相信我，只要有心，开放的东家总是不缺的。

问题二：哪些行业，会考虑无行业背景的法务？

我的观点是行业的**宽窄度**会一定程度上逼得新东家不得不开放，行业的**新鲜度**也是如此。

比如飞机制造业，要找同行的法务，就那么几家巨头，如果业务增长迅速，需要新的法务，请问上哪儿去挖？比较现实的做法就是从律所引入，或者从其他工业背景的法务中挑选。再以互联网行业为例，互联网在中国是一个新生事物，发展迅速，野蛮生长，人才培养的速度跟不上行业发展的速度，导致法务候选人资源有限。最后敢于尝鲜跨界的法务，从其他行业源源不断地流入，被这个行业接受，不断地成为互联网行业的法务新生力量。

这些现象我们平常都可以观察到，有心尝试跨界发展的法务同行，不妨花些时间总结一下，然后有针对性地向心仪的跨界职位投递简历，这样会大大提高成功机率。

问题三：哪些类型的职位，会考虑开放给无行业背景的法务？

主要有两类：（1）初级法务职位。这里职位本身在定岗位需求时，就欢迎律所转法务的新人，也欢迎其他行业法务的转换。如职场小白想换个行业大显身手，可以考虑从这些职位开始跨界转型。（2）资深专业要求高的职位。举例说明，有些大型跨国公司或国有企业，设置有专门的知识产权岗和并购法务岗位，这一类型的职位因为对经验的依赖非常强烈，因此看重候选人的相关职业和案件经历，胜于看重其过去从事的行业。当然，这些不是绝对的。

如果从事法务工作的您，有意通过跨界跳槽去接触新鲜事物，不妨在技术层面多关注一些专业要求高的岗位，刚需客观存在，且符合资质的候选人资源有限，新东家往往能接受其他行业从业背景的法务。同时，在职位的等级方面，如果为了获得一个好的机会，您具有归零心态，不介意从初级法务开始起步，您跨界跳槽成功的机会会多许多。

问题四：法律人该如何把握好跨界跳槽机会？

这就涉及职业规划的问题。我认为这个问题一看行业，二看职位发展空间，三看老板，四看收入。依次权重。

行业是大环境，大环境不好，小环境也不会好到哪里去。这个大趋势，得看透。职位发展空间决定了你的职场发展机会，如果要可持续发展，发展空间很重要。老板决定了你能从他 / 她身上学习到什么，对一个人的职业生涯烙印还是很重的；老板也决定了你是否工作愉快，因此比钱重要。最不重要的是钱，前三者选妥当了，钱不会差到哪里去；前三者没选合适，再高的收入，也是浪费时间。

总结与启发

当初我本人从销售转到法务行业的时候，是一种行业跨界，比业内跨行业要难许多。即便如此，我还是通过定位找到了自己的事业机会。因此，法务人员的跨界从业，在我看来并没有那么难。

重要的是要有归零心态，忘记从前的你，从"小白"开始。 如果能做到这一点，无论你是公务员转法务、律师转法务、法务跨界，都会找到属于你的机会并有所作为。心有多大，世界有多大。**不要被你的见识所局限，不要被自己的经历或思想所束缚。这个世界，机会属于敢于挑战和接受挑战的勇者。**

如果你感到迷惘，不妨细心观察，请教行家，有计划、有步骤地规划自己的职业生涯。世界那么大，机会总不少。

中国律师为什么早早地转做了法务？

最近有幸和一家美国公司派驻中国的外籍法务副总裁（艾总裁）进行了一次交流。艾总裁和我年龄经历相仿，我们都读了 MBA 或 EMBA，对商业有深入的理解；从法学院毕业的时间差不多；但我们的成长路径很不一样，他一直在律所工作，最后转了法务，而我一开始就得到了法务的机会，在律所的服务时间很短。

聊着聊着，他忽然话锋一转问我几个问题：**在美国，一般在律师事务所工作上 7—8 年，一位律师才会考虑转去公司从事法务；我来了中国一段时间，发现中国律师往往工作了 3—5 年，就会转法务工作，中国的律师们为什么这么急于离开律师事务所？这个现象你怎么看？**

这些问题还真是好问题。倘若认真回答，离不开从国情、法律体制、人才储备、律所和律师的生存状态、法务的生存状态等方方面面来综合回答。

（一）中国法务的来源分析

在西方世界约定俗成的法务培养途径是这样的：法学院毕业到律所执

业七八年，打实了基础后，再考虑个人情况做决定。这首先对个人的执业水平很有好处，在西方律师看来，三五年转行显然太早。他们认为，执业七八年，法律思维定型、法律经验比较成熟，再根据个人的喜好决定是在律所打拼，或选择去公司做法务专注为某个平台服务，是一个比较成熟的选择。

而我国对怎么成为一个合格的法务，并没有什么固定的培养模式和约定俗成的律所执业时间要求。**法务的第一大来源是曾经的执业律师。**一般来说，只要在律所工作过了3—5年，是律师转法务的一个黄金分水岭，有不少的机会可供律师们进行选择，差异是职位高低和企业的性质问题。比如外资企业或者比较大牌的民营企业，基本上5年律所经验起步，他们认为是一个比较说得过去的执业水平的标志。相反，对律师而言，真正做了7—8年律师的时候，能坚持下来的眼看都熬出头了，是自己的生意，时间灵活度也高，前途还有许多可期待性，转法务的比例却很小了。

有一小部分，和我一样从法学院招聘到最基础的法务岗位上，一点点从最底层的职位开始打拼。这种培养方式的好处是接地气、对公司的忠诚度高，充分理解行业和公司业务；缺点则是对律所的运作模式了解有限，如果走上管理岗位，在对外聘律师的考察和管理方面，还需要加强学习。

还有一部分法务人员源自公务员队伍，近五年来呈上升趋势。这个群体大多数有良好的法律背景，基本功扎实；不少在转法务、律师之前，为体制内的法官、检察官、政府官员。转法务或律师的原因虽有一定个体差异，但总体上看，因为厌倦了体制内的考核体系，在解决了基本的成家、落户和基本职业积累后，希望在经济上或者事业上有所作为、大展拳脚的居多。这部分人员不少选择从律所做起，但也有少量法官因为业务能力突

出，早早地被大企业尤其是大国企看中，直接转去了法务，从诉讼律师专业岗位或中层管理岗位做起，也越来越多见。

既然这位美国艾总裁的问题集中在：中国律师为什么才工作了3—5年，就早早转做了法务？那么我们就略过直接做法务的情形和从机关转法务的情形，围绕着律师转法务的年限在中美之间存在时间差现象，说说我的一些不成熟的看法和观察。

（二）中国律师为什么早早转了法务？

简单说，形势所迫呗！ 并非中国律师不想在律所把基础打扎实了，充分体验了律师生活及自己的志向后，再选择转法务或者坚持做律师，而是现实的法治环境、律所的制度、中国企业的发展速度和需求等因素，使他们没有太多充分体验的可能性。

1. 中美执业环境和法制文化差异，决定了社会对律师需求上的差异，美国社会对律师的需求量和接受程度，高于中国

美国是公认的法治健全成熟国家，法律法规健全，加之判例法系，遇到一个法律问题，可能引发的后果，复杂到了非专业人士很难自己理解处理的程度，遇到什么事就仰仗律师解决，这已成了美国人的生活习惯。美国社会对律师既爱又恨，但又离不开，律师的专业度是比较受尊重的。

中国虽说也有法律和法治，但各个方面还不是很健全。中国社会关注人情和关系在社会关系中的作用，好面子，缺失尊重法治的传统。加上传统的"厌诉"文化，遇到事情还是喜欢托关系找人来协商解决，万不得已，才会打官司，总体对律师的需求量相对小。

不仅如此，普通的当事人，考察律师的重点在于律师是否有背景，专业度反而退居其次，复杂问题除外。在中美两国做执业律师，都需要从法学院十分辛苦地学成毕业，并通过司法考试，这些都可以靠自己努力实现。但不同的是，中国客户更看重律师的背景。人可以通过不断努力实现自我，但人的家庭和出生背景是无法选择的。小律师没有什么背景的更常见，面对看重关系的客户，中国律师刚出道的那几年，比美国同资历律师生存难了许多。

2. 市场供求失衡，能为青年律师提供体面工作的就业机会着实有限

法学院招生太多，毕业生不接地气不好用，这是中国的另外一个现实。在大学教育方面，我们的学费采用了市场经济，但学校的管理依然是计划管理，学生培养和现实需求严重脱节。环顾四周，不难发现，什么层次的法学教育都有，法学院既有大专类的课程，也有本科类的课程，还有后来效仿美国引入的 JM 课程；而且只要是个大学，就有法学院。

这二三十年来，不同层次的法学院不断制造法学毕业生，不断扩招，最后的结果是法学毕业生人满为患，完全供大于求，连续多年成为十大难就业上榜专业之一。再加上中国法学院提供的仅仅是课程教育，缺乏职业教育，培养方式不接地气，导致毕业生和律所实际需求差距比较大，基本上需要 1—2 年规范培训期后才能上手。律所毕业生招聘基本上起一个人才储备的作用，如果缺人手，还是需要社会招聘找有经验的律师来顶上。

如果不从法学院学生的输出方式着手改变，这个现象还会一直存在。记得十几年前我从四川大学法学院毕业的时候，100 多人中只有 10% 的人去了公检法和律师、法务、法学院老师这类和专业有关的岗位。其他的同学去了哪里？岗位有限，生存条件恶劣，自然而然地转岗分流去了政府机

构或其他和法律无关的工作。

而当时我国的律所收入情况又如何？以同学通过自己的努力考进北上广前十名的律所做实习律师为例，2006 年月薪 2500。当时只有君合、金杜能提供月薪 6500 的起薪，算是一份基本体面的薪水。但如同君合、金杜、中伦这样采用公司化方式运作，给得起体面薪水的大所，开放的岗位终究是有限的。僧多粥少，为了生存，有的律师，不得已为五斗米折腰，早早地转法务也是不得已为之，我本人即是如此。

现实很残酷，我毕业时找到的律师助理工作，基本上在 2000—2500。环顾四周，没找到不问家里要钱可以养活自己的初级律师工作，不得已放弃了做职业律师的打算。我毕业的学校是 211、985，好歹是前 15 名的法学院。但能给得起体面薪水的大型律所，因为收入相对好，报名应征的法学院毕业生蜂拥而至，而他们选择聚焦在排名前十的法学院，这是现实。最终职位有限，毕业生众多，能进去的只有少数幸运儿。

看官会问，难道美国法学院没有毕业生人满为患的情形？和美国律师沟通后得知，现在美国法学院 JD 毕业生找工作不如十年前，但是基本供求状况依然比中国法学院学生面对的情形好很多。在美国，想律所执业，JD 是必须的，没有法律本科，更没有法律专科，本科毕业学习应用型法律博士 3 年取得 JD 学位，考取 BAR 去律所实习执业。这里先不讨论 LLM，想通过 LLM 在美国执业是很少见的。所以在毕业生的输出端，美国的法学院毕业生人数比中国渠道单一、人数更为合理。

同时，我们在第一节中分析了美国社会对律师的需求总体上大于中国，显而易见，美国青年律师的生存状况会比同资历的中国律师有尊严一些。**如此一来，美国律师在市场供求比上好于中国律师，在就业机会上选择**

的余地相对大一些，多干几年也未尝不可，所以对美国律师而言，7—8年才是律师转法务比较合理的安排。

3. 美国律师为志向转型居多，而中国律师快速转型的重要因素之一是理想与现实、家庭与事业平衡困难

有次我心血来潮，对身边十来位我比较熟的外国律师同事做了个结婚年龄统计，我发现他们中的许多人是在 35 岁左右成家的，有一定的经济基础后，个性成熟稳定后才结婚的。而我国年轻人的成家年龄普遍在25—30 年龄段之间，律师亦不能免俗。这就意味着你本科 22 岁左右，或者研究生 25 岁左右从法学院毕业，毕业三五年就成家立业了。家庭生活带来新的开始，孩子的出生带来新的经济压力，和时间分配上的压力，对青年律师的转型起了不小的推动作用。

即使你有幸进入了能提供体面薪酬的律所工作，工作量十分可观，加班是常态，看看朋友圈里的律师状态就可知一二。而那些没有那么幸运获得一份体面薪水的青年律师，前三五年的日子会过得十分艰辛。长时间加班，工作量超负荷，收入微薄，这已然是年轻律师的生活常态。尤其对女律师而言，结婚生子的压力更大，有了孩子之后，如何平衡工作和生活成了一个迫切需要解决的难题。

如果正好有一个法务就业机会出现在眼前，体面的薪酬，朝九晚五、基本规律的工作方式，至少能有个完整的双休日，这会让不少青年律师为之心动。**坚持三到五年，无论是从收入、兴趣，还是家庭的现实考量，已经到了许多青年律师坚持的极限。中国律师转法务的高峰期，出现得比美国律师更早，是综合情势所迫的结果。**

反之，中国的律师在律所工作了 7—8 年，并能在激烈的竞争环境中

生存下来，往往已快到了升合伙人的资历，反而不愿意转公司法务了。相比做公司法务在初期能给予的稳定和安全感，法务工作后期的上升空间和后劲不足的劣势逐渐展现；而恰恰相反，如果能成为律所的合伙人，意味着自己的生意、灵活有弹性的工作时间和无限想象可能的业务上升空间。许多律师在这个阶段的选择反而是坚持。

当然，向合伙人身份的转变同时也意味着角色的转变，你需要做更多的业务开发工作，和客户周旋沟通，这会令不少专业型人才望而却步，如果业务开发能力非常有限，工薪制的合伙人转法务高阶职位也时有发生。**在律所工作七八年之后的转岗，多不是为生活所累，而是志向的重新定位。**美国律师从律所转法务，往往在这个阶段，譬如有人意识到相比较和客户打高尔夫谈生意斡旋应酬，他更喜欢做一个专业领域内的专家，这个时候，转型就会自然而然地发生。

4. 本土企业的崛起，灵活度高，对公司法务背景的包容度比较大，提供了没有到培养年限而转行的可能性

如果说法务这个职业早期随着我国改革开放的大门应运而生，是外企的法务文化在中国的映射；那么得益于改革开放中国企业的快速成长，尤其是本土企业的崛起，使得法务这个职业从外企的精英殿堂，渐渐走入本土企业。尤其是互联网行业的兴起，大量的初创企业从一开始就有对法务的需求，极大促进了这个行业的蓬勃发展。

外企受其母公司成熟的法务文化的影响，在选人上有严苛的标准，条条框框相对较多。在法务的选聘上，除了考察过往的工作背景和实际工作能力，知名律所背景、海外留学背景名义上是加分项，但由于好的岗位竞争激烈，实际上成了必须项。所以，这一部分的法务人员的选聘灵活度不大，根据职位的不同，基本五年律所经验起步。放眼望去，如果有人不是严格依据这个背景而被选聘的，那么可以断定这人必有其他过人之处，弥补了背景上的不足。也许是丰富的行业经验，也许是出色的处理复杂问题的能力、出众的战略实施落地能力。外企要么用经过严格训练的人，要么用能力出众的人，这是它的品牌吸引力、有竞争力的薪酬体制和结果为导向的企业文化所决定的。

而国企和民营企业则相对包容度大许多。国企或民企同样对公司法务有需求，但由于它缺少外企成熟的使用法务的传统和尊重法务的文化，导致管理层对法务的作用意识不足，无论是在对人才的吸引力，还是在薪酬及岗位设置上，很难与外企竞争。尤其在低阶岗位上，两者差距更大。因此在选人、用人的时候，**本土企业在背景的筛选上则没那么严苛，对法务律所经历看得并不是那么重，他们更信奉一个实际的道理："黑猫、白猫，抓得到老鼠的就是好猫"。话糙理不糙，这既是中国企业发展现状的折射，也为律师、公务员等转岗法务提供了一个现实的通道。**

（三）如何去科学地考察一名法务

等我慢慢地说完，艾总裁似懂非懂地点了点头。

我赶紧总结："艾总裁，有一句哲学名言：存在即合理，您听说过吗？听完我的解释，您大致明白了我国律师之所以在三五年做出选择，并不是他们本人急于求成，而是综合情势所迫，所以，没有必要过于紧张，或匆忙做出判断。"

"您也不必过于担心中国律师三五年转法务是否能胜任，我国地大物

博、人口多、企业多，律师淘汰率很高，对律师的工作量剥削是很厉害的。**孤立地看三五年律所经验还是七八年律所经验，是没有什么实际意义的。首先，要考察他是从哪家所转法务的，Tie1 和 Tie 2 的所区别很大；其次，通过尽职调查考察他的实际工作能力，具体亲历过哪些事情，有哪些是他负责的或是主导的**，这才是鼎鼎重要的，光待了几年长了年岁，没干成什么事，那时间上的长度又有什么意义呢？我的理解是，您要的是时间上的厚度。**再次，别孤立地看** title，中国人要面子，这个总那个总的一大堆，结合薪水一起考察，薪水基本上是个人能力的价格指数。同样是法务总监，市场上有 50 万年薪的，也有 500 万年薪的，处理复杂问题的能力和经验值指数不同，您说是不是？**最后，如果那个人没有任何律所经验，但在法务的位置上发展不错，可能您需要用更 open 的眼光去考察他**，他一定是有其他突出的能力弥补了他的短板，因为中外老板都不雇无用的人，不是吗？"

艾总裁忽然顿悟，眨巴着眼睛如梦初醒地说，"李律师，我好像有点懂了"。于是相视一笑，中美律师之间的小交流到此结束。

你需要知道的
关于学历、就业的真相

前两天回老家见大专时的商科同窗。通过在当地多年打拼，多数人成了老板、企业家，很有成就，看着为之欣喜；而我大专毕业后又不断地学习，有幸成了同窗中学历最高的一位，在职业经理人的路上努力，和同窗走了两条截然不同的路。酒过三巡，得知同学们的孩子不少到了高中阶段，有的出国读高中，有的准备高考。聊到孩子未来大学教育和已然在眼前的职业规划，虽然我的成就有限，但宁波企业家有格外尊重、礼遇读书人的传统，于是大家不约而同地问我："你见的世面多说说你的看法吧。"

想到去法学院演讲，同学常问这样的问题："老师，我现在是二本法学院的本科生，担心找工作会被歧视，请问我今后能有什么发展？"今天我就谈谈关于学历的几个真相，给青年法律人参考，并思考未来的妥当应对、规划之策。

（一）二本和一本学历之间就业有什么不同？

对于临近毕业或毕业后处于新人阶段的朋友而言，学历是一张通往

未来的车票，首先有没有票，相比票上列的是商务座、一等座或是二等座，**更重要**。能读个好的大学固然好，但本科阶段的教育很基本，大学和专业对于绝大多数用人单位而言，不过就是证明你具有基本素质而已。除非是技术类专业，对于文科专业，很少有人期待你本科毕业就能实际上手。

其次，一个好学校证明的是智力水平、反应能力、综合能力。基本的人员素质，是不同层次的用人单位所看重的，从学历判断很客观。**好学校出来的学生并不一定百分百更优秀，但优秀的可能性更高，用人单位看重的是这个好的概率。**一方面，用人单位和学生接触凭这些指标考察，很正常，没有必要负面地去理解。这个世界没有谁是有义务需要格外体谅你，反过来你应拿出自己的最佳状态，无论是学历或精神面貌，来获得这个世界的青睐。你可以在未来通过努力去证明自己，无论是通过工作能力还是通过继续深造。譬如我虽大专出身，但我一样可以通过考取好学校的研究生在学历上证明自己，这个机会是公平存在的。另一方面，二本院校的同学当然会找到工作，只是分流去了不同的用人单位而已。如果你不甘心，可以考研或者出国留学，给自己一个机会。

再次，上车以后的初级发展阶段，工作能力的重要性会渐渐凸显，不必总盯着学历看。只要有票，你就有可能上车，只是层次不同而已。学习的最终目的是学以致用，上了车以后，如果你能力出众，你有可能从无座升到二等座，甚至一等座和商务座，相信大家身边就有很多先例。

请容许我简单粗暴地下个结论：**工薪阶级，只要能力出众、肯吃苦奋斗，以现在北上广收入水平来看，年收入在 70 万至 80 万，能力比学历更重要。**这是人在职场发展的第一阶段，对倾向于自我创业的朋友来说，更是如此。如果大学毕业回家，你身边的七大姑八大姨经常嘀咕，你看那谁，没读过什么书，现在都收入 XX 了，你可以直接理直气壮地解释原因，保管他们不再八卦了。

（二）学历是职场可持续发展力的重要支撑

学历除了能在事业初期，帮你顺利地坐上高级舱位、少走点弯路之外，还能够为事业提供可持续发展力。

我为什么去考研？我 18 岁就出来工作，早早便看到：仅仅凭大专学历做一个工薪阶层，能力再强，能做到小公司的销售总监已经谢天谢地，这就是我的事业尽头；运气好上天了，也就做个小公司销售副总。对于没有社会背景，靠自己打拼的普通人而言，缺乏出众的学历，意味着缺乏事业上的可持续发展力。这和我想象的未来显然有太大的差异，所以要改变。

没错，你可以通过继续深造改变学历，这就是江湖人称的"知识改变命运"。但你也得承认，这是无奈的补救，让你付出额外的时间和努力，如果早一点就想明白认真考大学的话，可以把这走弯路的时间用来奋斗，获得更大的成就。比如我考研究生花了三年的时间，朋友们可能把这段经历看作我有韧性的表现；但我却懊悔当初没竭尽全力地好好读书，考个复旦、人大之类的，可以顺风顺水少走弯路。人生能有几个三年？我的代价是牺牲了三年的事业发展，毕竟是无法两头兼顾、两全其美的。这是天天只有 5 个小时睡眠的三年，这就是成长的代价。出来混，欠下的债，总要还的，这是我回顾这段经历的感悟。

请再次容许我简单粗暴地下个结论：**在法律业，国内前十五的法学院**

研究生学历，让你有机会进体面的律所和公司；想进红圈所或跨国公司，学校排名前十是入门条件，否则连 HR 筛选简历的关都过不了。假设你能力出众，100 万至 150 万年薪的工作，是职业发展的天花板，自我创业者如律所合伙人除外。

（三）学历背后是资源、圈子和阶层

如果你想要的比上面提到的数更多，那么没有背景的你，趁早去获得海外名校的学历吧。一旦年薪上了 150 万，坦率地讲，北上广有大把人才在，这个薪水数额已经开始能吸引到各类优秀人才了。能得到这份薪水的候选人，在能力类似的情况下，如果没有格外吸引人的重大项目案子的高曝光率，拼学历加拼海外律师资格是常态。

同窗反驳我，没那么绝对，你看我公司里的员工都干得好好的，也不是人人都有海外学历。我笑问同窗，如果只是每月发 5 万以下的薪水给他们，老板是不会这么挑剔的。但是如果有一天，老板要发的薪水是每月 15 万甚至更多，收到简历成堆，能力类似，你就不挑他们的学历背景？毕竟不同的学历代表着这位职业经理人所具有的不同的校友圈资源、社交圈子和资源整合能力。这不是公不公平的问题，这是人之常情。

即使自己做老板，能力再出众，也有收入的天花板。简而言之，你过去的资源、背景、能力只能把你送这么远，想再上一层楼，需要去另外一个圈子，另外一个世界。比如企业家为什么上中欧长江等商学院，有抱负是一方面；想发展想通过商学院这个平台结识更多圈子里的人扩大人脉、整合资源是另一方面。相对而言,学习知识就显得相对次要一些。**这从另外一个侧面说明,自我创收者的收入也是有上限的,只是这个上限的数额比职业经理人要高。毕竟,企业家在食物链上游,职业经理人在食物链下游。**

回到法律专业,海外法学院的学历代表什么?代表你未来的国际化同学资源、教授资源。国际化代表什么?代表更大的事业版图、更多的可能。如果你看懂了这一点,你会理解 network 的重要性。你到世界各地开发业务,同学之间可以互相介绍提供一些基本情况,你有好的项目,可能在校友圈里就可以融到天使投资,这就是圈子的价值。目前市场上的高薪工作绝大多数是需要国际化的格局和资源整合能力的。

最后再容我简单粗暴地下个结论:如果你的人生不满足于 200 万以下的年薪,那么趁早去海外主流国家留学,选择名校,打下未来发展的基础,是一个靠谱的规划。

(四)总结

学历和能力都很重要。职业发展初期,能力可以弥补学历的不足;但长期以往竞争的对象会变,当有能力成为竞争人群中的标配后,竞争的主战场再一次回到学历中,因为学历背后隐含的是圈子、资源等。

对中高级法律人才而言,学历是支撑着未来职场可持续发展力的重要基石。这一点即便是自我创收者也不例外,区别仅仅是由于职业经理人和自我创收者在食物链中所处的位置不同,作为上游的自我创收者,具备高的上限而已。

　　需不需要去拼命努力获得更高学历，甚至留学，要看每个人不同的人生定位。如果满足于 50 万至 100 万的年薪,能力足够的话,国内学历够用;如果渴望 150 万以上的年薪，作为职业经理人，个人认为海外学历是标配，如果有条件，越早获得越好。法律业为商业服务，更是如此现实，可根据自己的情况早做规划。

2006—2016 年，
那些职场教会我的事

（一）勇与谋

隆冬，天色暗了下来，我喜欢转身看窗外的车水马龙。

我固执地认为，国贸 CBD 东三环在黑夜中方显得璀璨而温和。假如你在白日里经过并仰视它们，无非是高冷而有距离感的钢筋水泥群而已。就像有的人，你需要在黑夜衬托下方能看见他的光芒，也唯有寒冷的星夜，方能感知他的温度和美好。

十年加的法务生涯，遇到过许多跋扈的人，打过许多仗，有些赢了，有些输了。我不在乎结果，也不怕必要的时候挺身而出式地亮剑，因为我更不愿意无节操地去取悦谁。必要的时候，我会捍卫一些在有的人眼里一文不值，而在我的眼里重若千金的底线。用聪明人的视角来看，那些东西是虚无缥缈的，不如灵活的"聪明人"得到的好处实在。可我，就是学不会。坦白说，我并不刻意地想做个好人，这世界善良的人总是因为善良而受罪，心术不正的人却因为心术不正而活得如鱼得水。但是有些与生俱来

的性格无法改变。

我的第一任老板解放前是浙江丽水地区的地下党员，解放后的武警少将，退役后闲不住，于是到了公司工作，面试了我并把我带到了法务事业生涯里。他是一位见多识广、奖罚分明的上司，有什么难活，他充分授权任凭我"自作主张"地冲锋陷阵；陷入困境时，又将我从水深火热中拉出来。他对用人识人有自己的一套，虽然我有时候懵懵懂懂并不是十分理解，但十分敬佩他的为人。职场中"打打杀杀"有些年头后，我困惑地问老板，为什么我不会聪明地回避冲突，更不惧怕冲突？为什么场面越大，我越有控制力？**老板哈哈大笑说，直面困难毫不惧怕，具有正直和勇气，使命必达，这是你的亮点，是我欣赏你的地方；但光有这些不够，有勇也得有谋。**

谋是什么？我听后困惑了很久，去问过各色人等。好心的同事建议我读官场小说，也许能突然悟"道"。于是稍有点儿名气的官场小说，我均一一认真拜读，并从别人的故事中依稀看到了自己的影子。读到一半，我想想自己的处境，不由得吓出一身冷汗，十分诚恳地对老板说："我算明白了，如果没有你惜才爱才一路保护，我这样有个性的人，估计在企业官场早就挂了。**但谋，就是学习人性中的狡猾和算计吗？**"老板说，才华如一把双刃剑，让你脱颖而出，也锐气逼人；杀敌一万，如果自伤八千，是**赔本买卖。狡猾和算计只是谋的细枝末节，不要被表象迷惑。**

后来我遇到一位从外企跳槽民企的同事，有一天他忧心忡忡地问我："为什么在民企要做成一件事，要看谁比谁横，才能把事做了？为什么大家不能好好说话、专注于做事本身？为什么这里的人都显得那么有攻击性，"他问得我当场一愣，说不出话来。但他的话激发了我去外资企业这个听上去不一样的天地走一遭的兴趣，一待多年。但遗憾的是，后来我发现外企并不是出淤泥而不染的世外桃源，是专业而单纯的精英青年聚集地。蛮横和算计，照样遍地丛生，只不过被精心伪装过了，披上了得体的外衣而已。

诚然环境是个大染缸，我们原本温润善良的光芒，被环境不知不觉地改造着。时间久了，不知不觉那些我们曾讨厌的戾气、蛮横和骄纵，纠缠上我们。**无论是外企精心伪装过的谋，还是民企简单粗暴式的谋，其本质都是一样的，掠夺或者整合资源，为自己所用。**但是你选择一将功成万骨灰，牺牲别人成就自己；还是选择在谋事时共赢共生，互相成全，主动权始终在你的手里。

谋，不是用尽一切手段，谋取个人的成就。而是用所有得体的方式，整合资源、互利共赢，获得整个团队或组织的成长。（谋是合作，是互相妥协，是牺牲，是相互成全。）唯有这般，事业才能长远。

（二）才与貌

我是传说中的"齐天大剩"。事业是我忠实的爱人，我为之努力，而它从不辜负我。

除却才华，我谈不上貌美如花，略有姿色而已。但一位职场女性，如果略有姿色，无论是单身或是已婚，以我行走江湖多年的经验来看，总体上意料不到的麻烦更多。首先，不了解你的人，容易以貌取人，简单地认为美丽就是你最大的才华，而忽略了你的专业素养。其次，在特殊的竞争情形下，美丽会成为对手攻击一位女性的利器，多年来屡见不鲜。而作为

一位曾经的学霸，一位不断挑战自己、个性清高的知识分子，这种狭隘的理解，曾经让我在很长一段岁月中无所适从。

一次和新来的同事交代完所有的项目上的注意事项，她对我说，开始我以为找错人了，以为走进了公关总监的办公室，没想到你那么洋气大方。结识多年的猎头第一次约见我，坦言在制造业里，很少见到这样气质和外型的法务总监，开玩笑地问要不要去奢侈品行业试试？说这些的本意是赞美，但如果你再深入地理解下，你会发现潜意识里大家更关注你的外表，而专业的岗位似乎更适合传统而古板的形象。漂亮吸引眼球，但也容易被庸俗化。

有一回年底和老板一起考评绩效，说到新年愿望，我请求老板，请不要在公开场合表扬我，也不要给我最好的考评结果，如果真心欣赏我，低调就是对我最大的爱护和保护，以免那些莫名其妙的评论干扰我的工作。**老板沉默片刻不解地问我，为什么在意别人议论你的优点，我是你的上司，我看到你的付出，也看到你的成就，对你不公的事情我不愿意做。**

其实这看上去的不公平，细想起来很公平。外型顺眼的女性，有了天赋的优势，除非气场不和，周围的人或多或少会有些许偏爱，做出一点点成就，容易被刮目相看，一位美女居然还有能力，岂不是件很了不起的事？外型普通的女性，容易被周围的人忽略，喜欢的天平与她天然无缘，她需要非常努力才能引起大家的注意。虽然我们鼓励人人展示自己的才能和优点，但既然已于无形之中占了便宜，也更需韬光养晦。付出和努力，上司心知肚明便可以了，并不需要通过高调外化的认可，再次加强。而好的领导，更要关注到普通的他，这才可能有真正的公平。

这并非是小媳妇般委曲求全，反而是聪明地采用了以退为进的一种攻势，去博取更大的利益，也是渐渐成熟后的通透和豁达，以同理心为出发点的考虑。**我以为，女性该摆脱职场上娇滴滴的花瓶或雷厉风行男人婆的两极形象，处于一种更平衡自然的职业状态。人在职场，也无需占全了种种好处，留他人一条活路，是成熟的智慧。**

（三）领导力

2008年开始带团队，从一个人的成就，转化为带领一个团队取得成就，我开始思索领导力问题。

在此之前，我有幸和汽车业内知名人士共事，近距离观察他们的领导风格。江湖义气型、学者型、儒雅真诚型、耍浑型、利益驱动型……各门各派各显神通，都有各自的追随者。我自信满满地以为没见过猪跑，总吃过猪肉，没有什么太深奥的，但轮到你了，才知道不是想象的那么简单。自以为模仿得八九不离十了，但结果总是不得要领，令人沮丧。有段时间，我不断请教能人，但并没有人能提供切中要害的解决之道。我充分地尝试不同的风格，自己去感觉领导的艺术，今天带着江湖豪气仿佛大姐大般的霸气，明天又斯斯文文尽是学究气，后天又变成了一个儒雅的leader。结果让团队成员很摸不着头脑，因为领导的行为不可预期而紧张，不知道明天我会出什么牌。

其实团队里的每个人都自带性格，比如我是内驱型马力自带、高度自律的完美主义者，对自己严格要求，喜欢不断接受挑战，**但轮到带团队了，最大的课题是你得学习如何与完全不同性格的人一起去完成既定的目标。**挑选和你类似的人组成你的团队，这可以解决一部分合作磨合问题，但会

滋生出更大的问题。不同的人带来不同的视角，具有不同的贡献和价值，**如果一个团队均是由一个类型的人组成，那就意味着可能存在团队人格不健全，而领导及成员完全不自知的情形。**

时间久了发现，领导力不具有可模仿性，需要在我们天然自我的基础上，发展出属于自己的独特领导力。更没有一种固定的风格可以囊括我们在团队中的表现，而是根据情形的需要去选择我们当时的表现，俗话说"爬什么坡唱什么歌"。当然，这种表现不是不着边际的胡乱发挥，而是在天然个性基础上对环境的适应。

比如我外冷内热，锐气天成，亲和力不是我的强项，朝亲和力的领导方向努力不是我的目标。相对而言，我的强项是看事通透深远、组织能力强、勤奋自律、能敏感地感知成员的情绪，因而以身作则、严而不厉的风格更适合我。"严"意味着我是个高要求高标准的人，会在工作的质量上和行为准则上对团队有高要求，不断地总结而进步，人称"黄埔军校校长"。"不厉"意味着把犀利、入木三分的话好好表达，让人可以接受，并愿意去为之付诸努力。

但无论怎么发展领导力，归根结底，我以为以身作则和真诚是最大的领导力。别指望团队去做你自己都做不到的事情。如果你想要团队遵守规则，你应该先以身作则；如果你希望兄弟们冲锋陷阵，你决不能躲到人群后。同样，七哄八骗的领导，偶尔也可以让团队达成一定的结果，但不具有可持续性。**而团队之中无论遇到多大的困难和障碍，真诚总能让人放下自我，一起努力渡过难关。**

（四）后记

这原本是我为自己的四十岁生日写的人生回顾。想说的话太多，混混沌沌，一拖再拖终于完成，恰好用它来迎接 2017 的到来。

勇与谋、才与貌、领导力，这三个命题是我在这十年法律职场不同阶段学得的重要三课。那些困扰过我的问题，通过自己的领悟和职场修行，早已坦然。写下这篇文章，为这十年跌宕起伏的经历做个总结，献给那些和我一样在孜孜不倦地挑战自我的读者。顺祝朋友们 2017 有更美好的开始！

新年法律职业规划独家秘笈

新春刚过，俗话说"一年之计在于春""千里之行始于足下"，现在正是做职业规划的好时候！

这两年通过"在行"网络平台，我在线下见了三十来位法律职业规划咨询者。许多人并非是没有职业规划，但受限于可获得的信息、眼界和人生发展阶段，在职业规划这个问题上做得并不是很顺利。有些经济条件许可的，就会通过"在行"这个平台，约我来聊一聊。经济条件不允许，或现场见面不方便的，也不用遗憾。今天我分享一下做新年职业规划的经验，希望对法律人有所启发。

（一）拟定人生计划书

人生计划书是我 35 岁左右才开始做的，师从我的前老板陈国章先生（Robert CHAN），受益良多，目前保持一年一更新的状态。

2013 年我打算考中欧和清华的 EMBA 项目，从中选一个学校读。一个学法律的考 EMBA，需要公司和老板的支持，于是就找机会和 Robert 聊到职业规划和我的打算。交流过程中，他让我看他的人生计划书，详细地向我讲解这对他的人生的正面影响，并鼓励我如果尚无人生计划书的话，可以考虑做一个。

我惊呆了！这世上居然还有这种计划！并不是商业才有计划书，人生居然也有计划书！

Robert 四十岁之前的事业不算成功，做过生意还有许多其他的尝试，损失惨重。但机会总留给有准备的人，最后他抓住了事业机会，他认为人生计划书功不可没。说到如何做准备？美国年轻人在 20—30 岁经常思考想成为一个什么样的人、未来要过什么样的生活等这类型的问题；但在中国，这类比较虚空而实际上定大方向的问题，并没有引起足够的重视。他也提到中国的年轻人更关心如何功成名就、衣锦还乡，却忽视了内心真实的需求。

想象一下当你老了，你希望成为一个怎样的老人，在什么状态下走完一生？

我哑口无言。我自认为我属于中国人中比较有想法、有规划的人。我有十年的职业规划，分别列明了我的升职计划、职业发展途径和教育再投资计划；重要的是，受益于这份计划，我准确地识别出事业机会；保证事业航道不偏离主轨道；并受益于前两点，保持了各方面提前二到三年完成的势头。但当我面对 Robert 问我对老年生活状态的期待时，我的脑子里却是一片空白。

他的人生计划书，幸福曲线、成家计划、事业计划、现金流、兴趣培养计划等一应俱全，我看到了一个我前所未知的领域。**他建议我在中年的早期，不妨趁着读 EMBA 的机会，思考下他提到的几个大问题；想清楚后，可以参考他的人生计划书，做一份属于自己的人生计划书，把对人生的**

长远想法落地。

受限于篇幅和隐私，我无法和大家分享详细的人生计划书的内容。**实际上，通过人生计划书，我们尝试着从最终目标来倒推每一个人生阶段的阶段性目标；进而预测为了实现自己的目标，需要做哪些准备、抓住哪些机遇、实现怎样的现金流；进而推算出在哪个年龄段得跳槽或创业，为了实现跳槽或创业需要做怎样的准备。**这件事做起来也许不会那么容易，但是如果你尝试认真去做，当计划书一步步地完成时，你的内心才会一天天地安定和踏实下来。

当我的人生计划书初稿完成后，Robert 很认真地提醒我，做事业计划的内在驱动力是什么？不要告诉我是钱！钱可以成为一个重要因素，但仅仅是为了钱是有问题的。**创业或者跳槽，都会有失败的可能性；如果仅仅为了钱，面对失败时人会无所适从，内心的支撑从而坍塌，跳楼自杀时有发生；但如果我们还有其他的深层次原因并尝试挖掘出来，它能使我们在执行计划过程中，动作不因经济因素的强力驱使而变形，它能帮我们走过艰难时期，而且会让我们的心灵得到慰藉，最终我们学会了享受过程而看淡了成败。**

我很感谢 Robert 对我的启发，这次交流在我人生中的影响极大。我闭上眼想象六十多岁退休后的样子，包括我的经济状态、生活状态等，然后根据目标倒推，我意识到如果按照当时的十年规划，恐怕无法实现我想象的样子。思考后，我把 30—40 岁的十年职业规划重新调整后并融入我的人生计划书中。但它只是一部分而已，和现金流预算息息相关，但不是全部。进而我根据我年老阶段期待达到的经济状态，重新审视了我的职业规划，找到差距和调整空间。

这是一种类似"向死而生"的规划模式，帮我们在人生的大棋局下来思考我们的职业规划。一方面，如果我再晚五六年做这一份规划，恐怕要调整的是我的现金流期待，而不是我的职业规划；因为那时候，我已经失去了调整职业规划的时机，再怎么调整也收效甚微。另一方面，通过编制人生计划书，我肯定并接纳了自己的"野心"，挖掘出真正的内在动因，我变得更开朗快乐。最重要的一个方面，它让我明白了我喜欢成为一个怎样的人，为了成为那个人而有意识地培养一些新的兴趣，不再是工作狂。

比如我的赴美留学计划于 2017 年秋天落地，如果没有五六年前的审视和重新定位，我恐怕不会如此坚定地克服困难，捡起英语争取考托福高分，给自己创造机会去美国学习。

当然，做人生计划不是为了如大仙般的预测未来；是为了找到差距、及时调整、不断思考、执行计划。最终的结果很难说能否如愿，就图人生不悔！目前这份计划每年我都会拿出来重新审视和更新；时不时地看看自己走到了哪里，需要有哪些新的内容来补充，然后充满希望地期待未来。

（二）拟定中长期法律职业规划

如果说人生计划书是下一盘大棋，让段位略低的年轻法律人有点无从驾驭的话；那么不妨先从中长期的职业规划做起。

中长期法律职业规划，指的是三年以上到 10 年之间的职业规划。如果梦想是天空，那么中长期职业规划就是支撑天空的主力支柱。现金流不断增长的可能性和财务自由的可能性，均大部分依赖于职业发展规划来保障。

假设我们从 25 岁开始工作到 65 岁退休，那么我们就需要 4 个中长期职业规划。一般来说，我们可以先从眼下所在的阶段做一个十年计划。如果有人生计划的话，不妨大致畅想下后三个中长期计划所要达到的目标，看看和人生计划的偏差是否比较大。如果存在比较大的偏差，要么我们降低期望值，要么我们需要找到创造性的方法和难得的重大机遇来实现它。

大致而言，首先，需要确定我们是安心于通过薪水养家，还是通过创业自立。如果喜欢创业，做律师直至合伙人或创业成立时下最时髦的法律科技公司也许是个不错的选择；不用说，如果安心于薪酬，那么法务和公务员的职业方向也是比较体面的。

其次，无论是通过哪种方式谋生，及早明确未来执业的业务方向。做法官检察官分领域，做律师分专业，连做法务也是有区分方向的。确定从事诉讼或非诉之后，还有每一个领域里的专业之分。**在这个专业化日益深入的世界，确定业务方向不会局限我们，反而会让我们前进方向清晰准确。**如果暂时确定方向有困难，推荐一个小方法。试一试这个填空题：我想成为一名（　　　　　）。只要是法律职业，可以自由、大胆、奔放地往里填写。你甚至可以填写四五个希望的职业，你会发现你是更喜欢创业还是喜欢打工。然后按照内心的优先顺序来确定排列，再通过深入的思考锁定一个目标，咬定青山不放松。

最后，如果目标不可量化、实现，就是虚无的幻想，在十年规划内确定具体、明确、可实施、可检验的职业目标。如果一开始觉得十年有点长，不妨三年一个阶段来推演，这是绝大多数的普通大学生和职场新鲜法律人能够做到的；到了第三个三年的时候再自然而然的延伸到十年。**另外，我们需要不断审视和检验目标，纸面上的目标并没有什么用，可实施的目**

标和结果审视才能帮助我们实现职业发展道路上的可持续的提升。

以我自己为例，我的第一份中长期计划始于四川大学法学院毕业，根据家庭情况、个性、职业发展偏好，在自己思索和请教专家的基础上经历了前后三个月制订而成，后来成为我 30—40 岁人生的指南针，避免了许多弯路。

在这份计划中，确定了我想从事涉外法律事务，找涉外业务做的比较好的律所或公司看看有没有发展机会，公务员职业就和我没关系了，这就帮助我毕业时排除了四川省高院的机会。涉外业务一般需要在比较大的平台才能开展，小公司法务、小律所律师等职业就和我没关系了。到吉利汽车后，曾在职业发展中出现过投融资部和海外业务部等事业机会；但我的志向在法律上，毫不犹豫地排除。当沃尔沃并购的良机出现时，我抓住了它；当转到沃尔沃中国的机会出现时，我毫不犹豫地离开杭州刚装修好的家前往上海发展；当雷诺汽车任 GC 的机会出现时，再次毫不犹豫北上。**我事业上的狼性果敢和执着的坚持，没有当初的十年职业规划支撑是难以想象的。**

（三）拟定本年度五个职业相关小目标

说到 2018 年的职业发展目标，我习惯在新年年初写十个 New Year Resolutions，相信许多人亦是如此。

在这份新年十大计划中，我会留五个给职业发展，剩下的给兴趣爱好。比如我 2018 年的五个职业相关的小目标：

（1）读 LL.M. 充电。

（2）出版《总法律顾问手记》第二册。

（3）在国内完成5—6场律政职场私董会。

（4）通过阅读法律原著、英文小说原著提升英语。

（5）写完一本30万字的律政职场小说（题目待定）。

这些目标看起来有的彼此相关，有的看似并无什么联系。但事实上，它们都是和我的三年、五年、十年计划中的某几点联系在一起的。通过这种方式，我再次把三年、五年，甚至十年计划落实到了每一年之中，久而久之坚持下去，自然离目标会越来越近了。

如果年终目标顺利达成，我会给自己一个大奖，也许是喜欢的包包、电器，甚至是心心念念了很久的珠宝首饰。总之是给自己的一份大礼，这样既是对自己的鼓励，也正好满足了我的年终购物欲望。

（四）结语

今天花了点篇幅向大家介绍了自成体系化的法律职业规划独家秘笈。

行走江湖，靠的是智勇双全！法律职业发展方向不明、职业进入停滞期、职业发展遇到了困境或障碍的时候，人生计划书、中长期职业规划和当年的职业规划就是帮助我们飞升突破困境的关键。

人生，当看得长远又扎根当下，我是这套体系的践行者，并因此受益良多。如果诸位觉得有理，并愿意践行一二，真真是极好的！

84 到 109
——我的托福英语学习心得

熟悉我的读者都知道，我是从民企一路奋斗到跨国公司任中国区总法律顾问的，剔除专业、人生重大机遇、个人努力之外，中间最需要克服的关，就是语言关。

我的学历背景是土鳖，四川大学全日制法律硕士毕业，EMBA 也是在中国的中欧国际工商学院读的，并没有"放洋"的经历，在很多人想象中英语应该是一塌糊涂。我记得无论在沃尔沃汽车还是雷诺汽车工作，熟悉的外国同事有时恭维我，你的英语讲得不错，在哪里学的？我一本正经地说，自学！老外却当我开玩笑。直到我把抽屉里的自学英语记录词组的草稿本拿出来，他们才确定我是在认真回答他们的问题。

留洋回来英语好是大概率事件；自学英语学不好，也是大概率事件。自学不容易学好英语，主要是许多人半途而废，无法做到十年如一日。学习英语，最重要的是持之以恒。

2017 年我趁着转型考了托福，这个考试不过是美国高中生入大学的英语要求而已，对高手而言不过是小考试；但于我却是人生四十给自己二十几年自学成果定个等级。很幸运最终以 109 分收尾。

如何自学法律英语的文章，可参见我《总法律顾问手记·律政职场圣经》《非典型性法律英语学习之路》一文。今天和大家分享下我这个中老年人考托福乃至自学英语的一些体会和感悟，鼓励后来者自强不息。

（一）起始分、最终分及准备时间

我的起始分是 2009 年第一次托福考试的 84 分，中间没有考，直到 2017 年决定用考试给自己的英语自学生涯盖个戳。过了许多年考试难度比 2009 年大大提高，时代在进步，现在学习英语的条件比我二十几年前大学毕业时好得太多了，越后考越难是自然规律。

幸运的是遇到几位好老师和好伙伴。三战时出了 103 分，阅读 30 分满分。出分后两周，我对口语没上 26 分耿耿于怀，觉得没有考出我的真实水平，相信自己能出更好的成绩。考虑到北京考点没位置了，第四次坐火车去山西大学参加考试。

大约是心态比较放松，最终成绩 109，其中听力 30 分满分，写作 28 分，达到了我的预期目标，就没有继续考了。我个人的乐观预测，如果我继续考，有可能达到 110 以上，但 115 是我的极限了，我有自知之明。第三次和第四次托福的间隔是半个月，前面几次分别是二个月和一个月，准备时间共 7 个月，供参考。

（二）好老师的重要性

我对自己的自学能力很有信心。刚开始的时候，我想考个托福而已，我自己能搞定，在请老师的事情上并没怎么重视。

我通过在行约了个清华大学工作的托福老师谈了谈，当时老师对我的状况并不乐观。中间我也和新东方负责 VIP 一对一辅导的助教谈过，当时推荐的几个老师的资历并不能让我满意，加上费用贵，我想就自己先试一试吧。最后我象征性地参加了清华大学老师举办的托福网上学习营，费用低廉，主要是为了将自己置身学习的气氛中。

但是事实证明我错了！最后我在二考和三考中经历了瓶颈期，分数止步不前，最后再通过各种资源找到合适的老师，在几位老师的合力帮助下，终于突破瓶颈。

拿我自己举例，我的优点是自律能坚持，一旦决定做的事情一定会坚持下去，不达目的不罢休。但我的缺点也非常明显。我离开考场二十多年了，对考试形式和考察重点不熟悉；但托福考试是有考试技巧要求的。阅读、写作也许勉强能应付，但托福的口语和听力要高分，需要老师辅导。尤其是口语，人机实时对话，有口语底子的要求，也有技巧的要求，没有老师的辅导和支持很难过关。

我请过的一对一辅导老师辅导的科目有口语和听力，分别来自两个托福教育机构，通过网络授课的方式进行一对一辅导，其中一位是台湾地区的名师，另外两位来自上海的托福教育机构。写作其实也是请了老师的，这位小老师是南开大学法学院的毕业生，保送了中国政法大念研究生。小老师人好，义务辅导了四节课程，让我写作分数上升明显，最后效果很好。**我从这位小老师的身上学习到，每一个学霸除了坚持努力，还要不断总结、不断解决自己学习中的问题，学霸真的不是平白无故得来的。**

（三）总结的重要性

人和人的差距，不会总结积累的和会总结积累，真的差很多。

大家都知道，托福写作是要现场打字输入的，如果输入时出错太多，是要拉低分数的。而我偏偏是个打字快但拼写错误率比较高的人。这得"归功"于 word 的自动纠错功能，方便了工作但使得我的词汇基础不牢固。为了解决这个问题，我总结了我写作过程中常见拼写错误，一一牢记，把这类错误导致的失分降低到最低。

托福的独立写作半个小时之内得构思输入完成，时间非常紧张。我习惯写四段式，打字速度快，通常一篇作文会超过 500 字，这是我的写作习惯，很难再纠正了。为了留下时间检查，最好什么都是一气呵成的，比如开头、结尾的套话，需要不断总结，这样写的时候就直接出来了，不用在琢磨用哪个句式比较漂亮上浪费过多的时间。这样能为我留下一些检查时间，减少不必要的拼写错误。

托福的阅读，天文地理、建筑、考古生物，什么都有，有许多我不认识的词汇，还有不少我以前认识但长久不用忘记了的词组。我把词汇和词组都抄写下来，不断地背诵，到后来基本文章里没有我认识的词汇和词组。听力部分也是，词汇和词组是需要不断总结的，否则很容易听得一知半解，听力记笔记的时候，来不及全拼，也是需要记录缩写，自己还得指定一些自己看得懂的缩写符号，也是需要总结的。

托福的口语共六个题目，分别考察独立口语、综合口语，分别需要在 45 秒和 60 秒内完成。尤其是独立口语，审题时间仅仅 15 秒，如果没有平常总结语料，考砸的几率几乎百分之百。综合口语也是要抓重点的，我就是听得太明白、记录太多，刚开始什么都想说完，导致时间到了我说不完，这些问题也是在不断总结中得以解决的。现在你随便出个托福口语题，我的脑海中会搜索至少几百条的语料，迅速列出两个观点，在 45 秒内用9—10 句话回答完毕，应该不是什么大问题。但没有总结和积累，是无法达到这结果的。

做 TPO 阅读，我刚开始分数一直徘徊在 25 分左右，很奇怪。阅读是我强项，为什么明明我看得挺明白的，就是分数上不去呢？而且长期做律师，阅读长句都不是问题，早已看到长句主谓宾直接抓主干，训练得很熟练了，但为什么会错呢？

这个问题直到我自己不断总结 TPO 中出现的阅读失误，不断改进后，到第三次考的时候阅读才上了满分。不总结你做了再多的题目也不过是重复错误，有的错误我自嘲为"蠢哭"，就是明显粗心而犯的错误；重要的是直面自己的考试失误，最终不在一个地方反复犯同样的错误。

如果你能学会不断学习，不断总结，无论是常见错误，还是考试的技巧方法，那么托福一定会胜利在望的。

（四）分科感悟之口语

我所有托福科目中，最弱的是口语，大多数的中国人都如此。

我的起始分是 19 分，2009 年裸考的独立口语简直惨不忍睹，综合口语的 4 道题目基本就是结结巴巴地回答了一半；另外知道的一半，无法在预定的时间内表达来，当时非常受刺激。凡事做了就该好好准备；裸考对

自己极不负责，必将自取其辱。

2017 年准备考托福后，我把主要精力集中在口语上。网络上的经验之谈我读了不少，每天花了两个小时在口语上，也积累了不少语料。但 6 月底考下来，别的科目都有提高，可是口语依然是 19，非常沮丧，我想一定是方法和套路还有问题。恰好有一次和律师圈内朋友们聚会，来自宝岛台湾地区的张律师向我介绍了帮助她考上哥伦比亚法学院的台湾名师 Cathy 老师，并热心地帮助我通过 Skype 向 Cathy 学习口语。

记得和 Cathy 开始接触时她问我，我的目标分是多少？我心里想要 108 分（一百分制的 90），这是我对自己的要求。但是不知道为什么，Cathy 一问，我有一点心虚，默默减去了 2 分，鬼使神差地说 106。其实当时我不仅有 Cathy 老师，也有大陆的口语老师 YICHAO 帮我上一对一口语辅导课，可见我当时对口语问题的重视程度。

如果你不是中国最好的外国语学校英语专业的学霸，还是建议你请老师帮忙。在这个考试过程中，我结识了许多新朋友，不是外语专业但通过自己的努力和老师的帮助考出好成绩；也见过不少英语系毕业的朋友过于自信铩羽而归的。托福的口语，不是你平时能用英语工作就会考好的。

Cathy 辅导我的时候，我已经在我的大陆托福口语老师 YICHAO 的辅导下上了四五节的一对一口语课，并在 YICHAO 的要求下做完了 2016 年托福口语一和二的真题，最终我做完了托福 2014、2015、2016 的真题 task 1 和 task 2，强烈推荐大家去做。这个做真题的过程就像是磨脑子，你知道外国人喜欢什么样的问题，也积累了不少观点和自己的小例子，对开拓思维和未来写作考试举例都有用，我的写作就直接拿我口语中的小例子写的，这样非常省时间，而且出错率大大降低。

为了监督自己做下去，我拉着爱好学习英语的十来个会员建立了群，一起打卡学习。刚开始大家还挺积极的，一个月后，没几个人打卡了；两个月后，就只剩下我一个人在群里不断地说口语做练习了。**无论做什么，起个念很容易，走两步也不难，但坚持下去的确难上加难。**

两位老师都非常不错，YICHAO 老师的方法适合中国的学生，特别是勤奋和自律的，坚持下去一定能有提高，我前后请 YICHAO 老师上了12 节的一对一口语，临考前更请老师帮我做二到三次的模拟考试，指出我的不足。我觉得这些练习、准备和复习方式非常有帮助，有些自己无意识的口述时的语法错误和材料筛选不到位的地方都被一一地指点了出来，最后我的学术口语和校园口语都拿到过 good，YICHAO 老师功不可没。难得的是 YICHAO 老师特别认真善良，我们熟悉后我和她说了我的情况，请她务必严格要求我。老师也真是用了所有的真诚和努力来帮助我，最后我能到 109，我非常感激 YICHAO 老师的支持和鼓励。

而 Cathy 老师的特长是经验非常丰富，不愧是台湾地区的 TOEFL 名师，次次口语 30 分。Cathy 把托福的脉络仔细地解剖给我听，也许考23—24 的时候并不一定用得上；但是，如果你想考 24—28，你一定会用得上。Cathy 老师更擅长的是帮助有基础的考生冲 27—28 的口语分。

和 Cathy 上课时印象很深刻的是，刚开始独立口语我的方法主要是做题，根据题目来写语料，然后背诵语料。第一次测试课 Cathy 就发现我的口语一二主要依靠背诵。这样听起来一是比较书面化；二是虽然输入了许多语料，但输出能力比较弱，无法灵活应用。Cathy 当时要求我改成看题目即时说，这对我是特别大的挑战。

我的优点是从不和老师讨价还价，听老师的话！第二天我就改变了练

习方法。原来我每日准备独立口语一二真题共四题，需要二个半小时；改成 Cathy 的方法后，第一天竟然录音到自己满意的回答，每一题需要录十五遍，共计花了 6 个小时才完成原来的练习任务，当时感觉崩溃。

但这样的好处也显而易见，逼着我练习输出和转化能力。练习到满意后，再根据录音记录下口语语料，我第一次听到了自己口语中过去没有注意到的语法问题，对口语讲述过程中语法正确性的敏感度上升。两周后，我熟悉了新训练方式后，练习的时间恢复到了 3 个小时每天，而且学会了如何在有限的时间内套用不同的语料组合回答，就像拼凑七巧板一样好玩。甚至学会了在没有适用的语料时，如何镇定地、不怯场地说出自己的观点。

在综合口语方面，我原来参加的网络学习营，只注重独立口语练习，对综合口语练习很少。以至于我错误地以为，只要我的独立口语能力增强，综合口语不成问题。事实证明这样是会害死人的，至少耽误了准备和复习的时间。如果能早一些遇到 Cathy 和 YICHAO 老师，了解了答题和解题的技巧，应该早就解决托福了。有责任心、愿意倾囊教授的好老师尤其难得。

综合口语是口语中最容易出 good 的。Cathy 老师和 YICHAO 老师准备的模板都非常实用，直接拿来套用就好了，最终我以 YICHAO 老师的模板为准，因为更适合大陆考生一些。拿模板的好处是保证综合口语在一个框架内讲述完成，不管你细节讲得怎么样，大的点不会出错，三、四、五、六题口语再也没有无力感，信心也增长不少。

两位口语老师和我上课时也反复地强调记笔记的重要性，刚开始我无法达到老师要求，很沮丧。但当我过了两个月做完十几套 TPO 听力的时候，我忽然会做综合口语的笔记了，而且能记录成老师要求的一句一行。

就像练武之人，过去一直停滞在某个水平，甚至开始怀疑师傅有没有

好好教；有一天忽然打通了任督二脉，才明白师傅教的是对的，是自己功夫没到家而已。而等到那一天到来的必要条件就是不断练习总结认真坚持下去。

会记笔记后的好处是，在听口语材料记录时我已根据托福考试的回答要求对听力的信息和阅读的信息进行了筛选和呼应；一句一行的记录，也帮助我有效地控制了考试的回答时间，增加了回答的流畅度。最终，三战时综合口语六出了一个 good，四战时综合口语 5 再次上 good，两次都得了 24 分。我的目标对口语其实是 26 分，有一点点小遗憾，但最终对这个结果我是比较满意的。

另外关于口语，我强烈重申一下，综合题有 4 题，独立口语有 2 题，千万不可只练习独立口语，而不练综合口语。很明显综合口语占比更大，而且更容易上 good。最后我基本把 TPO 的综合口语练习完了，如果再不和托福分手，就没材料可以练习了。

（五）分科感悟之阅读满分篇

阅读在我调整了做题方法后有很大的提高，方法很重要。

托福的阅读并不难，但它既要求细节也要有总体概括能力，而且时间非常紧张。我的主要问题是时间不够，没有办法在有限时间内把题目做正确。刚开始我读完文章才做题，这样分数始终徘徊在 25。后来听了"高人"指点，改成了先看题目再做题，发现这方法对我没用，反而成绩更糟糕。最终我改成了阅读一段、做对应题目的方式，这样刚读过的内容很新鲜，做起来正确率提高不少；在速度上也有提高，使得我有时间去对六选三的

主旨题做带入验证，提高正确率。

老师们常说阅读要做笔记，我觉得时间够，可以做；我时间不够，我是不做笔记的。记录笔记主要是为六选三的主旨题做准备，分值2分，失分太可惜；但我节省下做笔记的时间，用来回到文中将个别不确定选项代入。如果做笔记导致我时间不够，我做题就很慌，笔记记录得再好也没用。**总之，任何高人的指点，要辩证来看；适合他们的不一定适合我们，要找到适合自己的解题方法。**

另外，我在最后一个月对做TPO阅读时经常做错的题目类型、做错的原因、如何改进进行了总结，这个excel表时常拿出来看，提醒自己注意自己的弱点，避免继续犯同样的错误，这样才能真正提高。最终在三战时出了阅读满分。

最后，我和大家提一下聪明地背单词的重要性。这是基础功课，不背单词，连题目和文章内容都看不懂，何谈考好？我十几年前考研究生时候背诵过刘毅单词10000，根据词根方法背诵的；现在重新考托福，依然需要重背单词。背单词也不是机械式地背。我的方法是做托福的听力和阅读时，把不懂的词和词组记录到金山词霸的生词本中，反复复习。最后我的生词本中出现了超过2000个新单词，这些都是托福的核心词汇，而且是我容易忘记的核心词汇。当词汇的问题解决后，阅读文章自然有信心多了；而且听听力的时候不再存在听不明白的现象，这是拿高分的基础。

（六）分科感悟之听力满分篇

听力我十多年前考研究生时曾得过满分，所以我渴望考托福听力也得个满分，最终在四战时如愿以偿。

听力开始没请老师，考了三次，发现分数不是很稳定。症结在于站的高度不够，没有从出题者的角度出发去主动地预测出题的点。一篇听力讲座有5—6分钟之久，听完了题目才出现；如果没重点地听，自然效果不是很好。而研究生考试，放听力材料的时候拿到答卷了，但看答卷上的问题去听，你有机会知道哪里是听的重点，得满分自然容易些。

最终我请了私教，因为我知道我有能力得高分，但25—30分的飞跃我需要借助有经验的私教帮我理一理托福的考试特点和得高分的技巧。但私教水平再好，学生的耳朵如果听不明白音频也是没用的，一定要每天听。我的方法是，一篇听力文章错3题的听力全文默写，错两题的就一句一句跟读至少两遍，每天保证完成三篇文章的听力练习。这样做很枯燥，大多数的学习都是枯燥的，我需要不断把心猿意马的自己从游神中拉回来，保持专注。

有几个听力体会分享：**（1）不要凭想象力做题**。ETS的答案具有混淆性，经常是半句对半句错，如果没有听到的内容，一定要相信自己，不要随便选。**（2）不要跨层选答案**。听力的内容在听得时候很容易分出层次来，自己要有意识地注意，我曾经多次错在跨层答题上，看到问题时参考下笔记的层次，不要选择非本层次的答案，即时看上去如此吸引人。**（3）笔记一定要缩写**。想尽量多记一些，一定要用缩写来记，这样对听

力和口语时的笔记都用得上。我根据自己的习惯建立起一套适合自己的缩写方法，比如 money 就写成钱的符号，诸如此类，一定要提前就练习起来。

（4）以如履薄冰的心态做题。 不要以为你听力好，ETS 的伎俩更高，各种坑层出不穷；唯独对待每一题都认真严谨，才能透过迷雾找寻到正确的答案。

听力没有捷径。我几乎把 TPO 的练习都听完了，反复地重复地听，不断练习记录笔记，不断默写听不太明白的内容。最后经过不断努力，终于听力考出了 30 分满分。听力的满分比阅读的满分要难一些，这个结果让我很欣慰。

（七）分科感悟之写作

关于写作，不得不提我的小老师武宇佳，她给我的帮助特别大，尤其在综合写作上，帮我解决了很多似是而非的问题。在独立写作上，帮助我固定我喜欢的模板，控制字数，提点高分重点，非常有用。她的托福写作是 30 分满分，她自己在这方面做了许多总结，我觉得非常有用，她无偿地和我分享，正是这一点鼓励我把托福的考试感受写出来和大家分享。

首先，只要观点扣题，四段式或五段式并不要紧。 我习惯写四段式写作，研究生考试的时候就是这样训练写作的，虽然佳佳多次和我提最好能用五段式，这样得满分的机会更大；但一则我的习惯短时间改不了了，二则我也没有想过写作考满分，当时目标分就 26。最终用四段式从起始分 21 分考到了 28 分。如果我对自己再要求严格一些，不排除分数再高一两分的可能性。

其次，写作要写出高级感。 高级感指的是适当的出现长句、虚拟语气、对比、并列句，并把一些常用的动词换成读上去高级的形容词和动词，听了佳佳老师的话，最终用 excel 表格做总结和背诵，我把这些窍门称为规定动作。

我曾经学过三年艺术体操，喜欢看艺术体操类的比赛。凡是体操类的比赛，都有规定动作得分；完成了规定动作后的自由发挥才有意义；完全自由发挥，并不能帮助运动员获得很好的分数。托福考试也是如此，高级感需要出现的句式和词语变化，是规定动作；完全的自由发挥并不会保证高分。除非已达到了非常高的英语段位，否则一定先完成规定动作再发挥。

再次，写作是需要大量练习的，每周保持写作练习频率也很重要。 我刚开始一天写一篇文章，后来一周练习两到三套写作。写的过程可以帮助我把新学习到的词组和词语用法内化为我自己的习惯；而且如果有老师帮助修改，容易发现自己的习惯性语法错误；也有助于形成自己的写作逻辑习惯并积累语料。

最后，字数上，写到 440 字就够了，多了浪费。 我好几次正式考试写了 550 字以上，平常练习 600 字是家常便饭。但拼写错误对分数的影响挺大的，导致前几次都徘徊在 24 分、25 分，虽然也是 good，但是是小 good。**如果写多但没时间检查，我情愿减少字数但有时间检查，这样可能最终的结果会更理想一些。** 考试的时候我在草稿纸边记录下我每一段的字数分配，写的时候不时留意一下，帮助自己控制字数，争取检查的时间，减少不必要的扣分。

其他需要注意的是，如果你固定下了写作的模板，当然很好，但不要死板地应用。 我就出现过一次死板应用问题考得不好的情况。我的模板

开头和结尾是百搭的，但是中间两段因为我没时间准备多套适用不同题目类型的模板，所以我的模板适合"……有什么好处"这类题型的模板。但是有一回的写作题目，我这个模板就不适用了，用的话会出现中间两段的论点点题不明确的问题。但我太习惯于模板了，到了迷信的程度。虽然有点牵强，我当时就直接套模板了，结果独立写作就出现了 fair，这是我2017 年最差的一次独立写作分数。

后一次考试时，我总结了经验教训，就用了开头和结尾的模板，中间的两段我先保证第一句点题正确，把模板的几句话放到了第二句转承句的位置，这样阅读下来我的论点就充分多了，转承也很自然有了高级句，中间两段举例一个是现想的，一个是用的过去的例子，最后再做总结，这样核心段落的陈述就结束了。考完的时候自己读了读，觉得整体观点突出，自己猜可以到 27，最后的得分是 28，也印证了我的预感。

写作就是要让人觉得主旨突出、观点明确、论述具体、结尾有力。如果能做到这几点，并减少语法与拼写错误，不断出现高级的用法和词汇，写作完全可以得高分。另外，建议先写好中文写作。托福写作无非是换种语言表达你的思想，如果你中文写作思维和思路有问题，英文写作自然好不到哪里去。

（八）结语

我大专毕业时是大学四级的英语水平，而且那个时候大陆的英语教育水平和今天没法比。可以说，我的英语起点并不高，但通过不断学习，从不太敢开口说英语到在跨国公司在外籍老板领导下工作，不知不觉走过了一个个难关。

学习英语是一个终身学习过程，起点低不是问题，无论你从哪里出发，只要有决心、足够努力、方法得当，有好老师指点，一定能最终实现自己想要的目标。

感谢自己不放弃自己，最终我获得了想要的结果，为我的二十三年英语自学生涯盖了个合格通过的戳。

百战归来再读书
——我的美国法学院申请之路

（一）留学的缘起

2017 年，我四十岁，不惑之年。

人生过半，青春只剩尾巴，却还有许多事没来得及做。我开始怕死，比从前更在意自己内心的真实感受。有一天我闲来无事回顾了我的人生规划，发现几乎都完成了，唯独我想了二十年的海外留学的夙愿依然 pending。申请美国的 LL.M. 的想法再次浮现在我的脑海。

我说再次，是因为自从我从商业转行学习法律之后，我便抱着去海外法学院留学的想法；无奈家中巨变，我有更要紧的事需要照料，无法成行。我曾在 2009 年试图尝试过。当我兴冲冲地报了托福，并上有意向的学校网站看报考资格，发现所有的学校网站上都写了中国的 JM（法律硕士），需要已经完成本科学位，这暗示着我这类大专同等学力考研后毕业的法律硕士很可能没有读 LL.M. 资格。我不死心，上寄托网查看过往的申请者留下的经验帖，却没有这类申请者的痕迹。请教了身边读法律的海外留学归来者，没有听说过一个类似的先例。很显然，我需要挨家挨户地去和学校确定我的申请资格。

巧的是 2009 年我正好赶上了事业上的大机遇，吉利汽车和福特汽车商业收购瑞典沃尔沃汽车的交易，我机缘巧合成为吉利汽车沃尔沃收购项目的代表吉利汽车的法律组负责人。工业收购本身就比其他类型的收购比如能源型收购复杂，更何况双方是体量庞大的全球知名上市公司，汽车业又是一个国家工业发展水平的标志，一举一动备受瞩目，需要全心投入，这就逼着我在留学和事业发展的优先顺序中做出选择。对我个人而言，一旦收购成功，我实现事业几连跳的机会触手可及；即便失败，这也算是人生中一段难忘的经历。左边能否有 LL.M. 报考资格依然是个问题，右边事业机遇千载难遇，没多犹豫，我把托福和留学降级到第二优先顺序。**我觉得成就大事是需要时机和因缘的，顺势而为为好，现在我等候多时的事业良机到了，我需要狠准稳地拿下它。**

而这一放就是八年整。这期间随着沃尔沃汽车被吉利汽车成功并购，我收获了事业上的成就，逐渐成为知名跨国公司中国区总法律顾问；我受邀出入各种知名法律论坛，作为嘉宾发表自己的观点；我出版专著《总法律顾问手记》，旨在帮助年轻法律人顺利完成学业和事业的跨越，第二册同名书也定于 2018 年七月出版上市发行，和读者见面；我创建了以北京为根据地的法律社团"律政职场私董会"，帮助加入私董会的年轻法律人提升职业软技能，获得事业进阶；我甚至去中欧国际工商学院读完EMBA，在名利场里转了一圈后对人生有了更通透的想法。

我这半生，前二十年是蜜罐养大的娇娇女，后二十年家中变故身不由己地成为家中的支柱。变故也是一种力量，推着我从宁波一所大专院校毕

业后（现已升为本科院校），拿出勇气坚持大专考研三年直至被四川大学法律硕士专业录取，而后又在职场上冲锋陷阵为了让自己和家人过上普通人的生活而努力，却唯独忘了按自己的心意洒脱地活。

如果今天是我人生中的最后一天，还有什么没来得及做而觉得遗憾的事吗？"海外留学"这四个字击中了我。仿佛一名身经百战的老将听到了远方的冲锋号般，那四个字竟让我热血沸腾了。直觉告诉我，留学时机到了！

（二）为什么年过四十想留学

海外留学这个想法由来已久，刚开始条件不够成熟，可是等到生活工作理顺了以后，又放不下眼前的实惠——这大约是许多人的真实状态吧。很多人有种"侥幸"心态，没有出国我也过得很好呀，花这么多的钱出国留学，这是我事业发展必须的吗？

首先，选择归零需要勇气和智慧。 从 2013 年起我就纠结在这问题上，直到 2017 年豁然开朗。顿悟的原因是发现如果继续躺在过去的功劳簿上睡觉，虽不愁眼前利益，但是从长远来看，人生成就基本定型，甚至后二十年职业生涯可以一眼望到头，这对我而言是件可悲的事。我自认为潜力才发挥了 60% 左右，未来还有二十年，我需要的是更好的事业平台，发挥出自己剩下的 30%—40% 的潜力。正是我的这个发现和我的自我期待之间存在的差距，促使我走出舒适区，选择归零后重新出发。

其次，要实现事业可持续性发展，需要我对未来目标市场的人才需求及时做出反应。 中国法律圈顶层发展极度精英化，伴随着职业生涯的进步，我感受到越来越激烈的竞争。假设原先在中低端法律市场中脱颖而出只需要比周围的人努力和用心一点，那么顶层的法律职业竞争则是全方位的厮杀，包括能力、学历、资源、人脉，至少不能有一个别人可见的短板。读一个 LL.M. 二十年前是法律人的奢侈品，如今成了标配；在跨国公司的中国总法圈，海外留学回来更是标配。绝大多数人是享受了海外留学的红利慢慢做到这位置上的，而我这样"纯土鳖"出身能在这个位置上的极其稀少，我是圈子里的少数派。少数派便意味着你要挑战别人的固有思维。虽然这很酷、很刺激，但如果有可能，我想通过投资教育享受留学带来的事业红利，把挑战别人固有思维的精力花在其他更有价值的地方去。出国读书虽不能保证未来事业更上一层楼，但长远来看机会增多；机会对有实力的人而言说成如虎添翼也不为过；精英化的圈子要求我敏锐地察觉我所处的市场的变化，及时调整并做出反应。

当然，也有人会说，英雄不问出身。的确，在起步就业市场上，大家都没工作经验，能力、工作态度比一纸毕业证书更重要。另外在创业者身上，更需要的是对市场的准确判断、战略眼光和领导力等因素，文凭说明不了什么。但是，如果你像我一样在职业经理人的路上走，海外留学是居安思危后的决定；趁着光景尚好，及时整合巩固我手中的资源和成果，形成更有力的支撑。

举个例子说，当市场薪水超过一定金额之后，假设 1M，放出一个职位就有大批优秀的候选人可供选择。北京、上海各种高端人才比比皆是，除了熟人，没有人会有耐心仔细地去了解你的内在。我的起始学历是大专，硕士并非排名前十的国内名校，属于能力上有明显的竞争力，但教育背景有明显硬伤的类型。能走到今天已属奇迹，但我不能因为过去的奇迹而乐

观地推断我能一直如此幸运下去，留学不能保证我的发展上限，但可以锁定发展下限。

最后，纯粹从开眼界体会不同的法学教育和思维方式的角度来看，人生中是值得有这样一段体验的。我的个性倾向于拥抱不确定，因为不确定中蕴含着无限的生机，我最怕一眼望得到底的生活。因为这种恐惧，我一路从国有企业折腾到民营企业最后到跨国公司；也因为对未知领域的好奇，从商业转学了法律，从法律又学习了 MBA，跨界发展带来的启发和反思让我受益匪浅。同样，我相信国外的一年学习生涯，能让我对世界有新的认知，让自己内心更自信从容，人生更丰满，少一点遗憾。

记得在中欧国际工商学院的开学典礼上，教授说许多人活到中年就死了。他们的人生在某个地方卡住了，看上去活着，其实已经死了，所以我们要有归零精神，要再出发。留学会让事业暂时归零，事业中断的沉没成本，学费支出也不是小数字，但这些都不重要；重要的是不让自己满足于现阶段的成就，避免温水煮青蛙的悲剧，重新出发，实现螺旋式上升。

（三）梦校的选择、托福、成绩单和 LSAC 评估

有人好奇地问，这么大岁数了去当学生，你能适应吗？

受职业训练的时间长了，女人变得像男人一般理性，我没怎么纠结在小问题上，譬如我都四十了还能不能适应学校生活的问题，同学比我年纪小接近二十岁我会不会尴尬。障碍或多或少有一点，但没必要在这类事上费心思，没什么跨不过去的坎。我穿得了华丽的晚礼服出入闪闪发光的场合，也可穿牛仔裤去街头小摊吃串串。既然决定了要去，首先要确定的是

梦校，然后考过托福、做 LSAC 成绩认证和评估、准备其他书面材料、走完申请流程。

在梦校选择上，最早通过电影《Legally Blonde》确立了去哈佛大学法学院的志向。虽然电影里的女主角有点傻白甜，但那时候恰逢我考研拉锯战的几年，想着读书当然得留洋看看，最好能上哈佛大学。考上研究生后同宿舍的好友柳同学的亲妹妹正好从哥伦比亚大学 JD 毕业，常听她说起她妹妹在美国生活学习的种种，让我对哥伦比亚大学产生了莫名其妙的好感，后来哈佛和哥大就成了我心中的梦校。

这个过程中，我的研究生导师黄力华教授给了我很多支持和帮助，这是我的幸运。毕业多年他依然关心我的发展和成长，听说我有留学想法，特意帮我介绍了他的老朋友也是法务界的知名前辈 Shawn 和我沟通。Shawn 早年美国 JD 毕业，差不多是我国最早去美国读 JD 的那批人，后在知名跨国公司做 Legal VP。和 Shawn 沟通后，我大致确定了我的择校清单。另外君合律师事务所曾有几位律师轮流借调在我这里工作，其中一位借调结束后去了 NYU，加上君合每年出国留学的律师不在少数，里里外外交流了一圈，定了申请学校名单。同时我查了学校的网站，发现八年之后，许多学校放松了报考 LL.M. 的条件，至少法律硕士不再是个问题，已被当作是第一学位了，也算是时代的进步。

其实，梦校和梦中情人一样，真正结婚了也不一定合适，但你就是有热烈追求的欲望，是一种幻想和执念；但幻想和执念如果能落实到行动便会是一种强大的力量。我从幻想和执念开始，一点点努力，先成为四川大学的一等奖学金获得者、优秀硕士毕业生，渐渐获得工作上的事业成就，后来机缘合适，出书、致力于法律社团的活动。根据寄托网上的经验

贴，自我评估后认为这都是申请的加分项；但我也清楚大专初始学历是失分项。综合来看，因为工作和其他软实力明显出众，我也许有反转机会。最后四下望去就差托福了，于是决定拿下它。

托福备考过程是很自虐的。老领导曾问我能否考出体面的成绩，我说能！因为考试是世界上最容易的事情了，一份努力一份收获，比工作中的不可控因素少多了。幸好最终果然如我所言。我从 84 分初始成绩开始，在 7 个月内考到 109 分。这和托福大神们相比，并不是什么熠熠生辉的成绩；但于我一个 40 岁出头的人而言，也是份骄傲的战果。

在考托福的过程中，我去读过书的四个院校办理成绩单，这个过程最为坎坷。我有一个大专学历，一个自考学历（无学位），一个全日制研究生学历学位，还有一个在职的研究生学位。这四个学校分别处于不同的城市，光开证明就够麻烦的。要命的是，我的大专成绩单居然在学校搬迁整合过程中遗失了，而且遗失的不仅是我一个人的，而是整届。那种无助无法言表。我毕业都二十多年了，自己的档案中间有许多人经手过，可以说找到的希望渺茫。

我不知道这是否是在考验我留学的心志是否坚定。如果想放弃，当时就可以退却了，但我想也许还有其他曲折的办法能找到成绩。我正好找到母校宁波工程学院的教导主任，和她说明情况后，她马上四处张罗帮我寻找，又提示我去个人档案里找。感动得是，她向我保证，这些事情可以解决，学校绝不耽误学生的前程。

后来在另外一个城市，幸运地找到了毕业时学校放入我档案内的成绩单。可当我托朋友去办时，听说要复印九份，档案管理老师死活不肯，说根据规矩只能出三份。其实给 LSAC 一份，自己留两份也就够了，最多五份足够，但当时我不熟悉申请流程，以为申请九个学校就需要九份成绩单。和老师电话沟通，说到我有正规的硕士学历学位，四十岁想去美国读书圆梦，美国学校要所有我读过书 6 个月以上的学校的成绩单，我想申请九个学校所以要九份。情急之下我声音哽咽了，我虽然看不见那位管理档案的老师，但我想她一定很善良。她放下电话后，如我所愿密封了九份成绩单。

自考成绩单打得很顺利，但是给自考的大学本科毕业证盖章的时候出了大问题。按照自考办的规定，我正本的毕业证并没有遗失，他们不能在复印件上盖章。我找管事的老师聊了聊，希望浙江省的自学考试院的老师能把自考生扶上马并再送一程。管事的老师犹豫了几分钟，最后同意了。

成绩单准备好后，就要快递到 LSAC 进行评估。由于我有自考毕业证，但没有申请学士学位，中间和 LSAC 来回的邮件沟通可就多了。另外，我的中欧国际工商学院的 EMBA 学位，即便国家教育部出具了学位认证报告英文版，依然得不到 LSAC 的认可，LSAC 武断的结论是中欧国际工商学院不具备出具学位的资格，这于我更是雪上加霜。我积极地想了各种办法去解决出现的问题，包括找中欧国际工商学院的股东上海交通大学的林校长写信向 LSAC 解释，可惜这也不能扭转 LSAC 的看法；我甚至一度想请中欧派人去美国 LSAC 总部当面解释，由我赞助差旅费，可惜也没实现。

这个过程中有许多个晚上，心理素质千锤百炼的我也顶不住了。我已经有一个大专的学历上的硬伤，再来一个EMBA的学位得不到承认的硬伤，这不能不让我对在申请路上能走多远感到焦虑。想想等了二十年，做好了一切准备，做起来依然是如此的艰难，我恨不得人生能重来，高考的时候复读一年再考个好大学，一切都顺了。

坦白说，当时遇到的每一个沟坎，于我像晴天霹雳一般。我是个感性

容易受情绪影响的人，但我不断地告诫自己，耐心地去解释沟通磨一磨，总会一个个地跨过难关的。抱着这种信念，从五月打成绩单开始到七月，我终于一个个通关了。和 LSAC 又斗智斗勇了三个月，架不住申请时间到了，只能带伤上路，但我相信万事无绝路。

当现在走过这一路，作为一个经验之谈留给后来者时，这些已经成为小插曲。但我想把这些过程花点笔墨记录下来，我考虑的是未来的有一天，当和我情况类似的后来者走上申请之路时，她／他可能会遇到同样的状况，至少看到过这篇文章后会有些心理准备，不会惊慌失措，陷入恐慌情绪中。

关于 PS 如何写、推荐信如何写、找谁写之类的细节问题，寄托网有许多帖子，已足够详细，不在此赘述了。

（四）申请留学的方向性思考——LL.M. vs. JD

在读 LL.M. 还是读 JD 的方向性问题上，导师的建议是读 JD，充分感受下美国的法学院教育，放松几年再前行，但我有不同的想法。

我读的是法律硕士，仿照美国的 JD 来设立的，虽然两国教育方法不一样，但如果直指核心的话都是没学过法律的人去学习三年法律，没觉得有什么特别的不同。许多中国的 LL.M. 候选人四年本科加三年研究生都学的是法律，七年的学习真的比不上美国三年的 JD 吗？我觉得这不客观，高估了别人，没看清自己的优点。当然如果打算移民美国工作的另说。另外许多 LL.M. 申请人与我类似具有多年工作经验，事业根基在中国，真的需要从头学美国的法律并留下来工作吗？

我一直认为人要顺势而为才能有所作为。这些年工作，我切实地感受到我生在一个幸运的时代，虽然中国还称不上是强国，但东方的崛起成为不可阻挡的趋势，机遇在东方，从这个角度出发，JD 对我就没太多的意义。另外从年龄上看，JD 更适合刚毕业的年轻人，如果家境尚可，又年轻，没什么太长的工作经验且想将来留在美国工作，不妨可以考虑 JD。我现在正是年富力壮的时候，事业黄金发展期，三年 JD 回来就过气了。

不要把美国法学院三年神圣化，非要读 JD 才觉得纯正血统，更不必执着地非名校 JD 不读。 坦白地说，美国的 JD 并不是我国意义上的博士，如果是后一种意义上的博士，应该读 JSD 才对。我们不妨把这个博士看作一种荣誉称号，这样无论在美国工作还是国内工作，心态更平和些。但如果在申请阶段就把太多的未来赌注押在 JD 学位上，恐怕会成为学位的无法承受之重吧。

我们申请学校的时候，要综合考虑自己手上的资源，包括年龄、未来就业方向、经济能力等，综合衡量后做决定。 如果家庭为了供我去读书要卖居住的房子，即使我很年轻、将来打算在美国工作，我也不会去的。这显然是在学位上的豪赌，从一开始就将学习与未来快速回报简单粗暴地联系在一起。**虽然读书有很多目的，但最重要的一个是对知识浓厚的兴趣，享受学习的过程。如果出发点就错了，动作变形，这必定会反映在未来的事业发展上。** 初心不对，结果很难是我们想要的。

而各取所需很重要！ 如果我年龄正好，考 LSAT 也不是难事，经济实力读个 JD 也允许，也许我做另外一个选择也不一定。但就我目前的发展计划来看，JD 并不能给我带来太大的价值。我已经有长期的工作经验＋中国 JM，我的法律知识和经验积累足够丰富；对我，加一个 LL.M.，使我长期工作后有一个放松并开开眼界的机会就足够了。

当然，我也不是随便找个学校读 LL.M.，排名、城市等因素还是需要慎重考虑的。这都将影响我通过 LL.M. 的学习能为自己增加多少附加价值。如果我有本科学位证的话，我的经验很长，我会只申 T6；但鉴于我这种大专考研 JM 申请基本没先例，我申请了 T14 中的十个来保证我有书读；如果排名更低，我的工作经验的价值远远超过 LL.M.，不如不出国。这是我真实的想法，我也是如此实践的。很幸运，这个择校的策略最后没有落空。

对成绩普通的应届同学而言，申请好的学校因为缺工作经验是有点小难度的，完全可以先工作三五年积累一些经验攒攒实力，一举申请个好的学校。也可以先读一个排名一般的 LL.M.，就业几年后重新申请一个好的 LL.M.，这种申请者据我所知美国学校也是很欢迎的，如果工作经验争气，有机会冲击 T6，甚至 T3。

另外，我也不太想和 JD 的同学一起上课，尤其是一年级；JD、LL.M. 混合课对 JD 同学的帮助恐怕更大，但我们这些经验丰富的老律师就比较受罪。和一群对法律没概念的人上课，和大街上找一群人讨论法律没什么两样；这就好像我上 EMBA 课程时，当对某个领域无知的同学争抢话筒发言时，我不得不起身去课堂外享受咖啡与水果一样；这样的发言多了，于我而言，课堂价值会减弱。我倒更喜欢和来自世界各国已经有一定的工作经验的 LL.M. 同学一起学习交流，工作经验有长有短，但至少有来自实践的反思和总结。

我知道我在这些方面和许多人想法不太一样，我仅把我的一些想法和大家分享。差异是一定存在的，兼听则明吧。

（五）不同学校之间的申请感受及录取

我申请了传统 T14 中的 10 所，按阶梯状排列，六所藤校，四所非藤校。因为我的背景特殊，录取的结果非常有意思！一方面，即使我工作履历非常漂亮，但所有的藤校都拒了我；另一方面，所有的非藤校都给了我机会，其中包括 NYU、西北大学、乔治城大学的录取，以及芝加哥大学的 waiting list。

经历了煎熬等待的五个月，我敏锐地理解了藤校和非藤校之间录取原则上的差异。我的体会是美国的藤校非常注重本科的学历背景，弱本背景申请者还是主动避开比较好，它们偏好名校生源，当然我这没本科学位情况也是事实，被拒也理由充分。我特别感谢录取我，甚至给我候补机会的几所 T14 中的非藤校的包容和大度，**不拘一格降人才才是一个学校该有的风范，这也是美国这个国家吸引我去留学的地方——只要你足够努力和用心，总会有机会。**

申请过程，首先拼的是态度和用心程度。我们主要靠递交的成绩单、个人陈述、推荐信等材料来展示我们的形象，如果准备时态度松懈，那么从一开始就输了。能够把出国想法落实到实际行动的人都是人尖，当我们准备文件时要想到在和全世界的申请者竞争有限的席位，如何让自己的文书脱颖而出很重要。我觉得我们一定要打好用心和诚意两张牌。

我在申请准备上比较用心，就托福而言，我定下的目标是必须上108，这样至少学校能看到我申请的诚意，也不用担心我的英语跟不上。另外我也清高，作为一个长期任跨国公司的中国区总法律顾问位置的申请者，如果英文分不够高，我自己都不好意思，这和我履历不匹配，是不够

体面的。最后我的托福 109 收场，相信学校看到我 40 出头的年龄和我的托福分，至少能打消一些顾虑。

其次，我花了点时间去和各个学校确认我的报考资质，这一点比较特殊。沟通时我附上了个人履历。但这种沟通其实也没多大作用，每一个我写信去的藤校都热烈地欢迎我报考，结果从排名低到高的藤校全拒了我。我在不同的排名阶梯里都被学校录取过，自认不是我个人能力问题，而是这些藤校的一些不明示的条条框框卡了我。

再次，背景好不好，文书很重要，务必重视。我的 PS 中文改了三十多稿，英文稿就不说了。找了能找到的最合适的人帮忙把关英文。也许是我中年寻梦的故事感动了陌生人，许多素不相识的人也伸出援手，纷纷给我意见和建议。我觉得 PS 文章不在于写得多华丽，但要写出真实的自己。如果能注意段落安排的节奏强弱，就更好了！我写 PS 的时候，回顾一路走来的艰辛，常潸然泪下；想到自己在这一路上的种种幸运，展望自己的未来的可能性，又十分欣慰。这个过程一直持续反复，到 PS 定型的十月，未来之路已然十分清晰，我的心渐渐安定下来。

乔治城大学是最早来的 offer，我申请了国际经济法方向。2017 年 12 月 15 日深夜那个电话的温暖和热情，我会终身铭记！它的到来让我看到了希望，让我坚信虽然我情况特殊、硬伤明显，但我走的并不是一条绝路。有了乔治城大学的保底，感觉后面的等待轻松了许多，焦虑消失了，至少有书读了。

西北大学的录取通知书来得比较晚，2018 年 1 月底才到的。西北大学其实录取人是录取得很快的，我属于速度慢的，我不知道西北在犹豫什么。申请后等了两个月见没有人搭理我，我写了信去问，当天收到录取，感谢西北大学没有被我催烦。

　　除夕当天芝加哥大学的 waiting list 就来了，芝大的要求大家都清楚，对学术是比较看重的，招收的人又少，能被 waiting list，至少说明我争取 T6 不是没希望。我生性乐观，这对等待中的我其实是变相的鼓舞。另外芝大整个申请全程有 8 封邮件解释芝大的录取流程和目前的阶段，这让我对芝大整体印象比较好。只是 2018 年有 102 人在候补名单上，考虑到概率和芝加哥的位置，我最终准备取消申请。

　　NYU 是正月初七收到的，属于意外惊喜！坊间传闻 NYU 喜欢工作经验少一些的申请者、高 GPA 或者出众的应届生，但我发现其实 NYU 也录取许多工作经验丰富的人，录的长期工作者也不少。我当时申请 NYU 并没有抱什么希望，是准备收拒信的，我听大家的评价后的感觉是，我这样闪闪发光的工作资历，哥大必收我无疑。当时申请 NYU 是觉得纽约地方不错，学校排名也不错，即使我不是他的菜，用最流行的话说，为什么不撩一下男神试试，反正也就 100 美金左右的申请费，给自己一个机会呗！我大致就是这个心态，谁知道男神比较早地对我另眼相看了，甚幸！

　　我个人感觉是 NYU 对成员的 diversity 非常看重，我的成长之路很独特，录取我就是一个佐证。其次，NYU 对工作者的工作经验比学历更看重，专业对口很重要。我申请的 Corp. Law，而我个人又长期任 General Counsel，公司法方面的法律事务我算熟悉，我去申请这个方向是比较有优势的。再次，对于工作党来说，成绩评级 S 不是必须的，当然对本科应届生是 S 起步。我的 GPA 评级 AA 而已，许多录取者中有工作经验的也是 AA，这一点供参考。另外，NYU 申请过程中我用了校友推荐信，NYU 法学院 2001 年毕业的校友为我做了背书，我的理解是如果能有熟悉

学校的人做背书，能起到一定作用。最后，我的 PS 中的最后三段特意强调了 NYU 的 diversity 和我个人的 diversity 的匹配度，提到 NYU 的校训"坚持和超越"就是我人生写照，并高度赞扬了 NYU 对 LL.M. 学生的良好服务（这是和 NYU 毕业的校友沟通后写上去的），目的就是给学校一个我认真了解过 NYU 的印象。最终来看，效果还不错。

（六）尘埃落定

"I will do well in anywhere the life takes me." 这是申请结果尘埃落定后我的感受。

因上努力、果上随缘是我的信条；虽然没有被梦校哈佛和哥大录取，但努力过后我并不遗憾。尤其是当我看到上届在读同学发的 NYU 宿舍窗外的景色时，我深信上天帮我做了最好选择，这就是我想要的！一想到能在纽约的市中心读书之余好好体会纽约这个多元化都市，我由衷欢喜！

我起点有限，凭着对理想的执着和不服输的精神，一路坚持和超越，能被 NYU 这样的 top law school 录取是上天对我努力的奖励，我很珍惜这次来之不易的机会。我也感激 NYU，虽然是金子无论在哪里都会发光的，但把我从众多出众的申请者中识别出来，并给予欣赏和鼓励的那所学校，除了缘分，就是伯乐眼光独到。无以回报，唯有在未来一年的学习生涯中，专注用心读书，把我的实践经验和思考多多贡献给 NYU 法学院课堂，我相信这对我未来的班级也是很有价值的。

兑现了二十年前的诺言，很奇怪我并没有特别的兴奋和喜悦，于我，这就是一件水到渠成的事情。真正雪中送炭的教育机会，是十多年前我作为一名大专生同等学力考生被四川大学法学院录取，这给了我改变人生的机会。说到这里，除了感恩四川大学法学院，我也希望四川大学有更多学子愿意走出四川去外面的世界看看，世界很大，趁着年轻去多感受。

另外我也不迷信藤校校友圈。当我在 EMBA 的世界里转了一圈后，我的体会是圈子是强者的游戏，和弱者无关。强者本身资源自带，因为自身的价值会导致资源集中，去不去读书都会有很好的圈子；而弱者即便在名校的光环下，内部的鄙视链依然无处不在，圈子并不能带来什么大的附加价值，重要的是把自身变强。

当然，那些强弱是相对的，我说的弱者是相对弱而已。回想在过去的这些年里，一个大专起步的姑娘，没有名校的加持，通过自己的努力一步步接近理想目标，这是一个"自助者天助"的过程。**在这个过程中，我渐渐意识到我内在的力量，留学对于我也只是锦上添花而已，让自己变得强大，比依附在名校光环下更可靠。**

听闻不少申请过程中认识的朋友现在面临甜蜜的苦恼，收到的 offer 太多，不该如何取舍。排名、地理位置、奖学金等等，要考虑的东西还不少。我的想法写出来供大家参考：

第一，梯队优先，T3>T6>T14，好的 ranking 能对就业有所帮助。

第二，如果一个梯队内有两个或者三个甚至更多的学校录取了，如果排名相差在三名之内，考虑地理位置，反之则考虑排名。一个梯队内两到三名很难说有质的区别，譬如 NYU，CLC，UCL 录取了我，那么我会选择位置更好的纽约；我们不能否认地理位置导致的资源禀赋，就像上海、北京比武汉、南京更多机会和资源。至于哥大或纽大之间，可以看哪一个

学校有额外的东西 offer，比如奖学金有没有，数额的大小，等等。

第三，如果学校 offer 的东西一样或者差别不大，我会遵从自己内心的个性倾向，去寻找我喜欢的学校氛围。在我这个人生阶段，我知道世界上有很多的事情比读书更重要，我希望我回忆起我的一年美国留学生涯，想到的大部分都是开心的经历。我对生活有品质要求，其实我长期以来也是学霸，但我不喜欢苦哈哈地一天到晚读书，就刚刚提到的如果面临 CLS 和 NYU 的选择而言，我喜欢 NYU 的 "study hard play hard" 的氛围，生活方便；当然如果喜欢专心刻苦研究的，CLC 是个很不错的选择。

"千秋邈矣独留我，百战归来再读书"！NYU 的录取帮助我完成了一个人生夙愿，来世上走一遭不容易，前二十年承担的责任太多无法自由自在，后二十年想好好为自己活，十分幸运能够在留学之路上如愿以偿。

题外话是写这篇文章的过程中恰逢中美贸易战爆发，涉及对学生签证的威胁，只能说好事多磨。真挚祝愿大家好运，祝福那些见过的和没见过的心怀梦想的同路人，感恩在梦想路上从来没放弃过我的梦想赞助者们，我们纽约见！

律师之道

法务部如何委托工作给律所？

如何管理外部律所资源，是法务们需要学习的一项重要技能，包括律所的筛选、工作如何委托、费用的核算、定期的反馈和评价等几个方面。今天仅仅就如何委托工作给律所，我总结为"W2H3 法则"，和各位法务同仁和律师界的朋友做个探讨。

（一）何种法律事务该委托外聘律所？（W1-WHAT）

设立公司法务部的目的之一就是希望内部有律师团队能高效地解决问题，并有效节约成本。但是术业有专攻，如果问题的复杂程度**明显**超过了内部法务团队的能力，那么是时候考虑该委托工作交由你的合作伙伴外聘律师事务所来解决，这没有什么难为情和不好意思的。

首先，树立专项事务可委托、日常事务不委托的基本工作原则。日常事务指的是平常我们做的合同起草、修改、法律咨询、法律问题研究、知识产权管理、商业谈判、争议解决等基本工作。我的观点是这属于法务

的基本功，此类工作应当以内部消化为原则。专项事务指的是超过法务基本工作范围内的工作，比如诉讼，前期的商谈法务应该自己解决。到了诉讼庭审阶段，公司律师作为非诉律师可能就对诉讼的流程和应对技巧不熟悉了，可以考虑委托。再譬如重大项目支持，比如并购、上市，这类工作超出了法务的日常工作范围，可以考虑委托。

其次，并不是所有处理不了的专项法律事务都需要委托的，需要有一个清晰的价值判断在里面。 请注意，我这里用的是"明显"两字，这意味着有一个度的问题需要法务负责人去用心把握和考量。

譬如说，虽然整个法务团队都没有诉讼律师，诉讼案件的处理方式和非诉法律事务有比较大的不同。但如果从法律关系、法律上的权利和义务的角度综合考虑，基本事实清楚、证据比较完整、涉及的金额不大，我个人会倾向于由内部法务团队去独立解决，给内部律师团队一个演练和学习的机会。

相反，即便内部法务团队有过做合资项目的经验，如果手头上的合资项目的合作方式比较特殊、涉及的金额比较大、项目时间要求很紧，或主管审批机构有一些最新的不成文的操作方式在实践中采用，我个人便会倾向于请外部律师一起参与项目，用双保险的方式操作。

再次，判断是否该委托外部律师的标准，于法务总监而言，并不在于内部有没有人做过，而在于事情的复杂程度、内部团队的能力和如果出现不利结果公司的可接受程度。

内部团队有没有人做过，是做判断时的一个重要参考标准，但并不是绝对的。以上的两个小例子，就是很好的说明。作为法务总监，必须对内部法务的能力有个综合客观的评估，这个评估不仅针对内部团队客观的能力，还针对能实现的潜力；同时对拟委托事项的复杂程度做个评估；两者进行匹配，如果事情明显难于内部法务的处理能力，即使有内部律师过去处理过许多此类项目，也该请外部律师介入。**关注"匹配度"而并非仅仅着眼于"过去的经验"，这一点很重要，可以说这是个管理意识上的盲点。**

最后，归根结底，作为法务，必要时需摒弃个人行为偏好，以公司利益为重、对结果负责。出现不利后果时，公司的可接受程度和容忍程度怎样，是需要法务慎重考虑的一个因素。法务毕竟是为商业服务，如果对于商业来说，一个好的结果很重要，其对不好的结果是零容忍的时候，作为法务应该尽最大的可能去帮助商业团队实现这个目标。如果内部法务团队的能力和素质并不能为好的结果提供保险，那么请外部经验丰富的律所来做双保险是非常重要的。

（二）何时委托法律事务？（W2-WHEN）

解决了什么类型的法务事务该委托外部律所做之后，我们再来聊一聊邀请外聘律所介入处理法律事务的好时机。

一句话，如果法律费用预算充足，当然是早介入好过晚介入。但是极少有法务部存在预算费用充足的情况，那么作为当家律师，就要仔细地结合项目的特征考虑介入的时间节点。

我觉得最重要的指标就是，根据现有的信息，法务能否判断出项目的复杂程度，具备委托的基本要件，并启动委托。根据现有的交易架构设计来看，法务总监已经获取了判断一个交易难易的基本信息，如果其明显超过公司法务团队的业务匹配能力，即使项目处于前期，法务总监也该

邀请外聘律所介入。相反，即使项目已经谈了很长时间，但进展缓慢，基本的交易框架并不清晰，那么这就不是委托外聘律师介入的好时机。当然，项目或案件的正式委托和前期沟通是一件事情的两个不同发展阶段，我认为并不矛盾，没有必要人为地割裂。

如果项目尚缺乏做出复杂程度判断的基本要素，可以和律所先通过电话沟通的方式做一些必要的前期咨询；到了项目基本脉络清楚可以做出判断的时候，再正式根据项目委托的方式和律所谈一个项目的专项报价。**这个专项报价应包括对工作量做出预估、邀请律所介入的工作范围和律所的合作方式、项目时间表、费用报价和结算方式等，我总结为法律事务委托的几个基本要件。**

反过来讲，如果法务对项目的了解非常有限，即使委托律所，律所也是无法做出靠谱的预估的，具备项目基本要件时启动委托；不具备的时候，继续保持内部沟通捋清思路。如过程中需要外聘律所帮助，可通过前期咨询的方式和律所保持沟通。

（三）如何委托法律事务？（H3-HOW）

最后，我们聊一聊法务该如何委托法律事务给外聘律所，不差钱的公司不在我们的讨论范围之内。

1.过滤性识别委托

委托和费用息息相关。委托意味着成本，而聘请公司法务的目的之一就是节省成本，两者之间有天然的冲突。即使委托给外聘律所的事务具有扎实的合理性基础，自觉节省成本做工作过滤也是理所当然的。

既然进了公司门，成为公司的一员，自觉地带着成本意识，为公司多多着想的员工才受欢迎；那种以为委托给外聘律所，就当甩手掌柜的法务，恐怕很难受到 CEO 的赏识。对拟委托的工作进行过滤性委托，指的是根据自己的判断，对拟委托的事务进行进一步的识别和分析，识别出真正需要外聘律所关注的点，简洁明了地向律所指派工作任务。

打个比方说，以我熟悉的汽车业的商务政策反垄断审查为例，现阶段主管机构的关注重点在销售和售后，尤其是售后领域，更是监管的重灾区；而一个商务政策的审查，考虑到法规和法律实践的不断发展，近几年都会需要外聘律师给予意见。这个工作法务每年都做，应该有一定的经验积累，吃不准的是在售后特定条款的尺度把握，这需要外部律师协助判断。如果遇到这样的委托事项，我建议法务内部先过滤一遍政策，我认为关于销售、网络、市场的商务政策等反垄断事务，法务都应该有能力对是否触犯反垄断条款进行判断，唯独在售后政策安排上，需要借助外聘律师对条款中可能会存在风险的领域做双保险判断。在这个委托中，前期如果无滤便进行委托，与做过过滤后进行委托的工作量相比在 4∶1 左右。如此，节省下来的费用还是不小的。

2.单一窗口沟通制

如果法务部内部同事众多，可能会出现律所来结账时，法务总监一脸茫然的情况。为了防止这样的情况发生，需要在内部指定一个人或特定的某个级别的人，作为对律所下达工作任务的统一窗口，这点需要和律所事先统一意见。这对律所的好处是：以免今后做了工作后和客户结算时，客户方一脸茫然不认账。

除了法务部之外，有时业务部门也会发生自行委托法律事务的现象，

而法律费用的最终结算口又在法务部，所以有必要将整个公司法律事务的委托统一归口到法务部。这样做的好处是法务部可以帮助业务部门避免一些无必要的工作委托，将有限的费用真正用在刀刃上；对律所而言，无论是公司律师还是外部律师，律师与律师之间的对话中要更简洁明了，而且有人为此买单，未来不会出现法务和业务在费用上互相推诿的状况。

另一方面，从沟通的效率来说，单一窗口沟通，信息对称，效率更高，是提高工作效率很好的方式。

3.先预估费用，再委托

我非常不主张先干活再算费用的行为。法务和律所的关系再好，最不伤彼此交情与和气的方式，永远是先小人后君子。

公司法务对拟委托的事项，自己先进行工作量和费用预估，内部和总经理事先沟通大致的费用预算，然后请外聘律所对工作量进行评估和报价，这样交叉核实工作量确定费用后，再请律所开始工作，避免今后出现开始时彼此你好我好，最终却彼此埋怨的现象。

有些大的项目费用，因为事情暂时没有发展到那一步，很难做出精确的费用测算，律所可以和客户说明，商量一个大家都比较能接受的报价方式。如果遇到这种情况，我会采用分阶段报价的形式，请心仪的律所做报价。情况基本清楚的阶段先做费用报价，后面的阶段严重依赖前面阶段的发展情况和谈判结局的，后面的阶段可暂时不报价，但确定基本的小时费率，在报价条件合适的时候另行报价。

以上是关于法务如何将法律事务委托外聘律所的 W2H3 法则，您 get 到了这项新技能了吗？

法务抵触外聘律师的心结，怎么破？

前几日遇到一位青年法务才俊，向我讨教他心中存在已久的一个困惑。

这位青年才俊在一家互联网创业公司任法务，曾做过律师助理及律师，后转行做法务有几年了。但是有一个坎，一直过不了，不知什么原因，内心比较抵触用外部律师。他勇敢而坦诚地问我："**Lily 姐，我律师出身，但做了法务后，坦白说我心里挺排斥用外聘律师的，怎么破？**"

早年法务工作之初，我也遇到过类似心理困惑，对他所描述的场景我颇有共鸣。这与其说是律师转法务位置变化后所发生的一个微妙的心理变化，倒不如说是不少法务从业人员在成长过程中需经历的心路历程。用最近正当红的电视连续剧《三生三世十里桃花》里的话说，是一个"劫"，修行得好便上一个境界，修行不当便在心结里辗转。

（一）探秘职场关系

职场面对的无非是两种关系：人与人的关系，人与事的关系。其中人与人的关系相对于人与事的关系更复杂不可控。首先，从职场人与人关系入手来简要了解一下，身处职场的我们会遭遇多少类型的关系，这意味着

我们有可能需要面对多少种问题。

以个体为中心，以内部关系为例，做第一层关系分析。内部关系，指的是上下左右的关系。上，是上级，是直线老板（也包括非直线汇报），但比你职位级别高的人。下，指下属，是向你直线汇报的人，或者虽然不向你直线汇报，但职位级别比你低的人。左右，指同级别的同事。怎么和老板相处，如何和同事合作，如何激励下属，如何和不同的部门合作，便是这些关系存在问题后的外化表现。

随后让我们切换一个视角来分析职场的第二层关系。同样以自己为核心，以所在的组织机构（企业、律所、机关等）为标准来区别，我们可以看到除了第一个层次我们介绍的组织机构内部的关系之外，还存在组织机构内部和外部利益攸关者的关系。何为利益攸关者？譬如，政府机构与企业、供应商与企业、企业与消费者等合作。以自我作为第一圈向外延展至第二圈，表示所在的组织机构，涉及前文提到的同事、上级、下级等关系；继续延展至第三圈，即与你所在的组织机构、所从事的职业有关的利益攸关方之间的关系。

最后我们对职场关系进行辩证统一地总结。简而言之，对内，需要处理上下左右的关系；对外，需要处理和供应商及其他利益攸关者的关系。**内，是内核和基础；外，是机遇和挑战；无论是内部关系还是外部关系，均离不开竞争和合作、服从与管理。无论哪一个层面的关系出了问题，你一定不会觉得舒服，严重时甚至失去发展的机遇和挑战。**这个判断在我于"在行"当行家为法律人士规划职业生涯的咨询中，得到了很好的验证。

（二）法务的存在感和外部律师的进攻性

回到本文提到的那位青年法务才俊咨询的问题中，他的心结又是如何产生的呢？

律师和法务的关系，首先定性为内外关系。**律所和其所指派的律师是公司法务部的法律服务供应商，应公司的要求通过公司法务的窗口，为公司提供法律支持，天然而然地具有合作竞争关系，也有服从管理关系。**如果在法律服务过程中任何一方没有把握好尺度，就容易产生困扰这位青年法律才俊的问题。

首先，法务团队的存在感。从公司对法务的定位来看，先不讨论是不是成本中心的问题，但法务部不属于传统意义上的利润制造部门，这是没有什么争议的。**法务团队 KPI 考核，不是通过创造多少利润来考察；而是通过完成了多少工作任务、实现的客户的满意度、合规度、诉讼争议解决率、外聘律师成本控制实现率等来考察的。法务天生就会和外聘律师在工作上存在潜意识的竞争关系。**如果外聘律师完成的工作多过法务，那么法务担心会影响其在老板心目中存在的价值，所以法务部能自己做的尽量自己做，忙不过来或者无力完成的工作，才会交给律师，这是现实。

其次，外部律师的进攻性。由于外部律师见多识广，复杂的法律问题、大案要案，法务都会委托给外聘律所完成。这已经成为法务的共识，在不少跨国公司是法务部管理规则的一部分。见多识广是好事，但如果尺度没有把握好的话，就有可能表现为法律服务过程中的咄咄逼人和无意识的傲慢，尤其有些性格和能力都比较强的律师，就容易表现得明显些。譬如说，

常见的不通过法务部窗口而与公司内部直接沟通，在大老板面前有意无意地贬低法务部、彰显外聘律师的作用等。虽然有些行为是无意识的，但"挣事主的钱，却不把事主放在眼里"这句话，确实把法务内心的不满表现得淋漓尽致。

如果公司法务团队自身力量比较弱，而外部律师进攻性比较强，两者合作过程中，法务更倾向于产生抵触聘用外部律师的情绪。这并非简单的换家服务好的律师事务所，而是长此以往，法务在职业生涯中对外聘律师易产生排斥。能做的自己做了，不能做的硬撑着学了自己做了；不到万不得已的时候，拒绝把工作交给外聘律师做，理由是法务部能做，而且法务部也需要成长。

经过询问这位前来咨询的法律青年才俊，得知其所在的法务团队比较小，人员能力相对较弱。他曾服务的律所不大，主要业务以处理交通、继承案件为主，与公司目前处理的业务没有什么重叠，需要重新学习。外聘律所由老板或其他股东介绍，相对来说比较强势，倾向于直接和老板沟通，令他感觉不可控。时间久了，他担心自身价值无法在公司体现，因此产生了排斥聘用外部律师的情绪。

（三）法务与律师关系的破解之道

上文中我提到过职场关系，包括落在与利益攸关者层面的外聘律师和法务的关系，离不开几个关键字眼：竞争与合作、服从与管理、机遇与挑战。**法务对外聘律师的排斥和抵触情绪，表明两者之间的关系主要落在竞争层面，在合作层面、管理与服从层面，则没能得到有效的平衡。而破解，**

亦离不开两者关系的重新定位。

首先，正确理解法律业内的竞争和合作关系，变竞争为合作是上策。法律市场的做大，需要法律从业者合作，以共同彰显法律服务在商业社会中的整体价值。市场的蛋糕如果无法做大，同业竞争无论是律师与律师之间，都是法务与律师之间，就是恶性竞争，归根结底会落到竞价层面，得不偿失。在市场蛋糕做大的情形下，竞争是促使法律市场更有活力的工具和手段，律师之间的竞争能提高技术水平和服务质量，法务与律师的竞争也能有效地加深行业内细分和对彼此价值的深刻认知。

在我的法务从业生涯开始的时候，第一个项目就是金额颇大的海外合资建厂项目，面对副总裁亲自请来的外聘律师事务所，最初我也滋生过顾虑，有过抵触情绪。但识时务者为俊杰，一方面，当时自身太弱，顽强抵抗也不会有好结果，合作是最好的选择。另一方面，当时的配合律所和律师心态好人好，没有背后诋毁小同行的事情发生。最后很关键的一点，是我自身脸皮比较厚，有一颗学习成长不怕献丑的心。我当时想，这么大的项目，请外聘律师对公司来说是可以理解的，并非会让管理层质疑我的能力和价值；同时这也是我很好地学习同行得以成长的机会，自身能力不断提高，才有机会显示法务在公司独特的价值。同时，我也恳请外部律师和高管，法律文书的起草和修改由我来做，外聘律师全程参与谈判过程，并及时地帮助我审阅和提高，这样方便我在实践中学习成长，争取将来为公司多担当一些。有这个"不要脸"的心态垫底，有对形势正确的判断，有外部律所的合作和支持，最终这个项目合作得很愉快。

其次，正确的理解服从和管理关系，管理留有弹性，法务不僵化管理，不瞎指挥，律师亦不盲从。这一点我在做吉利汽车并购沃尔沃汽车案件阶

段时深有感触。作为甲方，有管理乙方的想法很正常。当面对如此复杂、庞大价值（价值81亿）并购案，放眼望去在国内的公司法务从业人员中，做过国内并购的律师不少，但找不到几个实打实地经历过以中方为主的跨国收购案件的内部律师。既然我处于中方法律负责人的位置，这个契机促使我去思考，在这样的国际化并购案件中，作为项目的法律负责人，该如何定位与经验丰富国际第一梯队律所的律师之间的关系。

法务管什么？管工作内容有没有交代清楚、理解沟通是否到位、律师工作量的预估是否正常、律所资源的调配是否和项目的进程相匹配、法律解决方案是否体现了公司的跨国收购战略、合同内容是否恪守了约定的条件、法律解决方案能否被内部团队接受等。法务不该管什么？不熟悉的业务领域，可以学习探讨，但不要不懂装懂、横加干涉，不对外聘律师做或少做不合常理的指示。

同样，律师对甲方的服从体现在哪里？体现在学习聆听甲方的特殊要求，并尽最大可能去实现；理解甲方的商业战略，在合同中充分地保障甲方的利益；尊重甲方在公司内的权威，通过彼此约定的沟通渠道去沟通等；如实上报发生的工作量和费用的计算方式等。需要强调的一点是：服从，不意味着盲从。律师对专业能力的可靠性负责，一旦凭经验发现甲方的指示有误，应及时和甲方沟通，而不应由于对方是甲方，而选择缄默。

正是遵守了上述几点，最后在和国际一级梯队律所的全球范围内的合作进展顺利，互相尊重理解，获得了双赢的效果。

最后，正确定位法务的核心价值，不卑不亢是核心。法务的核心优势是离客户足够近，可以把对内部客户的服务做到极致，充分理解公司商业战略和运营的薄弱点，随叫随到，快速高效。法务的核心优势并非

在一个法律文书上，不应和外聘律师较劲，看谁写得更规范、谁写得更专业。这不仅小看了自己的价值，也不尊重外聘律师的价值。如果法务内心无比忐忑，生怕什么时候会被外聘律师这个假想敌取代，自然对外聘律师是排斥和抵触的。

我不客气地说一句，底气不足的公司法务，恐怕少不了这种无妄的忐忑和猜想。但这既解决不了实际问题，又扭曲了法务与律师两者之间的关系，最后的结果是谁也不服气谁。

（四）结语

许多错位的发生，是由于对关系的定位错误造成的，比如今天我们讨论的法务与律师在合作中的抵触心结，即是如此。

无论是法务，还是律师，作为真正强大的人，不是谁瞧不起谁，更不是同行抵触和相互诋毁。而是在不同的工作情景下，能正确认识自身的核心价值，尊重对方的核心贡献，和谁都可以合作，不拘泥于姿态。无论是开诚布公，亦或是委曲求全，法务心中永远是公司利益至上，而非个人自尊心、安全感。律师心中必然是客户的合法利益至上，而不是盲从。

希望如此，两方多多合作，共同提升法律共同体在商业市场的价值，共同把法律市场的蛋糕做大，让我们的职业，无论在价值上，还是价格上，都成为一个备受尊重的行业。

外聘律师管理中
不得不说的三个误区

挑选外聘律师，只是公司法律顾问和外部律师合作的开始。公司律师希望找到费用合理而服务品质完美的外聘律师，而外聘律师又希望公司法务是多金又和蔼的客户。应然和实然之间的差距是存在的，双方的合作过程，就如许多机构之间的合作一样，时不时地磕磕绊绊也属正常。

对外聘律所、律师的管理，作为公司法务管理的基本技能之一，需要得到重视。如何妥善而高效地管理外部律师资源，破除公司法务在外部律师管理上的几个误区，是本文探讨的问题。

误区一：外聘律师介入后，不闻不问全盘托管

有时听公司法务说对聘请的某律师事务所的律师不满意，我都忍不住多问一句，怎么出的问题？听完大致的来龙去脉之后，除了律师没选对之外，我发现在外聘律师的管理上出了问题，因而对结果不满意的，不在少数。

对于外聘律师管理的认知误区之一，在于聘请外聘律师后，公司法务或管理层过于信任、仰仗外聘律师。对外聘律师介入的事，不闻不问全盘

托管，出了问题才傻了眼。

举例说，公司发生的复杂的诉讼案，法务团队被日常工作缠身，缺乏有诉讼经验的内部律师，或者根据公司政策需要外包给外聘律师做，公司法务会聘请外部诉讼律师来协助处理。无论是公司内部律师嫌案子繁琐，还是没有时间过问；或者是请到了明星律师团队，对外聘律师完全信任，全权委托而对结果寄予厚望的情形。如果法务团队不对案件进行过程管理，很容易因案件结果不理想而彼此抱怨。

诚然，外部律师是某个领域专家，经验丰富、见多识广，当有大的交易、重要诉讼之时，需请外部律师支持。但梳理清楚外部律师和公司法务在交易或案件中的地位，谁主导、谁支持、如何配合，这点非常重要。

以诉讼案件管理为例，外聘律师平常不在公司驻场，对公司了解有限，需要公司内部律师提供大量的信息，客观上要求互相紧密合作才能顺利完成案件。外部律师需要和内部律师一起调查案件的来龙去脉，在内部收集证据，分析诉讼策略，决定答辩大纲，审定诉讼法律文书，明确委托外部律师可以代为客户处分的权利范围等。如果全盘托付给外部律师独自找内部业务部门去完成这些工作，不仅在信息真实性和完整度上无法得到保障，对案件结果也会产生不利影响。

其次，外部律师不只为您一家客户服务。一位律师或者律师的团队，齐头并进的案件有许多。资源有限的情况下，如果您作为客户的法律事务代表，不主动在重要节点上对外聘律师进行有效管理，那么对您的案件给予的关注度不够和投入的资源和时间得不到保障，是有可能的。这是一个相辅相成的过程。

再者，针对公司的诉讼案毕竟与公司的法律权益和经济利益直接相关。

技术层面的事，高质量的外聘律师能很好提供客户方案。但无论是方案 A、方案 B，还是方案 C，终究是要公司法务和管理层自己拿主意，而不是外部律师。

最后，如果公司内部律师并未对外部律师进行有效的管理，采用不闻不问的管理方式，那么在最终结算费用的时候，对外聘律师的工作量也无法做到心中有数，容易在费用上发生严重超支，导致不欢而散。

所以，作为合格的法务管理者，即使在交易中请的外援是明星律师团队，也不应对外聘律师的工作采取不闻不问的态度。**过于信任而无管理，属于管理上的疏忽大意，会造成意料之外的结果。而有效而适度的过程管理，是公司法务和外聘律师的一种合作方式。这既是工作的需要，也是对法律服务成果的有效保障。**

误区二：与外聘律所合作过程中，信息不透明

与律师最相似的职业是医生。一般人出了问题才找医生和律师，出于保健需要的比较少，所以来咨询的时候往往问题已然发生。医生和律师都格外尊重流程，唯有通过严格的流程或程序保障，才能保证诊断效果，保障法律上的正义。医生和律师都难免有意无意地接触到客户的隐私，而客户有时候会有所隐瞒，严重的时候会导致医生的误诊和律师的误判。**因此解决信息对称问题，不仅是公司法务和内部客户有效合作的必要保障，也是公司法务和外聘律师顺利合作的第一步。**

公司难免有商业秘密，既然请外援来解决问题，此问题对公司来说并非儿戏。可有时候，公司管理层或内部律师并不愿意提供全面充分的信息。

觉得某些事并不光彩，不希望为人所知；认为这个信息对律师不重要，而忘记提供。甚至有的时候，公司法务管理者，对不太友善、又无法拒绝的外聘律师，会在信息分享层面有所保留。

能否顺利获得与案件或交易相关的全面信息，会影响外聘律师对整个案件或交易的整体判断，因此有必要在信息提供上对律师公开透明。对于在法律服务过程中涉及的商业秘密，是否可以放心提供给外聘律师的问题，公司法务可以对外聘律师的职业操守和律所口碑进行考察筛选，来决定是否聘用。签订保密协议也是必要的保障手段。"君子协定"很重要，书面的约定更是督促外聘律师履行保密义务的重要法律依据。委托前考察和签订保密协议，可以解决彼此在信息提供上的信任问题。

当然，这种公开透明并非指把公司商业信息和盘托出。信息的公开透明，针对的是和案件或交易相关的信息。公司法律顾问是专业人士，对哪些信息会对案件、交易造成相关影响，应有必要的预判。针对非常隐私、管理层在信息提供上有所顾虑的信息，则需要提前就此和管理层进行沟通说服工作。同时经验丰富的外聘律师，应准备案件和交易相关的提问纲要，以确保通过技术手段，收集到做出法律判断所需的必要信息。

同时，有必要指定一个对外聘律师信息的统一出口，避免因信息混乱、指示不一致，而引起另一种合作障碍。

误区三：外聘律师的费用管理上的认知误区

最后来说一说公司律师在外聘律师费用管理上容易发生的认知误区。

如果我们来做一个统计，法律服务行业采用按小时计费多，还是按照

总法律顾问手记
百战归来再读书

包干费用多，我认为，统计的结果会显示按包干费用为主。愿意按照小时费率付费的公司法务管理者，在现实中依然是少数派。

包干费用省事，费用可控，和管理层汇报的时候更具体，容易获得批准，这对法务管理者有一定吸引力。但实际上，如果公司法务能有效地控制和梳理公司内部信息，能判断您需要获得的法律服务，需要什么资历的律师来完成，您对大致所需要花费的法律服务时间，事先和律所之间有预估和协商，我觉得计时收费在许多项目上不仅更有竞争力，而且可以使您获得想要的法律资源。

如果律师在某项法律服务中收入固定，只要有可能，会倾向于选择节约律师资源、节省成本，在他们认为保证质量的基础上使利润最大化。注意，这个质量保证是以主办律师为出发点的判断，不一定与您对法律服务质量要求相匹配。比如您的案件的复杂程度需中级律师来处理，而在收入固定的情形下为节约成本，您收到的法律文件实际上是初级律师写的、经合伙人的认可后提交给您。而您期待收到的是一个中级律师写的法律报告，这种情形下，公司法务不免对实际提供的法律服务感到失望。

而按小时计费制，虽然对法务管理人员自身的管理能力有一定要求，却能确保合适的法律资源用在合适的事情上。在费用计算上，最终的结果并不比包干费用更贵。举例来说，有一个诉讼标的 1000 多万的案件，需外聘律师协助，咨询两家大所，一家按照传统比例收费方式报价，一审代理报价为 40 万左右；而另外一家以按小时计费来做报价，研究了案件的预估所需时间后，一审代理最终报价 10 万。仔细核实了费用的可靠性后，最终我选择了在诉讼案件上采用按小时收费模式，按照律所的建议，选择了与案件复杂程度相匹配资历的律师来完成诉讼代理工作。案件一审终审没有上诉，费用核实后，愉快地付账单完成了交易。在非诉事务上更是如此。对比采用按小时收费和包干费用两种模式，我发现在费用管理上，按小时收费更节约、高效。

当然，采用按小时收费制，一是需要内部有成熟的法务管理者，能够有效考核和管理律所的费用计费模式；二是能说服公司管理层认可这种计费模式，对按时计费费用管理模式有个正确的认知。

公司法务部怎么看外聘律师用
微信发送法律意见和合同文档？

前些天群里有朋友问："**公司法务部怎么看律师通过微信发送法律意见和合同文档？**"此语一出，群里观点鲜明地站成了"赞成派"和"反对派"两派，几乎没有中间分子。

微信在现代通讯中使用的普遍性谁也无法否认。从刚起步时适用于私人领域，到现在公私混杂；虽然也有诸如"钉钉"等 APP 专注于工作领域的交流，Email 交流在公司内部依然颇受欢迎；但有一点，包括法律业、会计审计服务业、投行在内的许多专业人士，已在工作中很难再坚持将微信的交流和沟通，仅仅局限于私人场合。

拿我自己来说，我当初也曾注册过两个微信号，一个为工作用，一个为生活用，试图将生活和工作分开。但后来发现这没有什么效果，不如就直接开放了。熟悉的、见过面的人加到了生活用微信号；工作用微信号主要用来处理和本公众号相关的事务；更何况现在的微信有只看三天的内容的选项以及分圈分组的功能，基本能相安无事。

既然无法避免，外聘律师该如何既利用微信的便捷优势，又顾全客户的保密性要求呢？虽然通过微信传送工作资料，包括律师和各个中介机构通过微信建群传递观点、意见，甚至法律文件，并不是什么新鲜事。但从公司法务部的角度来考虑，我的观点大致如下。

首先，微信可作为日常行政事务沟通工具供律师和客户使用。譬如约个电话会议确认时间，告知一下文件已经发到客户邮箱，这些沟通本身并不具有太高的机密性，如果外聘律师坚持使用，客户是可以接受的。

其次，微信不可作为律师和各种交易中介发送各类文件的渠道。如果中介不小心在群里发送了此类文件，作为公司法务部的代表，我会向中介明确指出应该绝对避免这类事情发生。在交易里，此条应该作为沟通原则在交易一开始就予以宣布，就如工作用微信群内不应该随便拉人入群一样。

道理很简单，发送到微信的文件是存储在微信的服务器上的，群内的人谁都可以转发、截图；即使不转发，微信服务器的安全就有保障吗？一旦允许这么操作，泄密的风险等级是很高的，绝对不能因为贪图沟通方便而拿交易的保密性来冒险。商场如战场，中介也不是"傻白甜"，这个道理应该能明白的。

再次，律师行业是最讲究专业性的行业，发送合同文档、在微信中就客户交易做评论，是有违专业精神的。律师最清楚保密性对客户的重要性，无论是开始交易商谈，还是开展交易行动，有经验的律师都会提示公司客户把签订《保密协议》当作第一步。即便是其他中介都采用了微信通信去互相就交易进展进行评论，律师也不应跟进。相反，律师应该敏感地意识到泄密风险，引导和提示其他中介停止此类不当行为。如果公司法务部聘请到的律师能主动这么做，就是总法律顾问眼里专业、严谨、有原则而可靠的律师。

如果律师看到其他人这么做，也跟着做，说明律师的脑海中还没有建立起对风险的必要敏感度；在风险与方便发生冲突的时候，并不能坚定自己内心的原则。**大家都在做，就是正确的吗？作为外聘律师，对这个问题的逻辑应该是很清楚的，律师应做正确的事情，而不是随波逐流。**

最后，用微信发送合同文档和交易意见，并不便于客户查阅，存档和检索也多有不便。手机的屏幕大小是有限的，交易文件又多数是写得密密麻麻的，当客户费力地阅读律师通过手机发送的合同时，内心肯定是一万个不乐意。像我这类比较直接的客户，肯定就会额外麻烦律师发送电子邮件给我。除了有减少泄密风险的考虑，也方便客户存档检索。所以如果律师多从客户的角度出发，其实该何去何从是很明显的。

电脑难道不泄密了吗？当然也会存在这个问题！**但电脑泄密问题已经引起了大家足够的重视，而微信沟通的泄密问题目前大多数企业关注程度还不够。**

譬如在我为汽车公司服务的十几年中，减少泄密一直是公司管理层非常重视的问题；手段很多，包括定制特定加密的电脑，加强入职时的员工保密培训等，相信在大公司工作的法务部员工对此不会陌生。而目前就我留意到的许多企业，尤其是中小型企业，本身企业主的法律意识不强，在交易中并没有太把泄密问题当回事，通过微信群沟通讨论非常常见；各大中介也不好违背"金主"的意愿，也纷纷在群里讨论发表意见。**面对这种现象，我想正是外聘律师和公司法务部该出面提醒"金主"的好时机，这也是专业人士的价值体现。**

据我了解，此类现象目前已引起了许多知名律所的关注。不少律所，主要是外所，对此类行为予以了明令禁止；相信许多国内的红圈所也是如此，只是没有对外明确的宣传而已。

那天大家群中讨论这问题时，我说得非常直接：如果是我请的律师这么做，我一定会警告律师的；屡教不改的话，和律所解约在所难免。我的观点不一定正确，但这也代表了不少公司法务部负责人的态度吧。**毕竟请了外聘律师，总法律顾问是要对外聘律师在交易中的表现和结果负责的，包括泄密后出现的问题；如果我的律师不能坚持做正确的事，那么我又该如何与他们共同进退呢？**

法务管理

一个人的法务，也要像一支队伍

在知乎上无意中浏览到一个已经存在很久的提问。在公司只有一个人做法务工作，该怎么办？回答五花八门，中肯热情之余，又让人有刹那之间的心酸感。读完心有所动，这就是这篇文章的由来。特别的关爱，给特别的你们！

（一）一个人的拓荒，无需惊慌

一个人在企业开始拓荒般的法务生涯，的确不容易。兴许刚起步的时候，会有些许忐忑，会想上知乎或其他的平台去求助。但许多年后，你走过这段人生，回望来时路时，你会为自己当年的勇气和坚持感到自豪。你可能会觉得我站着说话不腰疼。相信我，你所经历的我也经历过，我们只需要避免放大困难，客观地换个角度思考问题，就会有不同的心态。

首先，大规模的公司法务部少见，小而精是其常态，这是由企业特性决定的。 企业不是律所、法院、检察院等以法律业务为核心的机构，企业的核心是进行商业运营产生利润。法务部在企业的定位里是成本中心，并非利润中心。即便随着中国经济近三四十年的发展，开设法务部的企业增多，但法务部少则三五人，多也不过七八人而已。超过几十个人规模的法务部，可以用手指头掰着数。如果有心，您不妨和熟悉的猎头聊一聊，去招聘网站搜索一下，您会发现，一个律师组成的法务部并不少见。

其次，公司招第一个法务时，常以选择未来 Leader 的标准来选人。 以中国企业家的精明，公司没发展到必须成立法务部的阶段，是舍不得花这笔钱的。通常是确有需要而且工作任务比较饱满时，才会舍得在法务部上有所投入。所以乐观一点来看，至少你入行，有事情做，工作量也不少，不会被裁员、失业困扰。

企业既然招聘法务，当然看到了法务比外聘律师更了解企业情况，能随时沟通随时配合，出的解决方案接地气的优势。企业选人的时候，考虑实际的用途也兼顾未来的需求，会有忠诚度上的需求和考虑。企业在滚动发展过程中，今天一个人的团队，过两三年可能就需要三五人了。到时候换一个人从头来过作为领导人来组建团队，不如从一开始就选择一个能适应企业法务部长期发展规划的人。更何况法务部最难的阶段在于刚开始组建的时候，建规建制，在现有的运营中嵌入法务的管理流程，这对公司的首任法务必然是个不小的挑战，因而多数的公司会精心挑选这个人，并对他有许多期待，而外资公司更是如此。

我不会像知乎网上的朋友一般，鼓励你把公司当作小白鼠做实验。但毫无疑问，一个人的法务部，在老板允许的范围内，你基本想怎么做就怎么做。**没有来自法务部团队的内部制衡和内耗，沟通流程少，执行力强，自己的想法可以在被授权的范围内推行下去，反过来看，是多么难得的**

成长机会啊! 当有一天,你身处一个几十个人的法务部时,就像我的第一份工作一样,内部政治可以消磨得你什么都做不了的时候,你就知道今天一个人的自由,是多么的珍贵了!

再次,企业的法务部不以人数多少论英雄,人多人少各有利弊,不必妄自菲薄。我以为团队人数多寡并不是法务部值得不值得去的标志。就像求职时因为一个职位的 Title 而纠结去不去新事业平台,不分析它的工作职责是否是自己期待的,这些都是我无法理解的思考方式。你可以拿这些理由去和 HR 谈一个对你更有利的条件,但绝不应该成为影响你做决定的重量级秤砣。

人多就一定好吗?举个例子,一家外企中级律师的薪酬,可以支付一家民企约 4 位律师的薪酬,他们被赋予的工作职责和工作内容都不一样。当你看得更深一些,你会看到表象背后的实质,不会再轻易地下结论,更不会再为自己所服务的法务团队人数多寡而耿耿于怀了。

一个值得关注的现象是,相比民企和外企法务部,民营企业喜欢热闹,喜欢人多势众,而外企的法务部偏高冷,倾向于"小而美"。**两种法务部之所以在组织结构及人数安排上做出不同选择,主要是与企业文化、经营风格、招聘理念、企业可承受的法务招聘成本、企业的品牌知名度、企业的工作量息息相关,不同选择都是一个综合后自然而然的结果。根本不存在优劣的问题,适合的就是好的。**

可以衡量和考核法务业绩的指标中,核心指标譬如客户满意度、风险发生率、纠纷解决率、响应速度、费用和成本等。这些指标从不同的角度考察法务的绩效,核心在于风险控制、客户满意及为达到公司设定的风险控制和客户满意度而所耗费的成本代价。如果一个人,也能做到各项指标最优，那么毫无疑问，你发挥了"一夫当关万夫莫开"的作用，令人钦佩！

许多人，可能不仅仅是面对拓荒的问题，独自一人的法务，是刚刚从律所、法院转型的律师，对企业这个生态环境是陌生的。比起长期在企业从事法务工作的法务们，更容易不安。我想说的是，一个人在公司做独任法务，宛如拓荒。你的不容易，我都懂，但无需惊慌。存在即合理，如果能从心态上换个角度辩证地看问题，你的认知和心态都会更积极，并在这事业旅程中更好地把握主动权。

（二）一个人，也要像支队伍

一个人的法务，没有同伴帮手，就意味着缺了人多势众这个优势。要想在人精扎堆的企业里把法务工作开展下去，更要一个人活得像支队伍一般，有独木成林的勇气和魄力。唯有如此，才能赢得同事的尊重，渐渐地树立法务在公司的地位和权威。

首先，培养独立工作、独当一面的能力，解决能力上的无力感。 小到写会议纪要、复印文件、安排自己的出差行程，大到处理政府机构调查、确定交易结构、制定法务内部管理政策，一个人就相当于一个部门，需有独当一面的能力。一个人，靠师傅领进门的机会是没有了。有时候遇到个事，除了你，其他的同事或者上级都是非法律专业人士，你若不独立，谁来替你坚强！若依赖心理重，这日子不过得水深火热万般煎熬才怪呢！

无论是资深或初级律师，遇到这种情形，学做多面手是上上策。 不仅要能独当一面，自己做决定，比如决定明天的工作任务优先级；更要能

和同事合作，把事情推进下去；还需要为法务部的发展和在公司的定位与老板做沟通，确定未来的发展方向的能力。更不用说，要有能力与财务和总经理去谈明年的预算。人人都不是天生具备多面手的能力的。当环境把你推到这个舞台上的时候，那么此时就是有这些要求，你需要扮演好一个多面手角色。感谢这样的机会吧，许多人在大法务部里，熬成了婆，做的难道不是类似的工作么？这是多么好的锻炼机会。

其次，要借好外部律师这把"势"。当你的目光局限于一个公司之内时，没错，你是一个人。但如果你环视下周边，你确实又不是一个人。一个人法务的公司，虽然没有内部的同行和你沟通，但如果你懂得借好外部律师这把势，照样可以把事业做得井井有条、风生水起。

外部律师是内部律师的左膀右臂，选择可靠的外援很重要，可以解决独任法务在专业上的孤独感。遇到不懂的事、未曾遇到过的事的时候，他们就是你的专业顾问，可以及时地向外部律师求助。如果有条件，对待聘用外部律师这件事，法务务必要以开放的心态来对待。当然，对外部律师的资质审慎地进行考察是必要的。法律市场鱼龙混杂，找个专业好、服务态度好的律师非常重要。我的书中有几篇对"挑选律师"这个主题做了深入评述，有兴趣的朋友可以去看看，在此不再赘述。

再次，多和行业协会、同业协会交流，缓解独任法务心理上的孤独感。法务在不同的行业工作，除去共性，不可否认工作中有不少的特殊性，尤其在解决一些有行业特殊性的问题上。如果有条件和行业协会里的同行多交流探讨，会很有帮助。行业里的同行就起到了小伙伴的作用，互相学习探讨，也能一定程度缓解心理上的孤独感。而在一些具有共性的法务事宜上，不妨多参加一些法务沙龙、多听听法律类的讲座，比如我组织的一月一期的"律政职场私董会"，和法务团体保持一定的交流。这样无论是对了解行业动态，还是解决实务问题，都会有帮助。

（三）后记

谁说一个人就不能像支队伍？恰恰相反，即使一个人也要像一支勇敢的骁勇善战的队伍。临阵不犯怵，多想法子，办法总比问题多。在我的事业经历中，有过一个人去沃尔沃汽车中国的团队里从一个人开始组建法务部的经历，在这段经历中，我收获了许多。

一个人成长的过程，如果不可避免，我建议你不妨换个视角去看。上帝关上一扇门的时候，也打开了一扇窗。你所收获的，也同样精彩。**重要的是，一个人的法务，只是个开始，并不是终结。**一个人，意味着还有无数的可能性。比如当你有天看着你的法务团队，从一个人发展到五个人，甚至十个人的时候，你心中的喜悦，同样是无限的。

该拿什么来爱你，
我强势的法务部

春节和同学聚会，说到了我新出版的法务职业管理类书《总法律顾问手记——律政职场胜经》。作为一家金融类投资公司的 CEO，同学很自然地和我聊到正头疼的一件事，其和一个强势的法务部有关，看看我能否把把脉出点主意。

（一）强势的法务部

这是一家民营投资公司，CEO 对风控相当重视，企业文化、高管对风控工作的支持，对法务工作颇为有利。作为一家百来号员工的投资公司，法务部配有 10 员左右大将，管理层对法务部的重视程度可见一斑。同时管理层对法务部是有所期待的，希望它能有效地防控风险、促进业务的发展。

公司成立时间不长，经过几年的发展，法务部已经逐渐发展成了过于强势的部门，并出现了阻碍业务进度的迹象。主要体现在以下几个方面：（1）法务部和业务部门相处并不融洽，互相告状的事情时有发生；（2）彼此之间已经没有商量解决的基础，要 CEO 倒逼解决，这使 CEO 不得不一次次地去协调具体的事情，花了大量的时间在对 CEO 来说并不是特别重要的事上，而且牺牲了项目效率，最糟糕的是协调几次后情况并没有明显的改变；（3）法务总监无法很好地兼顾风险和业务发展之间的平衡，协助 CEO 出方案，而是让 CEO 做出非此即彼的选择；有些事 CEO 深入之后发现，两方彼此互相较劲的成分居多；有些风险客观存在，但说得太严重了，并不是很客观。

CEO 总结道："**法务部的现状与设立这个部门的初衷已背道而驰。我需要风险监管，也需要项目有效推进，团队之间互相合作，而我关注的是最后的结果。作为 CEO，现在我不得不去调和法务和业务的矛盾，这是额外的负担，超出了当初设置法务部时的构想。而且在风险控制层面，客观地说，我的印象是法务对促进业务发展的使命关注的少了。**"

（二）高效、接地气、极致贴心的客户体验——法务核心价值

法务相比外部律师，为何在公司有存在的价值？是管理层意识到风险防范的重要性？还是公司有法务比请律师更经济实惠？还是法务是自己人比外聘律师对公司有忠诚度？

最核心原因是：法务最贴近内部客户，能为内部客户提供高效、接地气、极致贴心的客户体验。这种体验外部律师无法提供、不可替换，这是法务的核心价值所在。

首先，关于响应速度。律所是 1 对 N 个平台多头服务关系，法务只为唯一平台服务，是一对一、点对点服务方式。譬如说，你切菜时不小心

伤了手指，切口不大又没有伤到筋骨的话，不必非上三甲医院排队挂号等候医生处理（根据我有限的经验来看，这恐怕费时至少 1—2 个小时）；而你完全可以选择家门口社区医院，有条件的话选择家庭医生，来处理伤口，半个小时可以完成，这显然在时效上是有天然优势的。回到公司日常运营层面来考察，约 2/3 的问题有经验的内部法务就可以胜任。**快速响应，事情不出门便可以得到有效处理，从而满足瞬息万变的商业世界的需求，这是管理层看重的法务价值之一。**

其次，关于接地气。如果医生发现一个瘤子，因为对病人熟悉程度不够，采用通用方案来治疗，这样往往动静很大、效果普通。再好的治疗方案，也需因人而异地制定和实施，方能起到药到病除、事半功倍的效果。但大医院医生忙，除非病人天天住院，不然医生到不了对病人很熟悉的程度。**同理，外聘律师是专家，专业水平呱呱叫、见多识广自然不在话下，但说到对公司业务了如指掌，则非法务莫属。**因为对产业发展趋势和公司运营现状了如指掌，法务对有能力内部消化的法律事务，提出的方案接地气、针对性强，内部接受程度往往很高。律所受邀对内部无法消化的法律事务出具的法律解决方案时，法务应和律所合作并帮助律所了解公司，及时分享看法和观点，使方案变得更接地气、更容易被内部团队接受，**这便是法务的第二个独特价值。**

说到这一点，潜意识里排斥律所外聘律师的法务队伍，我观察到的还真不是个别现象。**外聘律师和法务是一个不可分割的法律团队整体，是公司的左膀右臂，必要时外聘律师是帮法务渡过难关的外援。**不必为了证明法务存在感而去排斥外援，这是内心缺乏安全感和自信心的一种表现。法务的接地气，便是不可替代的价值之一，理解了这一点，互相取长补短、共赢发展不是什么难事。格局决定成就，在这一点上完全可以更包容开放。

再次，关于极致贴心的客户体验。这是建立在上述两个核心价值的基础之上的客户综合体验感。当我们尝试抽丝剥茧式地简化法务的优势，不难发现法务最大的优势就是离客户非常近，无论是在响应速度、处理问题的高效性上以及对客户的了解程度上均有能力为客户提供极致贴心的服务体验。

举个例子，如果和客户之间对法律问题或者解决方案理解上存在不一致，可面对面沟通解决。电话里沟通不明白、邮件上彼此引起误解，这种不必要的损耗可以减少到最小，只需敲个门说一说就好了。再譬如说，对于客户的需求，法务了如指掌，除了触碰底线的事没有什么商量余地、需要互相理解包容之外，在绝大多数的法律服务上，多想一步、提出比预料中更贴心的解决方案，是有条件做到的。**关键是法务有没有动力去追求更好的客户体验。**

如果法务有足够的动力去追求极致的客户体验，就会充分利用好离客户足够近的地理优势，把法律服务做到极致；同时把法律监管当做一项服务工作来看，放下若隐若现、阴魂不散、因死板的理解监管而导致的"官僚架子"。无论是内部的满意度，还是管理层的理解度都会提升许多，最终将法务的核心价值升华到另一个高度。

（三）强势法务部的成因

回到同学提到的强势法务部的例子，归根结底，我认为在以下几个问题上需要进一步对症解决。

首先，**在法务的价值功能理解层面，在法务核心价值理解上有一定偏差。**客观上存在放大法务监管功能的倾向，对法务高效、接地气、极致贴心的服务功能关注有限。因此项目无法推动，矛盾冲突剧烈，CEO 介入了解全局后产生了法务放大风控合规功能的印象。**根本来说，这有可能是法务对业务流程理解不深入所导致的，也有可能是认知层面的偏差所导致的，还可能是在实施层面的人际冲突所被动导致的。我以为，认知决定行为，认知的偏差是本因。**

其次，**在理解和把握好法务的服务功能的内涵和外延上存在欠缺。**换个角度看问题，在不触碰监管底线之余，**如果把监管当做一种法律服务来看，**我相信，现在在法务和业务之间存在的沟通对抗而引发的人际关系对抗，可以得到有效的缓解。当然不是所有的法律问题都有解决方案，但 99% 的法律事务到不了那个你死我活的地步，即便是金融领域，这个比例也应该不至于太大。

再次，**需要正确认识风险和风控的内涵。**没有不存在风险的项目，我们要防止的是不合理的法律风险，而不是零风险。即使是理论上有风险，我们更要深入地去研究风险在实际运营中发生的概率是多少，如果法务总监能提出这样的方案和数据来，相信无论在自我说服方面，还是说服他人方面都会更专业。

最后，**缺少大局观，看到点，没看到面，没有换位思考。CEO 要的是结果，而不是无休止的争论，更不是天天调停部门之间的纠纷。**对于 CEO 来说，他把工作分解给不同层级的人去完成，最终是需要结果来为企业创造利润的。而且这个结果要快速、高效、接地气，这样企业在如此激烈竞争的商业社会中才有生存和发展的可能。法务需要充分意识到这一点的重要性，企业是根，法务是为商业提供风险预见服务和纠纷处理服务的，最终和其他职能部门一起，协同推进企业的发展。而法务总监的一项重要能力，就是沟通协调能力。行，或者不行，都需要和业务达成一致。即使严重到了项目做或不做需要一票否决的地步，也需要好好沟通协调、互相理解、互相支持。**如果项目总是陷入无休止的争论之中，而没有结果，久而久之，对公司的发展造成威胁，这是任何 CEO 都无法容忍的。**

（四）改善建议

基于上述对法务基石和核心价值的理解，结合本案情况来分析，最后给了 CEO 同学如下建议。

1. CEO对法务总监、业务总监分别面对面辅导，彼此加深信任达成共识

针对过于强势的法务部，谈话和沟通是基石。**为了帮助法务总监纠正管理理念和业务理念上存在的偏差，CEO 和法务总之间是否存在足够的信任基石，会很大程度上决定法务总监的行为。**所以这样的谈话，是必要的，有助于改变这种因为信任不足而引起不敢承担风险导致的过于关注风控功能试图达到无风险的现状。当然，如果这种风控功能夸大，不是出于信任不足，而是法务总自身认知不足，那么来自上司的辅导也是必要的。反之，对业务总监也是如此，也需要理解每个职能在组织机构中存在的意义。

2. 对业务部门设置合规指标，对法务部设置客户满意度指标

要改变业务只关注业务，法务只关注法律风险，彼此合作不商量，导致 CEO 频频介入，设置 KPI 是核心。

交叉设置不同类型指标的好处，会从管理机制上逼得彼此无法推卸责任，把彼此的利益绑在一起，遇到问题互相协商解决，彼此少告状，多合作协商。当然，为了防止最后谁也不干事、和稀泥的现象出现，在指标的具体设置上可以在比例上根据不同职能部门的特性，有一定偏重。CEO 可以和 HR 及职能部门的领导沟通，一起来完成这个设定，将管理层的要求体现在绩效考核上，最终实现这个目标。

比如业务部门，可以业务绩效指标为主，合规指标为辅。不注意合规的利润和业绩，潜在的风险是巨大的，但做这个设置的目的是使业务关注这个指标，并不是把业务部改造成法务部。同理，**我们也无意把法务改造成业务。客户满意度，并不是要法务总一味地讨好内部客户，而是逼着法务对法律问题做更深入的研究，尽最大可能去找到解决方案，减少做交易粉碎机的次数。同时，使得法务总监更多地关注大局，关注到业务发展是法务存在的基石，关注到 CEO 需要的是结果，CEO 作为法务的终极内部客户，当然有权享受到满意的法律服务。**

满意度、合规度往往是符合型指标，达到要求公司年终会根据综合考评结果给予奖金薪酬上的奖励。管理，最终需要回到人性的层面去解决。**如果法务总监因为缺乏足够的动力向内部客户提供极致贴心的客户体验，我建议同时设立特殊正向激励指标。**除非法务总监对工作失去了兴趣，那么足够、明确、有效的激励，能把这个效用及时放大，解决存在的问题。

（五）总结

法务这项工作，如果管理层不重视，法务的地位在公司会很尴尬。虽然地位是自己做出来的，但容易被边缘化确实是事实。反过来，如果法务的地位备受重视，则会一不小心就出现今天我们所提到的过于强势、令CEO头疼的现象。

除了法务意识到自己的核心价值——利用与客户无限接近的机会，向客户提供高效、接地气、极致贴心客户体验的法律服务，更应该充分理解，对于任何 CEO 来说，是没有办法容忍严重阻碍公司业务发展的法务部的。

法务管理中的门道很多，有的是人的认知能力和水平的因素，有的是人与人之间的信任因素，有的是管理激励和考核的因素，本人因时间和水平均有限，仅能点到为止。**但天下没有达不成的事，只有是否和职位相匹配的人。**

作为法务，如何和公司发展战略、高管的管理要求相匹配，去实现自己的事业价值，是我们需要深入思考的，尤其是如何在结果和风险之间做到有效精妙的平衡。我认为这是一门艺术，需要我们时时感知。

如何提升法务在公司的影响力？

做法务的，最头痛的一个问题是难以打入公司的核心，随时随地都会面临被边缘化的尴尬。即便是到了法务总监的高度，挂着副总裁、VP、总法律顾问的职务，是公司管委会的成员，依然会不时感觉到同在管委会的小圈子里，存在感也是有限的。

如何提升法务在公司的影响力、避免被边缘化的命运，成了公众号后台除了"如何自学法律英语"之外的留言量第二大的话题。提升了影响力，自然可以避免被边缘化的命运，这是一个问题的正反面。新年伊始，我们就谈谈如何提升法务在公司的影响力，为争取一年的好业绩打下扎实的基础。

（一）选择做一个战略型法务

思维决定出路，法务行业亦复如是。

法务业蓬勃发展不过是最近十来年的事，虽说和西方国家同行相比，职业的受尊重程度和在公司内部的地位还有待提高；但不同的人从事相同的工作，结果亦各不相同。在许多人担心被边缘化，为所受到的排挤忿忿不平的时候，也有不少人的法务工作做得风生水起，在公司有话语权和影响力。

诚然，不同的公司类型、企业文化，甚至个人的机遇，均会对结果产生不可小觑的影响。但如果我们尝试剥离这些法务行业幸运儿的特性去考察共性的话，不难发现，在公司有影响力、有话语权的法务十有八九是战略型法务。

战略型法务或者说战略型法务思维，要求法务能从战略的角度来考察公司所处的国际国内环境，对政策及法规对公司的影响具有敏锐的洞察力，具有与法律法规政策制定者对话甚至产生影响的能力，理解公司的管理重点，着眼大局思考问题、提出问题、解决问题。

当战术型法务还在和公司内部客户为一个合同评审、一个诉讼的处理尺度而大战三百回合的时候；战略型法务却早已勘透了先机，关注企业发展的重中之重，抓大放小，于未来处着眼，帮助企业出谋划策早做风险防控布局。

举例来说，早年刚出道我就在基地子公司任法务专员，法务部领导远在杭州，身边的法务同事是我的领路人。他做事认真、事无巨细、有责任心，但他的关注点在细节上，缺乏战略思维能力，业务对他的法律意见并不太服气。比如审查重大合同，有的人习惯抠细节，而有的人懂得看框架和全局，在框架和全局之下再去考虑不同类型的合同风险点。**虽然业务人员不是法律专业人士，但他们能用朴素的方法来判断法务素质和能力的高低。法务说的道理，如果符合整个事情发展的规律和重点的，提出的意见多数会被业务人员接受；反过来，如果法务的解释，抓不到事情的重点和全局，在细节上死抠，遭到投诉的概率会增大很多。**

这一点发现给我很大启发。后来我在做墨西哥吉利汽车工业园项目时，和汽车界知名人士赵福全赵总（现任清华大学汽车战略研究院院长）配合。在谈第一个《保密协议》过程中，有些条款上，我和赵总有不同的坚持。赵总惜才，看我入行才一年出头，指点我为什么这个合同中我所坚持的某些点，从他的角度看是不重要的；有哪些是他认为要死守的底线，并鼓励我要从更高公司战略高度去考虑问题。这些指点让我对法务工作的理解豁然开朗起来。这既深化了我对做战略型法务管理者的思考和体会，也是我收到的最珍贵的成长礼物之一。

战略型法务谋事，战术型法务谋生；战略型法务擅长布局、有远见、不怒自威，战术型法务严防死守却吃力不讨好；战略型法务是创造和整合的艺术，战术型法务是执行的工具。不同类型法务打法的着力点不同，效果自然不同。以 CEO 为主的公司高管是战略型领导者，战略型法务自然更能获得 CEO 及其他公司高管的认可。

如果你正被现在的战术型打法折腾得筋疲力尽，没有成就感又缺乏安全感，又不甘心继续限入困局之中，那么不妨转换下思路。

（二）和业务交心

话说回来，战略型法务不是凭空而来的，最起码得懂业务。

我常在不同的场合强调，法务要对公司业务了然于胸，甚至要比业务还懂业务。试想一个不懂业务的法务，说出来的话必定会因为显得外行而遭到业务人员的反驳。从善意的角度考察，业务人员觉得你没弄明白事情的来龙去脉，有必要进一步沟通，听明白了，法律意见也许就不一样了；

从不太友善的视角来看，业务人员受够这类法务，有心给一个下马威。

懂业务，并不仅仅是法务对业务领域怀有好奇心和求知欲；更不是闭门造车通过读文件自以为读懂了业务，更不是毫无凭据的臆想；而是换个角色，假设法务凭所具有的业务知识出门去做业务，有没有可能接到单子，如果有那就合格了。**法务有空不妨离开办公室，和业务多出去跑一跑，看看他们的实际操作流程是怎样运作的；在业务的整个流程中，会面临什么样的挑战，他们是怎么解决的。**当法务明白了业务在一线所面临的挑战，并对整个流程中的关键点做到精通，才能更好地帮助业务解决问题，从而树立起法务在业务团队中的专业性和权威性。

优秀的法务团队，是业务的合作伙伴；前提是要互相交心，建立信任。满足于在办公室里指点江山的法务，是很难与业务建立信任的；是伙伴就得同甘共苦、共进共退、荣辱与共。记得刚入汽车业做法务时，和大多数女性一样，我不仅不喜欢汽车这么个笨重的家伙，对汽车业也一无所知。为了尽快了解行业知识，我主动争取出差机会，和业务团队去一线，向业务学习。分管业务的总经理看见我的善意和学习态度，主动提供给我汽车相关的发展史、行业介绍，只要出差能带上我就算我一个，这使得我逐渐了解了一个汽车企业的各个环节的运作流程。这些为日后我们在不同项目中的顺利合作打下了坚实的基础。因此如果法务愿意了解业务，去帮助解决问题达成共同的业绩目标，这样的法务会更受业务人员欢迎。

也有法务专家提出，法务为秉持公正和坚持原则，应自觉地和业务保持一定距离，以免在工作中受到人情的困扰。我的看法是，法官行业中必须保持中立地位的模式在法务业并不适用。法务相对外聘律师的优势是离业务团队无限近，又是公司内部成员，更容易掌握内部的准确信息，快速

精确地解决绝大多数运营过程中产生的法律问题。

首先，法务和业务保持一定距离，将自己的相对竞争优势拱手相让，这样并不利于把工作做好。其次，坚持原则很容易成为法务和业务的冲突爆发点；如果彼此能交心，双方对业务理解上没分歧，更有利于相互沟通和理解。再者，法务有时苦于公司内部的信息不对称，无法及早介入项目，容易在工作中处于被动；如果能彼此交心和信任，信息的内部流动自然会容易得多，做起工作来自然也更得心应手。

（三）提高资源整合能力及领导力

光和业务交上朋友，只能解决理解和信任问题，使法务在内部工作过程更为流畅。在此基础上，如果能具备资源整合能力，主动推动事情向前发展，最终问题得以解决，法务方可成为公司高管眼里不可替代、不可或缺的人才。

注意，我说的是"人才"，而不局限于"法务人才"。这是一个想在公司提升话语权、影响力和权威感的法务需要上升到的高度。

业务在公司之中是核心，得到更多的关注无可厚非。做法务，一方面要从心态上看得清这个局面，无论是受待见或者不受待见，不必忿忿不平；无论何种情况下，保持良好的心态更有利于合作。同时，法务也需要考虑从什么角度着手，才能把平淡的工作做到令人眼前一亮，资源整合能力和领导力是一个重要方面。

一个专业能力强的法务很容易被替代，市场上有大把受过很好的专业训练并且认真努力的法务；一个专业能力强并且能和业务交心的法务，会收到法务总监的器重，因为这样的法务除了能解决问题，还能提升客户的满意度；一个专业能力强、和业务交心，并且有资源整合能力的法务，才能令 CEO 眼前一亮，赞为人才，给予更宽阔的事业发展空间。第三个境界，是做法务的最高境界，到了这个境界，已经不存在法务天花板问题，一切都有可能。

在美国，不少上市公司的 CEO 的前一个岗位就是公司的总法律顾问。虽然这和美国上市公司的严格监管制度不无关系；但不容否认，这类 CEO 做总法律顾问时已经展示出了他良好的素质和综合领导力，才有机会得到公司董事会的信任，最终在时机合适的时候脱颖而出。中国目前也有极个别的法务前辈实现了这个质的跨越，相信未来这样的机会将会不断展现。

当然，要到达这个境界，需要大量的知识和经验的主动积累。这就要求法务不仅是法务专家、战略人才、合作伙伴，也是资源整合专家、有出众领导力的管理者。

（四）总结

罗马不是一日建成的，提升法务在公司内部的影响力也是如此。

公司法务影响力的提升成为法务从业者日益关切的问题，这不仅仅是个人展露才华的需要，也是公司规范经营管理的迫切需要。讨论如何提升公司法务影响力，也顺带解决了法务被边缘化的心病，具有深远意义。

首先，法务应不满足于做战术型法务。争做战略型法务的思想转变，是提升影响力的起点。其次，法务应通过各种途径去熟悉业务，而且要比业务人员看得更透彻，能与业务人员同甘共苦、彼此交心，和业务人员建

立长久的合作伙伴关系。再次，法务想打破影响力局限和个人发展的天花板问题，成为公司 CEO 不可或缺的人才，从领导力、资源整合能力着手是王道，这应是卓越的法务人才追求的事业方向！

如此循序渐进，相信影响力迟早不会再是个问题。愿大家不断进步成长，成为更有影响力的法律人。

法务如何在公司内
改变被边缘化的局面

在线下活动中，经常听到关于法务边缘化的各类吐槽，也经常被问到法务如何避免被边缘化的问题。其实，**被边缘化的核心是：法务的价值在公司内部不被认同、行为模式不被接受、法务缺乏对公司的归属感**。要解决这个难题，关键要回到如何在公司内部树立法务权威的问题。本文就来聊聊法务如何在公司树立权威、改变被边缘化的现状。

（一）内心职业认同是法务权威感的基石

想要获得他人的认同，首先请扪心自问："作为法务的您，是否发自内心地认同法务这个职业？"

面试的时候，问候选人为什么想从事法务工作，回答五花八门。有需要照顾家庭的；有声称做律师太辛苦了，做法务轻松的；还有觉得自己的性格做律师不合适，可能做法务更合适——诸如此类，层出不穷。遗憾的是，基本上听不见候选人明确地说，他们就是喜欢法务这个行业、认同这个行业，是个人的从业志向；说起法务这个行业的时候，他们的眼里一闪

一闪亮晶晶的光芒则更少见。上述的择业理由挺坦诚，但均不是我期待的理想中的法务候选人的回答。这些回答强调的是做法务的客观因素，却鲜有发自内心的主观认同。

职业自我认同感缺失的法务，为现实而工作，并非发自内心地认同工作的内在价值，除了难以在工作中展露出应有的自信和专业，也很难获得他人的认同。

选择职业方向，出于一些现实的考虑，也无可厚非。但如果连您自己，对您所从事的职业都缺乏内心的认同，把它当作退而求其次的选择，亦或是对现实的逃避，那么我很难想象，您在工作中会由内而外地散发出一位法务应有的职业自豪感和自信，会有兴趣去面对各种挑战并去解决问题，从而获得内部客户的价值认同。

职业认同感是法务从业基石中的基石，与缺失了职业认同感的法务，谈法务的价值和权威，即便你分享再多的技巧给他们，也是无用的。**唯有法务树立了自身的职业认同感，才有可能进一步谈如何在工作中使自己的价值获得认同，从而逐渐树立法务的权威。**

（二）对商业的正确理解是法务树立权威感的命门

认同自身职业身份的法务，初步具备了成为一位自身价值可以获得内部客户认同的法务的基础。但如果对商业缺乏好奇心和探索欲，无法对商业规律、商业模式、商业思维形成正确的观点和见解，也同样无法获得内部客户的认同。

法律不是与世隔绝的，其是一门应用性很强的学科。法律广泛地应用在民事、刑事和商事活动中，从而衍生出律师、法官、检察官等传统角色。改革开放以来，随着我国经济的复苏，商业呈现出一派欣欣向荣姿态。大量跨国公司的进驻、具有中国特色的上市公司的诞生、大型民营企业的涌现和国有企业的稳步发展，催生了最早一批的法务从业人员。随着近年国内商业环境的多样性和复杂性逐渐增强，法务 (In-House Attorney) 行业也随之繁荣兴盛起来，从业机会大量增加。不难发现，法务就业机会的多寡和经济繁荣发展程度息息相关。

如果要我尝试对法务这个职业做界定，我以为不妨可以做如此解释：法务是由一家特定的公司聘用的、为该公司提供专属法律服务，将商业上存在的潜在法律风险最小化的、具有法律专业技能的群体。**"独家专属性""弱风险倾向性""专业技能性"是法务职业的三大属性**。

其中的"弱风险倾向性"，是内部客户容易和法务发生意见不同的点。商业天生具有冒险性，高风险高收益，而法务工作者的弱风险倾向性却宛如一股洪荒之力，在关键时刻将业务往回拉，双方无法达成一致时，不仅导致内部冲突剧烈，而且导致商业团队对法务的价值不予认同，长期以往致使法务被边缘化。**因而对风险的判断是否准确而真实，很大程度上直接影响到内部客户对法务的贡献价值能否予以认可。**

法务如何准确地识别出公司所从事的某类商业活动存在重大法律风险，而且这个风险不是理论上的风险，而是实际发生几率很大的法律风险，需要通过法律手段事前规避这个风险，自然离不开对商业的正确理解。

对商业的正确理解，首先是法务需要对商业有足够的求知欲和好奇心。如果一个法务工作人员，对公司所从事的业务缺少了解的兴趣，并不能透彻地了解公司的业务流程，这样其不仅缺乏和商业团队沟通并建立共

识的基础，而且基本没有说服商业团队接受他的观点的可能。

对商业的正确理解，要点是要像商业团队一样了解业务，对业务模式、项目目的、实现途径，均有清晰透彻的理解。这不仅是和业务团队建立共识的需要，更是正确应用法律于实践中的需要。商业本身就有风险，法务不应该因为惧怕风险，而在商业交易中充当"交易粉碎机"的角色。一发现问题，骨头和肉一刀切，虽然清除得很干净，但是也失去了交易机会，这是很难为商业团队所接收的。唯独法务对商业运营模式、背后的商业逻辑、商业利益的实现途径步骤有了深刻的理解，才能做到正确识别哪些风险是理论上存在的风险，哪些风险是发生几率很高的风险，从而去伪存真，对商业团队做出有信服力的说明和解释，使自身的价值得以体现。

对商业的正确理解，关键是在解决方案设计时，要用商业思维去审查法律方案的可实施性，在二者之间实现精巧的平衡。识别出真正的法律风险后，法务需要提出有针对性的解决方案。能否在设计解决方案的时候用商业思维去审视和修正方案，使其不仅具有现实可实施性，而且对商业的负面冲击降到最小，决定了商业团队是否会理性地接受法务的意见，并将风险防范方案实施到位。

商业团队不是忽视风险，而是在利益和风险面前，他们更倾向于利益。这使得首先商业团队会质疑风险是否真实存在，其次会对给商业利益造成较大冲击的法律解决方案存在抵触心理。而如果法务能习惯于从商业思维出发去设计或修正法律解决方案，能解释清楚风险会真实发生，能提出最优、最便捷的解决方案将对商业利益的负面冲击降到最低，商业团队自然就对法务的方案更能认同。

对商业的正确理解，不仅是法务工作者应用法律于实践的需要，也是

法务工作者和商业团队良好配合、互相认同的需要。唯有法务的价值一次次的得到内部客户商业团队的认同，法务在公司的价值才能得以真正地实现。

（三）对自身专业素养的不断淬炼是法务树立权威感的根本

如果把法务人员比作根深叶茂能为公司遮风挡雨的大树，法务的专业素养是根，商业理解能力是魂，那么法务的自身职业认同感则是其赖以生存的肥沃的土壤。三者不仅缺一不可，亦不可本末倒置。

法务要具备好的专业素养，首先离不开持续不断的学习。公司的法务，无论是从过去经验丰富的律师转型而来，还是已经在某一个行业内做法务浸润多年，都需要树立三天不学习就落后的危机感。为什么？因为我们处在中国经济高速转型时期，我们处在这个瞬息万变的时代中，处在一个新的法律法规、新的监管规则层出不穷的阶段。比如我所在的汽车行业，几年前大量的合资合作项目，反垄断并不是焦点。而仅仅两年的时间，汽车业的反垄断已经成了监管机构的重点，有许多新的法律法规需要学习；同时新的产业政策也在调整中，对新能源汽车、对未来产业的发展趋势，都需要持续不断的学习，这就是一个很现实的例子。

法务要具备好的专业素养，其次是要做到懂行。懂行，不是简单地学习法律法规字面上是怎么规定的；而是去理解实践中监管的重点和尺度在哪里，帮助公司在业务经营过程中做到有的放矢；去了解同类型的企业面对新规行政，采取了哪些可以对标的措施。如果作为公司的法务，您能跳

出大家都能公开获得的信息范围，挖掘出更有价值的信息提供给您的内部客户——业务团队，可以让业务团队分分钟用崇拜的小眼神秒杀你！

法务要具备好的专业素养，更是要做到行为举止上的职业化，内核就是全方位"到位"。它可以外化为各种表现形式，是细节上的追求完美，比如写的邮件没有错字、格式简洁，也可以是内容上的简洁易懂、言简意赅；可以是回答法律咨询时的谨慎和严谨，也可以是提供解决方案时比客户想得更多，并一次性告知；可以是参加会议时的准时准点，也可以是对自己的承诺言出必行。这些看似小小的细节，却是给内部客户留下对法务的整体印象的不可忽视的窗口。公司法务，如果想在工作中获得内部客户对自身工作价值的认可，这自然是一个不容忽视的方面。

（四）总结

法务想要在公司内部工作中逐渐树立权威，离不开法务工作者自身的职业认同感，离不开法务工作者的专业素养的日渐提升，更离不开对商业的正确且系统的理解。职业认同感是树立权威的土壤，专业素质是树立权威的根本，对商业的理解是树立权威的灵魂所在，三者缺一不可。

但是法务行业也绝不是失败者的避风港，相反它是高度挑战人的综合素养的工作，它欢迎的是热爱这份工作并勇于接受挑战的强者。和任何一份工作一样，有委屈、有误解、有冲突，如果想在工作中树立权威，除了技能，法务工作者必须对这份职业有"衣带渐宽终不悔"的执着和热爱！如能在工作中牢记并身体力行，权威逐渐树立并不是梦！

对比国外的同行，欧洲和美国的法务在公司内部进入董事会，成为高管成员也不是一蹴而就的。比如美国，就经历了一个长达 20 年左右的 In House Campaign 阶段，我们要对此有信心。法务在中国更是最近几十年的新生事物，在工作中遇到一些困难、挫折，都是正常的，其需要和商业团队有一个逐步了解、共同进步的过程。

法务部新设之初，如何开展工作？

平常接"在行"平台的一对一法律职业辅导时，法务部新设时期如何开展工作，属于学员容易问到的一个小问题。说起来很有意思，在我的职业生涯中有两次从头开始组建法务部的经历。作为法务部的创始成员，甚至公司创始成员，看着法务部从 0 到 1，渐渐地和企业一起发展逐渐壮大，当初的困难，如今回想起来已化作宝贵的职业经历。

今天就通过这篇文章，和大家分享下如何在法务部新设之初，顺利开展工作？

（一）必须要有的心理准备

如果你加盟的公司，因为种种原因，过去没有自己的法务部，主要通过借助"外脑"处理法律事务，那么恭喜你，你成了那位勇敢的拓荒者。

此类招聘往往先招负责人，然后由这位选定的负责人，根据公司的发展需求、工作量情况，逐渐把法务部发展壮大。从企业的性质来讲，分布也没有什么规律，业务发展到一定阶段的民营企业、跨国公司，以及新设的有上市融资计划的互联网公司、新兴金融企业等，均会有这个需求。

作为一个拓荒者，需要面对的困难和机遇一样多。看到未来的美好前景，也需要察觉眼下的困难，并运用智慧和能力去解决困难。**在初设的法务部开展工作，好的心态能事半功倍，不好的心态，能令人束手束脚，施展不开。**那么在初设法务部的公司开展工作，最关键的心理建设又是哪些呢？

1. 放平心态，工作亲力亲为不可少

如果您过去已经习惯了在法务部、律师事务所或者公检法机关发号施令，很少再做具体工作，面对这样的职业转换，放平心态是第一步。

法务部刚刚开张，没有包袱，也没有什么历史经验给你，包括没有什么人可供使唤。尤其是当您其实已经是很资深的律师，您选择了加盟初创的法务部；未来也许是美好的，但面对眼前那些琐碎而缠人的日常工作，如果不能妥善地放平心态，这将会成为初创期折磨情绪的心魔，容易患得患失。

建议把初创的法务部当作小型的创业项目来看，人手不齐时多多亲力亲为是理所应当的，别太讲究。公司大的项目要及时跟进，小事情也应愉快而认真地处理。小到盖章、写个授权委托书这样的事情，不管您过去有多资深，既然选择了这个开始，均需悉心处理才是。苦着脸做也是做，心情愉快地做也是做，没必要自寻烦恼。倒不如放低姿态，心平气和地做，通过完成一件件具体的工作任务，一次次和同事沟通解释，逐渐在公司树立起自己的权威。改变心态，天地自然宽。

2. 对一切现象不挑剔不批评，用心观察，富有宽容心

前文提到过，由于法务部初设，既没有包袱，也没有法务文化传承。

您所面临的公司内部客户很可能从来没有接受过法律事务类的培训，缺乏相应的法律问题处理能力，容易在工作配合中出现比较低级的问题，或者是不可思议的错误。也正是因为经验丰富，您才会在面对此类问题和现象时不由自主地变得挑剔。但挑剔和批评，不仅让你自己陷入不良的工作情绪中，而且容易本末倒置，察觉不到那些让你觉得不可思议的现象后真实的症结成因。

这就好比一位具有职业精神的医生，不会嫌弃病人病情的复杂程度，其不仅大病要细看，小病也要用心地看，不挑剔不嫌弃，多想想简单的病症后可能存在的复杂的病因。如此，方能真正切中要害、有的放矢地解决问题。

同样，回到公司法务部初创阶段之时，如果您曾是位资深的法律专家，仅仅能亲力亲为完成日常工作任务，还是不够的。您还需用一颗宽容的心态，不挑剔、不批评地去看待工作中冒出的一切问题，包括你认为不可思议的问题，用心思考问题后的成因，找出真正的症结所在，帮助公司切实地找到解决之道并树立起优秀的法务文化，这恐怕也是公司请您坐镇法务部的期望所在。

（二）必须要做的几件事情

心理建设只是第一步，心态决定一切，重要程度自然不言而喻。但光有心态就能在初设的法务部顺利开展工作吗？答案自然是不能。初设的法务部，虽然很有可能只有一位内部律师，但麻雀虽小五脏俱全。心态摆正之余，还有几件您必须要做的事情等着您着手去完成。

1. 熟悉公司运作流程和管理方式

初来乍到，首先要做的就是熟悉公司的运作流程和管理方式。从公司开设，到公司法务部设立，基本上都有个时间差，这个时间差短则一两年，长则七八年，这取决于公司业务的发展速度。法务部即便是新设，也脱离不了公司原有的管理方式和运作流程。你需要考虑的不是另起炉灶，而是如何在公司现有管理方式和运作流程的基础上，识别出核心的风险控制点，妥善地将法务的工作流程嵌入进现有的工作流程中。

2. 考察聘用合适的外聘法律顾问

独木不成林，既然公司法务部初设，没有内部的帮手，给自己找个好的外脑是第二件重要、需要立即着手去做的事情。

作为公司律师，一项重要的内容就是作为公司的法律事务窗口，代表公司向外聘律师团队委托公司任务，并代表公司审阅外聘律师团队所提交的工作成果。"好"的外脑，不仅仅是外聘律师团队的工作质量、服务态度、业务专业领域能力能满足公司的需求，也包括外聘律师团队的收费状况，和公司的业务预算相匹配。

当然即便是新设的法务部，公司往往也有在用的外聘法律顾问团队，但用专业人士的眼光，对现有的外聘法律顾问做必须的遴选和考察是十分必要的。其目的是确立工作关系，明确彼此的工作要求、工作流程、工作方式，以便未来在工作中互相配合和支持。

3. 购买合适的法律数据库

虽然有外聘律师团队在必要的时刻可以倚重，但既然公司设立了法务部，就是希望内部有人能完成绝大部分的工作内容，无缝而高效地为内部客户提供优质的服务。

许多工作，是需要内部律师去完成的，包括法律法规研究等基础工作。建议新设的法务部，只要预算许可，都应购买合适的法律数据库，无论是从国内供应商购买还是从国外的供应商购买。免费的资源网络上当然有，但许多并不可靠。毕竟作为律师，还是需要有可靠的法律数据库做支撑开展工作的。许多数据库提供新法速递服务，这也方便内部律师了解业内动态，尤其关注法律法规的发展趋势，可为公司业务发展未雨绸缪。

4. 明确法务部门工作职责和界限

工作职责和界限决定了工作内容和工作量的大小。公司在设立法务部时管理层都会有一个基本设想。建议不妨先以此为基础开展工作；在逐渐了解公司的运营管理后，结合过往的经验，在此基础上逐步地修正和完整。我的观点一向是先接纳，而不是另起炉灶，我认为这是比较务实、行得通的方式。谨记法务部虽然是初设，但公司存在已经有一段时间了，尊重已经认可的规则，比另辟蹊径，更容易获得认同。

在边界和职责不是太明确的个别领域，难免会存在许多灰色地带。建议不明确的时候不要过于执着于边界的确立上。多从 CEO 的角度去观察问题，可以和其他部门协同协作把工作完成作为重点，然后通过工作去甄别此类任务放在法务部是否对公司最为合适，以这个原则去沟通，相信模糊地带会逐渐变得有边界。

5. 建立必要的规章制度和工作流程

法务部开展工作，不能今天这样明天那样，随心所欲；对公司内部而言，同样要有可预见性、可期待性。设立必要的规章制度和简要的工作流程可以实现这一目的，因此是初设的法务部开展工作的必要方式之一。

这种规章制度包括合同管理、诉讼管理、知识产权管理等方面。建议尽量不要制定得太复杂，抓住重点、要点即可。一口吃不成大胖子，我觉得在法务部初设之时，以让内部团队先行适应并遵从规则、树立起法律风险防控意识为目的，然后再逐步在业务发展过程中共同发展完善。

6. 开展内部培训

新设法务部的公司，因为没有内部法务，整体而言，在法律知识储备上和法律风险意识的建立上，存在不足。而同时法务部刚刚成立，人手又缺，与其期待在短期内法务部人员配备到位，倒不如多做培训，增强一线商业团队的法律意识和风险控制意识，共同构筑公司的风险防火墙来得实际。

同时，开展法律事务培训，也是法务部了解商业团队的想法和关注重点的好机会。通过培训，公司内部统一了认识，什么是可以做的，什么是不可以做的。如果商业团队能认识到风险管理的重要性，起到防火墙的作用，远比在后台的法务做救火队员效果要好。

（三）必须要了解的几点窍门

最后，我分享几点对于新创立的法务部及法务部成员来说，有价值的几点工作窍门。

1. 时间管理

法务新设阶段，普遍人手不够。如果法务不能很好地分配工作时间，恐怕一个上午可能一件事情都做不成。一会来个人要盖章，一会儿要咨询，还有要改合同的，一个律师面对一群内部客户，怎么办？

时间管理这个窍门一定要掌握好，重要的、紧急的、重要但不紧急

的、紧急但不重要的，依次排序。比如将盖章、查找文件的时间固定化，在某个固定的阶段实施，并将它公布于众，方便大家遵守，这样才有时间留出来做真正重要的工作。再比如在审阅合同的时候，业务部门的合同风险往往大于后台部门的，那么就需要对业务部门的合同关注更细致一些。

唯有把有效工作时间管理好了，才不会感觉每天做了一堆事情，但却没有充足时间分配给真正重要的事情。

2. 法务文化导入

什么阶段做什么事情，这一点法务管理者务必要有清晰的认识。同样的一套制度，放到监管严格的上市公司，就很妥当，但如果全套照搬地放到初创公司的初创法务部，那就有可能法务部连生存都成问题。比如创业型的公司，它的首要任务是生存下来，而一套完善的法律风险防范制度，很可能束缚它的快速发展。内部法务的存在，如果严重地阻碍了公司的正常发展，这是 CEO 无法容忍的。

初设法务部的工作重点，不是建立多么规范完善的风险管理制度，而是建立内部的法务文化和法律风险意识，切勿本末倒置。我认为这个阶段的制度规章可以简要而重点突出，这个阶段的工作重点是培育内部的法律风险防范意识，需要一点灵活性，少一点僵化和死板，工作开展起来会更接地气些，容易获得认同。

3. 先生存，再发展

我永远记得我到雷诺汽车上班的第一天，老板写给我的一封信，他告诉我这家公司虽然曾经有法务部，但在我来之前已经结束了；他把我带进了公司，但要靠我自己生存下来，再谋求发展。

这是一位 CEO 对一位刚上任的总法律顾问的嘱咐和祝福，没有多么高深的道理，却道出了内部管理的秘密。我们进一家公司，个人能力、机遇和贵人推荐起了不小的作用，但真正在新公司生存下来，需要靠的是自己。不慌不忙，先生存，再发展，这才是王道。

法务目标管理——"让我们先定一个能达到的小目标，比方说……"

王健林先生说，"先定一个能达到的小目标，比如说我先挣 1 个亿……"。此句一出，便引起网友热议。

把大目标分解，先定一个小目标，在事业生涯中逐一实现，实际上是一种切实可行的目标管理方式。至于为什么会引起网络刷屏，可能是王先生的小目标金额，对普通人来说可望不可及所致。

那么作为公司法务的我们，如何在事业生涯中拟定一个可以实现的小目标，通过目标管理，最终实现梦想中的事业呢？

（一）制订一份靠谱的五年、十年规划

法学院毕业前夕，我花了一年时间为自己制订了一个清晰的事业十年规划。但是我的人生计划是在对自己能力和周围的世界有比较清晰的认知后才制定的。这两个规划的内容有重合之处，但各自重点不同，作用不同。

先说说我的事业十年规划。和大多数没有任何工作经历的法学院毕业生不同，我在回法学院之前已经在外贸销售行业工作了 8 年，是资深的商

业管理人员。这个起点使得我已经熟知在企业工作的方式方法，在毕业时顺利地找到了一份民营 500 强法务专员的工作。我的十年事业规划大致是这样的。

事实上，我的职业发展，的确是按照制定的职业十年规划来滚动向前的。除了个人的坚持和幸运之外，有几个观点，供大家参考。

首先，事业目标专一，把发展平台一早便锁定在跨国公司法务职位上。得益于目标清晰，我在事业路上并没有三心二意。律所公司来回转换身份，这种事不是好不好的问题，但绝对不会发生在我身上。我坚信：转换跑道，不如在一个认定的跑道上长期经营。

其次，了解从民企法务跨越到跨国公司法务的路径和实现可能性。梦想是需要实现通道的，法务们对这一点需要有清晰的认识，并有务实的规划。拿我的梦想来做个比方，实现民营企业到跨国公司的跨越，无疑是需要有一个重要转折点的。这个转折点我定位为海外 LLM 学习，前期的努力除了能力和经验积累之外，尤其重要的是完成海外求学的经济积累。最后我的实际情况是通过奔波在海外与世界一流律所一起完成知名交易的经历，带给了我极高的事业贡献值。通过这个交易，我完成了法律英语的脱胎换骨，法律业务管理能力的精进，协调沟通能力的提升，事业的转换和格局的升华。有了这些铺垫，我最终实现了职业生涯的跨越。

最后，终极目标清晰，要做法务的管理者，而不是某个专业的专家。目标清晰，在事业航程中的作用宛如灯塔之于舵手，能帮助我们及时在职业管理上去伪存真，不为不适合的事业机会而苦恼。在事业发展的过程中，一是可能会出现你没有考虑过的机会，你需要知道如何取舍，比如出现一个知识产权方面的岗位，虽然薪水诱人，但它过于专业化，不是我

的事业目标，就属于需要拒绝的机会。同时，人力资源也会根据法务们的个体差异，建议我们走管理通道或专业通道，法务们也需要及时作出选择。我知道走管理通道需要克服自己许多个性上的特点，需要做许多改变，而且在企业里，正常情形下管理岗位毕竟比专业岗位少。但我的目标是法务管理者，而不是专家，所以我可以做到面对各类劝告不为所动，不随波逐流，勇敢地克服自己的弱点，成为一名法务管理者。

稍微和职业规划预计有所不同的是，我的职业发展速度远远高于预期。**第一，这得益于早年商业管理经验。法学院毕业前我已是一名成熟的管理者，和没工作经验的毕业生起点不同。第二，得益于事业目标直接清晰，我不会在机会来临时犹豫不决，不打无准备之仗。**许多事后令人惊艳的机会，我一分钟就决定了。外人只看到台上一分钟的鲁莽和冲动，却不知道台下十年规划促使了我对机会的敏锐洞察力。**第三，清楚要实现目标的途径和大致所需要的时间，事业心态很好，吃得了苦也享得了福；什么时候该冲，什么时候该打磨，有张有弛。**记得刚开始工作时，交到我手上的往往是别人不愿意接的项目和案件，这些项目和案件总有这样那样的先天不足。我对领导说："最难的让我来，世上没有来的轻松的事。这样一是对我的磨练，另外一方面也是我崭露头角的好机会"果真！做得了最难的事，自然有更多的曝光度。但是前几年有个不错的事业机会找到我时，我却出人意料地放弃了。因为每个阶段都有该做的事，比如这个阶段，我只想沉淀下来打磨下自己，并不急于上位。我深知唯独沉得下来，方能飞得更高。

如果年轻一代的法务们觉得时代变化日新月异，十年规划太长，不妨考虑先做个五年规划试试。在五年规划中再按年分解一些小的目标，再不时地回过头来跟踪总结，相信这对您的事业会有不小的帮助。事业发展好了，您的经济收入会随之稳步上升，如果恰逢赶上陪伴企业 IPO 上市敲钟等事业机会，王健林先生的"先定个小目标，比方说先赚 1 个亿"这种事，就分分钟变可能了。

（二）人生计划书——命运掌握在自己手中

人生计划书是在对自我认知和世界的认知比较成熟的基础上，而对自己的未来做的一个长远规划。我的第一份人生规划是在 35 岁以后制定的。

和五年、十年事业发展规划专注于事业不同，这份人生计划更长远、更综合，并定义了一个重要的哲学问题：我究竟想成为一个什么样的人。它不仅包括个人对早年生活和事业的反思，发现什么阶段的自己是快乐的，什么阶段的自己是不开心的，更包含对了对未来人生之路的展望。

这份计划书需要回答的问题包括："我将来要在哪里生活，中国还是国外？如何规划我的事业？我要和什么样的人一起生活？如何规划我的财产现金流？什么时候该买房？如何进行资产配置？什么时候可能达到财务自由？什么时候会退休？退休后我如何安排我的生活？"它的内涵远超事业规划。

你也许会问，为什么要想那么长远？事实上，心理学上有研究，只要人有了自我预期，那么实现这个目标的机会就增加许多。事业只是我们人生的一部分，早点做这份计划，你会发现做什么样的事业是会让你真正快乐而又更成就感的。同时，为了过上你想要的生活，你还在哪些地方需要付诸努力，需要在哪些方面扩大兴趣，这样才有机会成为你想成为的人。

制订这份人生计划，起初是受几个外国同事的影响。和他们深入交流后，我发现这不仅仅是一份长远规划和人生目标管理，更是一个成年后的我们内省和展望的机会。

正是因为这份迟到的人生计划，我开始写原创法务管理类文章《总法律顾问手记》系列，开始组织线下的"律政职场私董会"。因为我发现，这些能帮助年轻法务、律师、法律工作者的事，让我从心底里由衷地感到快乐。这种快乐是升华后的快乐，远比事业上可见的收入，来得更愉悦。

正是因为这份人生计划，我去了中欧读EMBA，学习工商管理。我意识到，如果要实现我为自己在人生计划中所设定的目标，还需要这些知识和人脉的储备。而且事实证明，读EMBA也从另一个角度提升了我的管理风格。

正是因为这份人生计划，我回顾了过往得失，知道了哪些错误可以避免，哪些快乐还可以更多些，哪些兴趣可以多发展，从而有一天才能成为我想成为的人，并让我对未来生活充满期待。

（三）总结

今天有幸借着王健林的话，和大家分享一份五年、十年事业规划对法务们的正面价值，也进而分享了一份长远的人生规划带给人的积极改变。

我们中的绝大多数人起点平凡。和大家一样，我也从一个小法务专员起步，一步一步地走到了今天。但每个人都有颗渴望不平凡的心，即使今天法务行业在中国公司里并不太受管理层重视，法务被边缘化的现象层出不穷。但哪怕是作为人微言轻的小法务，依然要有勇气做梦，通过正确的职业规划和目标管理，找到梦想可实现的途径，让梦想照进现实！

"水滴石穿"！要相信一份认真诚恳的事业规划能带给人的积极作用！更要相信一份长远的人生规划，最终能让我们成为我们所期待成为的人！这就是我眼中王健林先生一席话，引申到法务职业目标管理上的价值！

法务最好的榜单是客户的口碑

岁末年终，法律界各大榜单出炉。12 月 7 日 Chambers & Partners（钱伯斯）发布的《2018 亚太法律指南》；12 月 13 日 ALB（Asia Legal Business）2017 中国最佳法务团队榜单新鲜出炉。**金杯银杯，不如客户的口碑。**在律师和法务的战场上，是榜单重要，还是客户的口碑重要？

顺着这个话题谈一谈律师、法务等法律服务提供者，如何赢得客户的好口碑，为来年的好成绩做准备。

（一）法律功底是根，服务意识是魂

就服务对象而言，虽说都是为客户服务，但律师和公司法务是有区别的。外聘律师法律服务的客户是其所提供法律服务的个人、公司和组织机构。对法务而言，客户指的是公司内部所服务的职能部门，俗称"内部客户"。

导致客户口碑差异的原因，归根结底取决于法律功底和服务意识。法律功底是根，服务意识是魂。

如果功底不扎实，客户咨询回答不准确而被客户质疑，满意度无从谈起。记得早年有同事刚毕业分配到公司，因人手紧缺没来得及培训就被老板派到子公司独当一面。据我的观察，同事是个相当负责的人，处理事情勤勤恳恳；但因为经验不够，在重大合同的处理上，把握的风险点不够到位，引起了子公司总经理的投诉。这类投诉根子出在法律功底欠缺和经验缺乏上。唯有在法律功底上反复的操练和提高，才有改善的空间，否则即便是有良好的服务意识，也难以在公司树立法务的权威。因此，想赢得客户的好口碑，法律功底是根。

但法律功底好、水平高，就可以避免客户投诉了吗？非也！艺高人胆大而忽视了对客户的服务，被内部客户投诉的公司律师大有人在。有的法务同事，能干却恃才自傲，喜欢直接出方案让客户执行，却对和客户沟通方案获得客户的理解这个过程不重视或者缺乏耐心，日积月累导致客户投诉的案例，也不在少数。如果没有服务意识这个魂，法律服务的价值可能最终无法获得客户的认可；这对法务管理者而言，无疑是个比功底欠缺遭投诉更为头疼的问题。

法律应用是基础部分，在法律从业者基础类似的情况下，口碑的差距，是通过服务提供者的沟通能力、响应速度、前瞻性以及能否敏锐地捕捉到客户潜在需求而体现出来的，而不是现在的客户口味刁钻所导致的。法律服务的对象是人，自然要从人性的角度去考虑客户的感受。

从这一点而言，好的法务或者好的外聘法律服务，是一种令人 360 度满意的交互式体验。这不是自吹自擂说自己专业，不是对小白客户不经意中散发的轻视，不是有意无意地展示自己的社会资源，潜台词是能在程序之外搞定麻烦事。**而是心无旁骛地为客户利益着想、穷尽方法为客户解决问题的心态；是耐心聆听客户说得出口的需求，更要有看到客户说**

不出口或潜在的需求的洞察力；是提供方案时不仅切中客户的利益关切所在，而且凡事能多想一步的战略思考能力；是遇到和客户的想法不一致时，**尊重并说服客户的情商和智慧**。

满意度是一个内涵丰富的概念。**在法律服务过程中，通过交互式 360 度体验，客户得到有效的辅导教育、客户的问题得以解决或控制、客户充分感受到了法律服务的价值所在。**良好的法律功底和法律服务意识缺一不可。唯有"德才兼备"，方能有效地提高客户的满意度，树立其法律人士的好口碑。

顺带提一下，除了业务部门，老板作为衣食父母，是法务最重要的内部客户之一。之所以提老板，是因为工作中法务和老板的关系，既在一个屋檐下是亲密战友，又因为工作关系有时候牙齿和舌头难免会磕磕碰碰。但我观察，不少公司法务懂得维护和其他职能部门的关系的重要性，反而处理对与老板之间的关系比较懈怠，容易时不时地产生各种情绪和抱怨。**不管起因何事，忽视了老板的满意度这一指标，并不是一个好的事业发展信号，需要警觉和引起重视。**

（二）领导力对客户满意度的影响

法律服务者的某些特质，会对客户的服务满意度产生很大的影响。领导力便是其中之一。

如果说在日常的法律服务中，法律人表现领导力的机会有限；在大交易中，法律人没有领导力，却是寸步难行的。**在每一家公司都渴望有全能型法务团队的今天，对公司法务而言，无论在商务谈判中或是参与大中**

型项目过程中，领导力是发挥法务影响力、提升客户满意度的关键，也是法务人员从普通走向卓越的致胜之宝。

在我的职业生涯中，有个印象深刻的例子。在吉利汽车收购沃尔沃汽车时，英国福尔德律师事务所受邀来做吉利汽车外聘顾问。尽职调查结束后，法律团队需要总结调查结果、存在的问题及可行的解决方案建议向董事长汇报。调查报告长达 150 页左右，我事先已经读过，觉得要说清楚存在的问题并不是件容易的事，而董事长留给我们的时间却只有两小时不到。如何在有限的时间内将最重要的内容呈现给董事长，让他明白风险点，但又不至于对交易的正常风险感到恐慌，这让我当时很头疼。

我们的并购团队是新组建的，并未经历过类似过程。任何不必要的误解，或对风险的恐慌，或对细枝末节的过分强调，都有可能使交易没有开始便遭遇流产。律师团队，作为对风险最有发言权的团队，就需要主动在这个过程中发挥领导力。

我和福尔德英国的主办律师商量了一下，在如何互相合作配合达到想要的结果问题上达成了共识。第一，我作为内部的法务负责人向福尔德提出一份名单建议，这份名单上列的人，是识别出来的和交易息息相关的核心人物，在向董事长汇报前，必须把尽职报告中和这几位重要人物分管内容有关的部分，和他们一对一过完，并得到确认和反馈意见。第二，力争将把和每个关键核心人物相关的内容的百分之八十，通过电子邮件或电话会议得到确认或者得到"绿灯"；留下的百分之二十左右的"黄灯"或者"红灯"，我们派律师分组和每个核心人物做一对一沟通，所有的组同时进行，需要提前两天结束所有的确认

工作。第三，在吉利内部核心人物完成确认后，最后向董事长进行两小时汇报工作。

在提供法律服务，说服管理层接受法律方案的过程中，中西文化差异导致的理解上的差异和分歧，是外国律师面对中国客户提供法律服务遇到的第一大门槛。考虑到中外的文化差异，我原本时刻准备着，在英国律师说不清楚的时候随时做补充说明的，毕竟必要的时候由我来说，可能更容易让董事长接受。但事实证明我的准备和担心是多余的，纵横伦敦并购界三十年并购经验的老律师 Chris，用极其简洁的语言把尽职调查中的核心风险说得清清楚楚，听完我悬着的一颗心落地了。最后公司内部上上下下一致认可了尽职报告上的结果。按照这个结果，我们开始竞标合同文本的审阅和修改工作，保证交易向下一步顺利推荐。

Chris 令我意识到：**优秀的律师并不是事无巨细什么都说，才是对客户负责；而是需要适当的管理和引领客户，令客户在有限的时间内接收到对客户而言最有价值、最需要注意的信息。**重要的重点说，不重要的律师心中有数可选择其他方式告知。这对我后来的法律职业生涯产生了深远的影响。

法律服务者，无论外部律师还是内部律师，如果缺乏领导力，不仅很难获得客户的认可，而且会使交易的未来，莫名其妙地变得变幻莫测。如果能意识到领导力在法律风险说明过程中的重要性，我们便可以事先进行周密规划和分工，实现内外律师团队的紧密配合协作，对可能发生的沟通难点进行预估预判，对整个项目关键风险识别提取；更关键的是通过这个领导和协作的过程，获得客户的认可。

可以说，现代公司体制下的法务，没有领导力，寸步难行。

（三）执行力对客户满意度的影响

领导力高屋建瓴，但没有执行力辅助，就成了空中楼阁。

公司之所以考虑开设公司法务这个管理层心目中"成本中心"的职能部门，并设立相应的职位，期待的是充分发挥公司法务和内部客户无限近的优势，快速有效地识别问题、解决问题，为公司的经营管理服务。在专业积累上，外聘律师服务毫无疑问是占据先天优势的。因而，内部律师团队执行力的强弱，不仅影响客户满意度评价，对公司法务整体价值体现的影响就显得尤为重要。

如果将执行力细化，大致可以从响应速度、沟通清晰度、工作完成率等考量。这也是在对公司法务进行满意度 KPI 考核时，会重点参照的几个指标。

假设客户在项目推进过程中急需某项法律服务，而客户的律师，无论是公司律师或者外聘律师，没能在约定的最迟截止日前向客户提供所需的法律服务；无论是人手不够或是有其他突发事件，没能及时地付诸行动提供法律服务成果，都会很容易降低客户满意度。

假设公司某个部门有急事需要咨询内部法律顾问的意见，深夜十点打不通某位公司律师的电话，但恰好另外一位公司法务的电话打通了，三下五除二地先解决了燃眉之急，然后连夜出了方案。显而易见，内部客户很容易对那位随时可以帮助自己解决燃眉之急的法律顾问，有更高的满意度反馈。

从以上来看，**首先执行力要求律师或法务在工作中，能及时对客户的咨询或要求作出反应。**这种反应，不一定指当场解决问题，**更多情形下是对复杂的法律问题进行先行的"急救"处理。它的重要性，就宛如病人期待救护车的随车医生能对病人的突发状况进行及时处理一样。**具体的复杂的处理，可以等进一步对法律问题进行诊断分析后再确定；但现场及时正确的处理，毫无疑问可以为客户争取时间。这是许多优秀的律师和公司法务手机、电话处于随时待命状态的原因。**法律职业的专业性质决定了，这是一项经过特殊专业训练的人群才能从事的工作；也意味着作为律师，我们需要主动多承担一份责任。**

有的新律师对快速及时响应要求有情绪，不愿意加班，不愿意下班后接电话。这对于普通人无可厚非，但对于医生、律师这样的角色，我觉得有必要从另外一个角度去理解。**快速及时响应证明了我们专业技能上的稀缺性，这是一份荣誉，但同时也意味着这是一份沉甸甸的责任，需要我们有奉献精神。**如果能有这个深度的认识，才谈得上真正的热爱法律工作。

其次，执行力也包括在处理法律问题中的沟通的清晰度和完整性，能把事情沟通清楚，把话说到位。和非专业的商业人士沟通法律服务方案，需用客户听得懂的语言，把法律问题及解决方案背后的逻辑说清楚，获得他们对法律方案的理解和支持。方案做得再完美，获得客户的认可，才是落地的方案。这对法律人士而言，是比响应能力更深入、更重要的一种能力。如果一个律师不具备这种能力，是无法独当一面开展工作的。

最后，从结果导向出发考量法律工作的完成度，这是执行力的一个重要标志。律师或法务在外人眼里嘴皮子厉害，但出色的律师应该是工作完成度高的律师。这既包括了用合适的方法推进项目谈判、交割，也包括用合理的手段促进诉讼案件的结案和执行等。如果没有完成度这个指标做适当的约束，可能会出现一些无效的响应和无效的处理；而完成度就会约束律师或法务，尽快将结果落到实处。

（四）总结

法务或律师如何获得客户交口称赞的好口碑，简单一句话总结"法律功底是根，服务意识是魂"。

提升客户对法律服务的满意度，首先要正确识别出"客户"，致力于为客户提供 360 度无死角的交互式法律服务体验。在此基础上，从领导力和执行力两个方面努力，最终实现客户满意度的提升。

正所谓"金杯银杯，不如客户口碑"，有了客户的口碑，即使不上钱伯斯、ALB，也不愁没有好业务。

百里挑一，找到心仪的那款法务

法务生涯这些年，领导过 33 人的法务团队，也在只有几个人的小团队工作过。一路走来，招聘过许多人，几次从头开始组建法务队伍；也在经历内心纠结后，解雇过人。每每被问到跟招聘有关的话题时，总是感慨万千。本文就来聊聊选聘法务那些事。

（一）定方向：识别岗位 OWNER 招聘需求

有法务部的公司，增员招聘时，识别 owner 相对容易，需求也较为清晰，在此不再赘述。而**没有法务部的企业，第一次开放法务岗位时，如何识别出法务岗的"owner"及其招聘需求，就极为重要。这不仅决定了公司要找什么资历的法务，用什么样的资源找到合适的人，还决定了这个岗位在公司组织架构里的位置和汇报线。**

坦率地讲，许多初设法务岗的企业对法务的价值、作用的认知，存在一些不正确或者逻辑上相互矛盾的观点。比如**"我需要一个刚毕业的法学院学生，帮我审合同，我就可以不用请外聘律师看了"**。实际情况是，一个刚毕业的法学院学生只能做学徒工，先见习从而建立起基本的法律职业意识；没有经过两年左右的见习期，是无法独当一面开展工作的。这是由法律服务的特质决定的。法学院的学生只具备了基本知识，就好比认识布料，而对那些知识在工作中该怎么应用，即如何把布料裁剪成衣的过程却一无所知，这就需要有"老师傅"去传帮带。同时，招聘一个法务人员，并不意味着企业从此不再需要外聘律师。恰恰相反，一个专业的法务人员，明白如何把需要外聘律师介入的工作，精准地识别出来——知道哪些工作可以内部消化，哪些工作需要外部律师介入，并有能力把握好外聘律师费用预算。所以对于上述企业主对法务人员的招聘过程中不现实的期望，需要 HR 或者外聘顾问，在招聘之前与岗位的"owner"做沟通、澄清。

HR 或外聘顾问，需要先识别出 owner，帮助企业明确现实的工作任务有哪些，并根据公司未来三五年的战略做一些前瞻性的需求预测。结合现实需求和未来需求，制定出清晰的岗位说明书，明确人员资质和相应的预算费用。

这一步，虽然属于招聘准备工作范畴，却是至关重要的一步。**通过反复沟通和梳理，摘除了用人单位不切实际的用人需求，发现用人单位真正的用人需求，确定人员资质，属于法务战略管理的一部分，是定方向性的阶段。**试问，如果方向错误，又如何能找到合适的候选人？

（二）明确招聘主导权：用人者主导

对已设置法务部的企业，这一点比较容易得到认同。但对于初设法务岗的用人单位来说，在此类事情上没经验，容易出现委托给 HR 或猎头公司全权代理的情形。那就有可能出现 HR 帮企业择了一个他们认为满意的

候选人，但用人者试用后并不满意的情形。

我的观点是：谁用人，谁主导。

HR 可以帮助用人者做基本遴选，考察候选人的素养，剔除不符合公司文化、特质的候选人，在候选人基本面上做专业的考察。但法务岗是专业岗，用人者应有能力主导招聘过程，包括根据职业特点设定特别的笔试、面试环节，在 HR 的配合下完成对候选人的面试，并及时做出决定。当然，为了找到一个合格的法务人员，用人者需要 HR 的全力支持，包括一起制定招聘目标、制定岗位要求、任职资格要求、特殊技能要求；一起决定所需求的岗位，是通过 HR 直接招聘，还是委托给猎头处理。这些合作是很有价值的！**但是谁主导，谁辅助，这一点可不能含糊。**

如果现实的情况是，用人者不具有领导法务团队的经历，或者属于初次开放法务岗位的情形，内部不具有这方面的招聘经历专家，建议用人者在外聘顾问的支持下进行。律师事务所和其他行业类资深的外聘法律顾问，均能有效地根据他们对法务岗位的理解和特殊的专业素质要求，帮助用人者识别出合适的候选人。

（三）专业能力考察：硬实力让事实来说话

我们经常收到许多包装漂亮的简历，见到仪表堂堂、谈吐不错的候选人，但是简历光鲜和谈吐不错，是否就意味着找到了合适的候选人呢？答案是不一定。

优质的法务候选人需要有好的谈吐和语言表达能力，但需要先通过专业考试来考察专业素养，再考察候选人的经历和谈吐，不可本末倒置。

在具备专业素养基础上，考察其履历和谈吐，更靠谱。同样，一场体现专业度的考试，能有效剔除履历体面但专业不过关的候选人，降低招到华而不实的候选人的可能性。

专业能力的考察，可以是笔试，也可以是面对面的口头提问。如果需要候选人有法律英语应用能力，增加法律英语测试环节是必不可少的。通过这些考察，你会发现原先看上去自信、气度不凡的候选人经不住考验的情况不在少数，那些其貌不扬的候选人有突出表现从而印象分逆转的情形也时有发生。如果把专业考试比作"火"，那么能通过考试的，均是"真金不怕火炼"的候选人，这正是我们所需要的。

当然，作为职业经理人的我，考察人，有时候被更资深的人考察也很正常。从背景看，我并没有海外求学背景，长期在公司工作，律所经验有限，履历上在跨国公司总法律顾问的群体中，并不突出。但恰恰是专业考试的机会，让我从候选人中脱颖而出。

印象深刻的是多年前某老牌跨国公司的一次面试过程中的专业考试，起初母国总部的总法律顾问来势汹汹，我被他强大的气势压得有点紧张。于是我主动告诉他，我感觉到他气场强大，让我感到有压力，无法表现出真实的自我；如果他不介意，我想停顿三分钟后重新回答他的问题。那位从海外赶来专程参加面试的总法律顾问，当场一愣，大约从来没有人如此大胆和他提要求，不过最后他还是同意了。起初，他对我的简历挺挑剔的。诚然，以该公司的知名度和提供的工作环境和待遇，能吸引到各类简历出众的候选人。但到专业考试环节，五大专业问题涉及法务管理工作的各个方面，并不一定是简历漂亮的候选人能正确应对的。恰好，这些问题是我工作过程中实际解决过的，回答起来得心应手。这位母公司的总法律顾问

看出来在专业经验上我是老手，脸色渐渐缓和，整个面试朝顺利的方向发展。

专业考试结束后，我以为以我的大胆和面试过程中对方表现出的挑剔，反馈不会太理想。但意外的是，反馈比较满意，尤其是提到"经验老道""有很强的抗压能力"。这也可以从另一个侧面佐证，相对于漂亮的履历，用人单位更看中候选人的实战能力和性格特质。

反过来，扮演候选人的面试官角色时，我也会用同理心去衡量。选择候选人的时候，不迷信名校效应，客观一点，是骡子是马，拉出来用专业考试一试见分晓，更为可靠、公平。

（四）面试考察：软实力，相信直觉

如果说 HR 面试环节，剔除了和公司大环境不符合的候选人；专业考试环节，筛选掉了专业能力不足以胜任的候选人；那么面试就是在此基础上的另一个递进，识别出未来能在法务管理者的领导力之下、参与团队协作、和团队共同进退和谐相处的人。

对应聘岗位有诚意的候选人，往往有备而来。甚至有的候选人，早在心中演练过许多遍面试的情节，特别是面试官有可能要问的高频问题。如何在做足了功课的候选人中，慧眼识珠？经历过一些惨痛的失误后，如今我相信直觉，也就是大家常说的"chemistry"。

客观地讲，每个面试官心中都有理想的候选人的形象和偏好，这从心理学的角度来解释，选择人的偏好，正是面试官自身特质和过往的一些经历的映射。其实每个人或多或少在候选人身上找自己所欣赏的那类人的特质。比如我，比较务实、勤奋、反应快、个性执着坚韧，我就会比较看重候选人身上是否有这些潜质。再比如，我喜欢在工作中有所创新，同等基础上，我就会偏爱有创意的、鬼点子多的候选人。反过来，那些选择了我的面试官，或多或少，也从面试我的过程中，发现了我与他们之间的一些有共鸣的地方。

这种偏好和共鸣感，并没有错。今后在一个团队工作，选择互相有共鸣的人做同事，在沟通和合作上会更容易彼此理解，因而比没有相互共鸣的人更有优势。这就是我们说的，从团队性格匹配度上的视野做考察。同样，对于落选的候选人，我们会告诉他，你很优秀，只是我们之间不一定适合一起工作。如果需要艺术点来表达，我们之间差一点一起工作的"缘分"。

当然，有些特质是需要通过交谈和面试官的洞察力去发现的。有许多次，我故意把专业考试的题量设置得比较多，前几题难度比较大，考察候选人的耐心和沉稳程度，因为我希望团队成员工作有耐心且沉得住气。有的候选人做了一半就不想做了，放弃了，而有的候选人能坚持做完。这些小细节一定程度上反映了候选人的性格特质，可以考察其性格和提供的岗位的匹配程度。再比如，有时候到了约定的面试时间，我们会把候选人独自留在面试室，故意迟到十分钟，观察他们在无人注视状态下的表现，考察他们是否自律、是否有耐心。再比如说，候选人用英文做自我介绍，一般背诵得很流利，我就会在用中文交谈到某个专业问题时，特别是探讨案例时自然而然地切换成英文，看候选人是否依然能侃侃而谈，考察候选人是否能用英语工作。如果候选人需要带团队，我会和 HR 一起设计些非常尴尬的考察领导力的场景，看候选人是否具有领导的潜质。

合适的法务人员是挑选出来的，不是改造出来的。这既是我的座右铭，

也是吸取教训后的结果。曾经有几次，没遇到合适的候选人，又正急着用人，抱着培养培养再说的想法，就退而求其次地做了选择；但后来在工作中彼此磨合得非常痛苦，最后还得挥泪告别。

不合适就是不合适，差一点就是不合适，不要寄希望于未来的磨合和培养。有的时候你不一定能马上说出明确的不合适的原因，但如果感觉不合适，就需要慎重考虑。仔细回想在交流过程中有哪些地方让作为面试官的你产生了不合适的印象，然后慎重地做决定。

成年人的性格是很难彼此改变的。你不仅很难改变你的下属，你也很难改变自己。作为法务管理者，识别出匹配的候选人，是王道。就如同婚姻，找到心仪的那一款，才彼此不会受苦。

除了合同和诉讼，公司法务你还会什么

一位资深法务最近向我咨询职业生涯那些事，印象深刻的是，在交流的过程中她反反复复提到："做了这么多年公司法务，当问我会做什么的时候，我脱口而出合同和诉讼；但就会合同和诉讼又让我心虚，感觉到了一个瓶颈；我该如何破解这个困境？"

（一）公司法务的职业发展困境

提起公司法务的价值，许多人认为很重要，但公司法务给大家的印象却又是事无巨细、万事沾点边的万金油的形象。

初级法务管理公司印章、办理工商登记变更、整理合同档案、做基本法律分析；中高级法务处理合同、谈判、政策法规分析、处理诉讼纠纷，偶尔做做项目、管理商标专利等知识产权事务。法务高管，并不是中小型公司常设职位；在大公司，他们一刻不停地从一个会议室冲向另一个会议室，或者拉着行李箱从一地飞向另一地；灭火或者防患于未然，苦口婆心地劝说管理层接受专业意见，拿着不菲的薪水；他们和他们管理下的法务

175

部，背地里被议论为"成本中心"。倘若再进一步向业务询问关于对公司法务承担的工作内容的印象，十有八九会脱口而出，主要就是审合同和处理诉讼。

诚然，审合同、处理诉讼是大多数公司中业务和公司法务打交道的主要场景链接所在，虽然被业务同事碎碎念，但这并非公司法务的工作全貌。也正是法务平常为合同和诉讼这些基础但又很重要的工作，花费的时间和精力不在少数，时间久了，使得法务们渐渐地变成了同事眼中合同和诉讼"专业户"。

合同和诉讼事务，对于初级法务而言是成长的进阶阶梯。但对于资深的法务来说，如果毫无意识地长期深陷其中，忙忙碌碌却迷失在日常工作中，却有可能成为一个不大不小的事业发展陷阱。正如那位资深法务所感慨，离开了合同和诉讼，顿时两眼一片白茫茫的感觉，怅然所失，却也不知下一步该如何跳出这个坑，树立起自己的专业竞争优势。

（二）法务为什么要树立专业方向？

同为法律人，如果拿医生这个行业做类比，法务在企业中发挥的作用宛如企业里的全科医生；而律师，尤其是大型律所的专业律师，相当于医院的专科医生。彼此在不同的战场各司其职。

总体而言，法务的工作范围比较综合，律所分得更加细致、专业方向更明确。虽然公司法务服务的行业、公司经营范围各不相同，但如果从大类归纳，无非公司法务事务和合规管理两大板块；从诉讼和非诉的角度来区分，以非诉为主、诉讼为辅；以发挥的功能来区分，不外乎事前防范风险为主，事后诉讼理清责任为辅；以工作方法而论，逃不出服务为主、监管为辅的框架。

此外，由于法务工作具有工作内容在不同行业中高度重叠的特点，任何一个公司的法务都会有合同和诉讼工作需要处理，一方面，强调了合同与诉讼业务在法务工作中的基础性和重要性；另一方面，间接地增大了公司法务跨行业流动的空间。

但作为基础业务，首先，意味着它是从业的必备技能。其次，虽然每位法务工作者个人的必备技能熟练程度和专业度上存在差异，但这种水平差距，在转换职业的时候并不一定都能被雇主有效识别出来。再次，即使是雇主识别出了从业者之间的水平差距，也很难在定岗定薪过程中，将此作为一种相对的竞争优势给予考虑，从而得到价值肯定。

换句话说，对于法务所具备的基础技能，雇主即使明白不同的从业者水平有差异，由于从业竞争者大量存在、工作的可替代性很强，多数雇主并不打算为此在薪酬待遇上有明显的价值体现。反过来，如果公司法务想通过跳槽提高薪酬，也需要早日树立自己的职业竞争优势。

这种职业竞争优势，在我看来就是职业专长，是从事公司法务一定年限后需要意识到的一个问题。**而现实的公司工作环境里堆积如山的工作，长期被工作推着走，法务很少有时间去深度思考这类问题。时间久了，就容易出现工作年限不断增长，年资增加，但经验值却原地踏步的情形，从而造成职业发展的瓶颈。**如果公司法务早一天意识到问题，便可有意识地进行自我规划或请职业发展导师帮助规划，树立自己感兴趣的专业方向，并积极进行业务积累及探索。专业方向并不是律所律师的专利，公司法务在专业领域也可大有作为。

（三）身为公司法务，如何树立专业相对优势？

举例来说，一名公司法务对并购、上市、反垄断等有浓厚的兴趣，有机会深度参与此类项目，积累了一定经验；并和所服务的公司行业相结合，形成了对这类业务的独特的认知；在这种认知的基础上，他不断探索、跟踪和梳理，将这种经验和认知内化为专业体系的一部分，那么这无疑不仅仅是简单的专业标签，而是代表了一位公司法务在某个领域内的有意识的经验积累和专业上的探索。通过这些探索和积累，这名寻求职业转换机会的公司法务，很容易与其他普通的竞争者中区分开来，从而树立职业竞争优势。

首先，法务应有意识地去寻求自己感兴趣的专业领域。这和法学院区分专业方向、律师在律所选择哪个专业组是类似的。法务工作除基本的合同和诉讼，市场上也是有许多的方向可供选择。在我所工作过的法务团队里，分别设有合同岗、诉讼岗、知识产权岗、涉外项目岗、权证管理岗等方向，供有心朝着专业方向发展的公司法务选择。据我所知，此类岗位区分，在 500 强企业内并不少见。公司法务如果有发展专业领域的兴趣，不妨在求职时，有意识地关注一些有岗位区分的公司法务部的招聘职位。

其次，无论公司有没有提供专业的岗位分工，公司法务都可以在公司提供的机会中有意识地寻找自己感兴趣的专业工作机会。如果公司法务部比较小，可能在岗位区分上就不会那么细致了，但是这并不是说内部不存在与公司法务心心念念的专业方向相互契合或匹配的机会。**轻形式、重实质、谋发展，才是王道。**比如有的公司，虽然没有并购类法务的岗位，但由于公司的发展扩张战略处于特定发展时期，在国内兼并收购手笔不断，那么这对于有心向兼并收购方向发展的法务而言，自然是不可多得的好机会。

再次，在寻求专业方向的时候兼具务实及前瞻性，方向的选择要考虑和我国整体经济发展趋势相接轨。 譬如在过去相当长的时间内，许多公司都有上市的打算，如果所在的公司正好有这个机会，公司法务不如顺其自然朝着这个方向去深入。一旦积累了第一个公司上市的经验后，作为公司的内部人，法务对公司法务上市的要点和难点如能系统梳理和总结，相信不难在转换职业轨道时，找到第二个类似的机会，从而实现专业价值的深度积累。

再譬如，我长期从事汽车行业的法务工作，在最近的十几年，见证了汽车业从黄金高速发展时期到受政策严格调控的发展时期的转变，工作的重点自然也从合资、并购渐渐转向反垄断和危机管理。同时，我所经历的产业法务工作重点的变化，也是中国经济转型阶段的一个缩影。从宽松到管控，反垄断、合规、危机管理在汽车业的重要性逐渐上升。**公司法务的发展，对公司业务和公司所处行业的依赖性不言而喻；离开所依托的企业，闭门造车地做专业定位是不切实际的，顺势而为才是正道。作为法务从业者，具备前瞻性规划专业方向，才能未雨绸缪，最大化实现个人的价值。**

最后，个人的主动学习，积极积累、梳理和探索是重中之重。 作为一个法务管理者，我的观察是同样一个项目给两个不同的人，收获和成果往往差异很大。有的人，工作不上心，再好的项目交到他手里，也容易出现各种意外；即便侥幸完成，若将之束之高阁而没有进行经验和知识的沉淀及积累，知道的仅仅是皮毛，毕竟没有深度的思考也就没有形成体系，

这种被动的专业积累并没有什么突出的价值可言。而主动的积累、梳理和探索，无论是项目过程中带着问题去和外聘律师团队一起工作学习，还是从公司战略的角度去深层次的思考项目的来龙去脉和支持项目的逻辑，再或者在项目结束后，对某个专题进行持续的跟踪和研究，收获自然是不一样的。入宝山不可空手而回，主动学习积累是关键。

（四）结语

正如飞机起飞时需要通过在跑道加速滑行而获取一定的速度，从而脱离地球重力的牵绊，飞上蓝天，合同评审和诉讼处理，是法务工作的基础，是帮助我们起飞的必要工作。**但当我们爬上一万米高空，飞向哪个方向，是由我们自己决定的**。而公司法务的专业方向，就决定了我们未来能到达的目的地。向东或者向西，取决于我们自己的选择。

除了会合同和诉讼，我们还会什么？这是一个职业发展道路上，公司法务有可能面临的困境。合同和诉讼工作，帮助我们获得基本价值，但职业发展，尤其是发展的广度和深度，取决于我们的附加价值。这个附加价值，就是法务的竞争优势。追本溯源法务应不仅仅满足于基本业务能力的获得，而应积极地通过各种方式，树立专业方向，有的放矢地进行积累、沉淀和探索，从而使职业生涯不断增值。

老板要法务承担法律之外
工作时，"接"还是"不接"

最近我接到几条关于内部老板的后台留言。说到公司法务难做，老板的期望难以满足。老板希望法务做一些额外的工作，比如承担一些商业类的角色，法务从自身的角度出发不想接，得不到老板的理解。有时明明已经尽心尽力地去努力了，承担了许多额外的工作，却还是时不时被老板抱怨，感觉得不到理解，感到委屈和困惑。

坦白说，这些年职场经历中，我多多少少遇到过类似尴尬的境地，设身处地地想一想，对留言中描述的内心挣扎和委屈感同身受。但抛开情绪作为第三者来理性地观察，我认为，如果出现上述情形，老板和公司法务可以从以下几个角度着手反思以寻求解决方案。**第一，是否对彼此的期望值认知出了问题，互相认知不匹配，比如一方期待过高，或者一方的期待并未被及时接收。第二，是否对所要达成的结果，存在理解上的误差。第三，双方遇到冲突时的人际关系处理技巧是否存在不足。**本文就以如何管理老板的期望值为切入口，谈谈这个问题。

（一）额外的工作内容，"接"还是"不接"

归根结底，**这首先是一个期望值管理的问题，那么与老板一起就法务的工作定位和职责的边界做一个界定就显得非常重要。**边界过于清晰的代价是会失去一定的发展灵活性，所以其中的尺度需用心把握。但老板和法务之间彼此明确了边界，才能谈如何接受或者拒绝来自内部老板的不合理期望值的话题。当然，此类界定在法务的 Job Description 里早有描述。有时候时不时地共同回顾，对彼此都有好处。

就法务的工作职责，我简要总结如下：**以法律为工作切入口，贯穿整个公司的业务管理流程，通过公司治理、合同审阅、重大项目支持、知识产权管理、诉讼管理等手段，最终达到防范和化解公司运营过程中的法律风险的目的。**所以优秀的法务工作人员，必然是紧密的和业务人员一起工作的，尤其在做大项目，如合资、并购、上市时，更是你中有我，我中有你，紧密合作的现象屡见不鲜。

紧密合作的好处是增进信任和感情，对彼此的价值容易认同。随之而来的**"麻烦"**是，在大的项目合作中，灰色地带很多，需要不断地有人去填空补缺。一方面，法务作为业务团队的外援，容易被看成那个需要去填空补缺的人。另一方面，法律人培养体系是典型的精英筛选体系，聪明人扎堆，藏龙卧虎的人才更不在少数。有经验而学习能力强的法务，客观上具备填漏补缺的能力，容易被管理层中的伯乐相中。再者，法务在公司里普遍定位为后台部门，工作曝光度和施展才能的舞台有限。实际工作中，法务们内心也渴望增强曝光度，体现自身价值。

于是，机会就这样不请自来了。当老板直接或委婉地表达出要法务承担额外职责之时，接，还是不接？苦恼便这样产生了。

（二）从机会成本出发考察，难以抉择时跟着心走

每一个选择都有机会成本。接，有接的代价；不接，有不接的难处。难以两全。以"接受"为例，法务人员可能会在以下几点之间反复考量。

选择项	好处	疑虑
接受	（1）成长快。特别在商业思维能力和全局观上。 （2）更多信息对法务开放，可以更精准地做出法律上的判断。 （3）更多的事业曝光机会，甚至"建功立业"的机会。 （4）另一种身份的出现，使法务在团队中的角色发生变化，有更强归属感。	（1）是否足以胜任。 （2）是否与个人发展需求相匹配。 （3）额外工作对个人的价值大小。 （4）是否有足够的资源支持（人力、物力、财力）。 （5）随着工作重心的转移，今后是否回归法务团队。 （6）工作量增加在报酬上体现程度。 （7）其他特殊原因。
不接受	（1）工作任务上更专注。 （2）避免不同角色之间可能存在的冲突。 （3）不必为完成新增工作任务，展开艰苦的资源谈判和薪酬谈判。	（1）是否会因为不接受额外的任务而在团队中被领导边缘化。 （2）对未来事业机会的影响。 （3）如何妥善地拒绝。

做出答复之前，法务不妨可以从以下几个角度慎重评估。

（1）**评估职业兴趣。**对法务来说，如果新增加的工作是自己感兴趣的，绝大多数还是会倾向于接。比如，有的法务渴望有机会从事更倾向于业务、战略等相关的工作，如果这样的机会出现在他们的面前，接的可能性当然会超过拒绝的可能性。

（2）**评估是否在个人能力或潜力可承受范围之内。**先抛开建功立业

等瑰丽的梦想，客观务实地想想，接了后有没有能力将承诺的事做圆满。伯乐虽然有好眼力，但最了解自己能力的人当之无愧的属于"千里马"自己。额外的任务，法务没认真做评估就拍拍胸脯接了，最后却没有能力去实现，结果两边都不落好，反而给自己的职业信誉减分，这样的例子在实际工作中屡见不鲜。不低估自己，但更要留神盲目自信做出的选择。自我评估应客观，过于乐观的评估最终并不会产生好的结果。除了令相中您的伯乐感到失望外，建功立业更无从谈起。**我个人的建议是，凡是能力够得着的，或者跳起来够得着的，都可以去试试。**

（3）**评估完成额外任务所需要的资源，是否能得到有力的支持。**如果上述两个回答都是"YES"，那么就要"排兵布阵"考虑实现新的工作任务所需要的资源是什么。当工作范围超出了法务的职责时，完成额外任务的资源也与平常不同，往往是法务人员从前的职业积累中所不具备的。无论从人力、物力、财力、管理能力、团队组建等，均应有所考虑，并向领导事前核实如何获得此类资源支持。

（4）**评估对事业的贡献值大小。**接一项超出职责范围的工作任务，顾全全局固然重要，但仍需要考虑对未来职业发展的贡献值大小。如果对未来的职业发展贡献值大，接的可能性就更大。对未来的职业发展如果没有贡献，甚至拖累未来职业发展属于负贡献的，或者说虽然有贡献，但并不是个人希望的发展方向，那么接的可能性就明显下降。**这一点，无论作为老板或个人，都需要从对方的角度考虑能提供什么或获得什么，双赢是合作的基础。**

在处理技巧上，如果您被幸运的机会彩蛋砸中时不知如何回答，我的建议是学习停顿一下，想清楚再给出明确的答复。

以上是尝试将难题客观化后的建议。但不得不承认，我们最后的答案却不可能仅仅是客观考虑后的结果。我曾遇到过许多次这样的额外 offer，百分之九十我会承担下来。虽然有客观上的理性分析，**但我反思后发现主要原因是我主观上信任给我额外机会的领导。我信任他，所以愿意共进退，也相信他能给我完成任务所需要的资源和支持，信任他的领导力，信任他知道如何发掘出我自己都没意识到的潜能。理性难以抉择之时，请相信您的直觉，跟着心走。**

（三）如何妥善地拒绝

如果您根据最终评估和个人感觉，决定拒绝这个超出职责范围的工作任务，那么您可能需要我以下的善后建议。

（1）就工作的期望值做必要的沟通。比如有些女性法务在某个阶段有家庭上的考虑，不适合承担额外的工作任务；或者，有些机会对法务而言，并不是他想要的事业方向；甚至有些时候，法务觉得那份新机会并不适合他的性格，和他的能力不匹配。那么就期望值做沟通就非常有必要。如果您和内部老板的期望值并不在一个目标上，不妨在表示感谢认可之余，开诚布公地谈谈这些客观的因素，以期获得理解，并为今后的继续合作留下好的合作基础。

（2）有出路的拒绝。如果拒绝难以避免，有出路的拒绝一定好过没出路的拒绝。有出路的拒绝意味着，在拒绝提供的新机会同时，提供一个可替代的解决方案。比如老板需要您承担法律之外的工作任务，是您并不感兴趣的任务，市场上有公司可以提供关于此类工作内容的外包服务，不

妨将这个解决方案同时提供给内部老板。

（3）有帮助的拒绝。 在拒绝老板的一个要求的同时，可以尝试给予老板其他方面的帮助。拒绝一个要求，又提供一个帮助，这样在情感上比较容易接受。

（四）总结

最后的肺腑之言是，法务做好本职工作之余，如果力有所及，不妨对新的机会抱有积极的态度，在很多时候这对事业成长并无坏处。但如果机会不合适，不得不拒绝，也应及时做出选择，并说明理由和难处，用妥善的方式，期待获得老板的理解。

但归根到底，**顺从自己的内心做选择，做特定的人生阶段自己想做的事情。千万不要违背自己的客观情况和内心的声音，去生硬地迎合和讨好。** 不喜欢或者不想做的事情，多半难以做到位。而公司多以结果论英雄，届时无力完成任务，将对您的职业信誉产生负面影响。如果您不是那个合适的人，不妨学习妥善的拒绝。

公章管理上的漏洞怎么破？
——从陈光标公司涉伪造公章事件谈起

2016 年 8 月 8 日下午，网上曝出这么一则新闻："**江苏黄埔再生资源利用有限公司被曝搜出 170 余枚涉嫌伪造的公章**"。值得关注的是，该公司的法人代表是有"中国首善"之称的陈光标。据公司回应，此次事件涉及金额超过 3 亿元，系公司前高管所为，离职后被发现并汇报给陈，陈对此并不知情。陈表示若能成功追讨损失，将全数用于慈善。

此案件是否触犯伪造公司印章、合同诈骗等法律罪名，有待公安部门的进一步调查，但即使是在现行印章备案监管背景下，私刻假章、私自使用公章的案件频频发生。这值得我们在公司治理结构、印章管理制度上反思。

（一）公章种类及法定备案制度

在我国公司印章主要分为五种。

（1）公章，用于公司对外事务处理，用在以公司名义出具的文件上。

（2）财务专用章，在公司票据加盖为主。

（3）合同专用章，在公司签订合同时加盖。

（4）法定代表人人名章，用于特定的用途，出具票据时或在贷款、担保等合同上加盖此章。

（5）发票专用章，在公司开具发票时需要加盖。有的公司会根据需要刻制项目专用章、销售专用章、人事专用章等，在此不再赘述。

与国外以签字为准作为法人的真实意思表示不同，公章或其他印章，在我国现行法律体系和传统下，即为法人的意思表示。

一方面，现行法律要求刻章实施备案制度，**公章、合同专用章、财务专用章须由公安机关批准后方可刻制**。另一方面，中国殷商时期便已出现青铜玺印，印章的重要性，在我国自古便有，在传统文化里占有重要的一席之地。印章的重要性，体现于加盖印章行为本身的仪式感，同时盖印所留下印文，体现了印章所有人的意思表示。

其中公章在所有印章中使用范围最广，是法人权利的象征。在立法、司法实践中，审查是否盖有法人公章成为判断民事活动是否成立和生效的先决条件。除法律有特殊规定外，均可以公章代表法人意志，对外签订合同及其他法律文件，使其具有法律效力。以公司名义发出的信函、公文、介绍信、证明等均需使用公章。

（二）公章管理中的六大典型漏洞

实务中经常会遇到因公司印章使用管理混乱而产生的纠纷诉讼。梳理下大致存在如下几类典型问题。

1. 在公司章程、内部管理制度上未明确规定公章由谁保管，保管责任人不明，导致股东或高管抢夺公司运营权

有次应邀为一家小型企业做法律风险咨询，谈到公章管理制度时，我发现不仅公司章程未就公司公章、合同专用章、财务专用章、法人人名章明确保管责任人，而且在公司内部也无相应成文的管理制度。几位股东借此争抢公章保管权，使公司经营陷入僵局。

2. 公章在公司内部集中由一个人保管，未设置隔离制度，印章的使用失去约束

公章虽然有保管责任人，但保管权却集中于一人，由公司法定代表人集中保管，或者由某位高管保管。像这样没有设置必要的隔离制度和不同印章保管人之间相互制约制度，会导致某位高管或法人在公章的使用上不受约束，尤其在对外担保、合同的签订和付款方面，发生以私人意志为准而不受公司规则制约的使用公章情形。这对公司经营管理而言，存在风险隐患。

3. 保管人未尽到管理义务，发生行为人擅自使用公章、业务介绍信、盖有公章的空白合同书犯罪的情形

在保管过程中，保管人未尽到应尽的保管义务，公章随处乱放、公开可得，使得行为人有可趁之机；或行为人趁保管人大意，在司印的文件之外的其他文件上擅自司印，如在空白合同书上、空白业务介绍信上，保管人未能及时察觉，使得公司在经营管理过程中承担额外的法律责任。

4. 公司内部约定专用章具有特定用途，但发生未按照约定使用，使公司承担法律责任的情形

比如公司内部约定进口专用章只能用在进出口单证上，但实务中发现

存在在公司的进口销售合同上使用了进口专用章替代公章使用的情形。虽然从现有的判例来看，未经过公司追认的加盖内部专用章的合同并无法律效力，但此类不按照约定使用印章的情形在公司并不少见。

5. 随意向第三人出借公章、合同专用章、法定代表人名章等具有法律效力的印章，使公司承担担保责任或其他法律责任

公司或公章保管人随意将公司公章出借给第三人的，在银行担保合同上或其他商业合同上使用的，合同具有法律效力，公司应为该第三人承担相应的合同法上的责任义务。

6. 公司私刻公章，并未进行公章备案登记，存在使用两枚公章的情况

根据现行法规，公司只能有一套使用中的公章，并需要在去公安局备案后到指定地点刻制，如发生公章替换情形，原公章需交回公安机关销毁。此举是为了保证公章法律效力的唯一性和法律真实性。但因种种原因，实务中存在私刻第二套公章、两套公章并行使用的情形。对善意第三人来说，一枚公章无论是否是经过备案登记，法律效力并无不同。公司不得以该公章未经公安机关备案而无法律效力为由，对抗善意第三人。

（三）公章漏洞的三大破解之道

1. 颁布公司印章保管制度并及时进行内部培训

一套权责清晰的印章保管制度，是破解公司印章管理难题的第一步，也是最基础的一步。

首先，无规矩不成方圆，现代公司治理结构下的企业，离不开制度的支撑。好的制度可以让前文提到的公司印章管理中存在的使用印章不需要经过审批程序，印章管理人员对使用印章材料不严格审查，甚至在空白介绍信或空白纸张上用印，印章保管者让印章离开自已的视线或因自己没时间让他人代为盖章，在没有监管人的情况下允许他人携带印章外出等问题无处遁形。

其次，通过制度，印章刻制和使用的流程变得清晰；各类印章的使用范围、使用时间、使用的审批流程得到明确；没有经过内部审批程序，只要业务需要，领导或部门就可使用印章的乱象，及时得以制止。

再次，分级保管制度和印章之间的不同保管人隔离制度，使得印章的使用受到牵制和制衡，比如在银行方面的付款和担保文件，或在政府申请过程中需要用到的文件，需要几个印章同时司印，方能生效。

最后，有好的制度，不为人所知晓也是无用的。制度颁布后，需要在公司内部做培训和解释，使得内部员工对此有清晰的了解和认知，主动遵守制度的规定，防止使用过程中发生漏洞。

2. 印章保管责任包干到人

解决了制度层面的问题，再来解决保管到人和保管责任的问题。许多擅自使用印章所引起的法律责任，除了制度的缺位也和保管人责任不够明确、保管人的责任心不高，有莫大的干系。

从印章保管人的角度而言，需在印章使用过程中遵守以下几点。首先，印章保管人必须妥善使用印章，建立使用台账登记制，并保存 5 年以上，使得每一次司印都有记录可循。其次，保管人司印必须严格依照公司印章使用规定，未经规定的程序，不擅自使用，不私自出借公章，不盖人情章。再次，在使用中，保管人对文件和印章使用审核单签署情况予以审核，符合用印要求的予以司印，否则说明原因后予以退回。最后，印章保管人需

检查印章使用是否与所盖章的文件内容相符，不符合则不予盖章。

从公司内部管理的角度而言，追责机制相当重要。有效的追责制度能保障责任的落实，笔者在从业生涯中遇到过几例保管人责任意识弱而擅自出借公章，后被公司追责记过，甚至开除的例子。这对保管印章责任人和公司其他人触动都不小，从此以后，公章的规范使用制度得以建立。

3. 完善印章代理保管授权制

当印章保管人有事外出时，如果外出时间较长，为保障公司的正常运营，应考虑请人代为保管。实践证明，如果代为保管人主观上责任意识不强，客观上不具有相应的保管能力，不恪守流程和规则，代为保管阶段恰恰是印章使用风险高发阶段。

第一步，确定合适的印章代为保管人。首先，确保印章的代为保管人应为公司正式员工，与公司具有正式的劳动合同关系，其行为受劳动合同约束。**公章不是私人物品，是法人权利的象征，请实习生或临时工代为保管的行为应予以杜绝。**其次，不是公司的每一个员工都适合保管印章，代为保管人的责任心和行为能力是否适合保管公章，需要审慎的考察。如果代管人责任心比较弱，就容易出现公章虽然根据流程进行了使用申请，但实际脱离代管人视线使用的情形，这样会容易被别有用心的人利用。再次，代为保管人应为熟悉公司公章管理制度的人，委托人可及时地对其进行集中培训使其熟悉保管制度，在其具备必要的审慎后方可代行保管之责。

第二步，通过正式的书面授权在公章保管人和代为保管人之间建立委托代理关系。这样做的好处是既明确了彼此之间的委托代理关系，使被授权人明白保管的权利边界；也使得委托人清楚地意识到，被授权人在被授权范围内保管不当所引起的法律责任由其自身承担，促使其在选择代为保管人时更为审慎。

第三步，如果有必要进行公章代理保管，需及时知会更高一级领导，获得首肯。这样以便领导有机会交叉核实代理保管人的选择是否审慎，也便于领导在代理保管过程中进行必要的监督。

一般来说，如果行政部门是公章的保管人，外出时授权法务部或财务部的内部人员来保管，都是比较审慎的选择。

（四）结语

公章是法人权利的象征，小小一枚章，保管不当，则容易使公司遭遇横祸。公章的保管并不难，也是公司法务最基础的工作之一。重要的是了解公章保管过程中容易发生的法律漏洞，通过管理制度、授权制度、责任追责制度，三位一体保障公章的使用安全，使公司的经营不再为一枚小小的公章而遭遇重大的法律风险。

法务年薪翻倍的七个秘诀（上）

前些日子遇见一位小同行，说眼看在律所工作的几位同窗，年资增长薪酬也不断增长，而她从事法务工作的薪酬徘徊在 25 万左右；问怎样才能快速实现年薪从 25 万到 50 万的翻倍增长？我一愣，一下子有点接不上话。

果然现在的年轻人敢想、有野心、更超前！经小同行这么一问，我恨不得当场变身仙女、施展魔力变出一个银行提款机满足她的愿望，但我们毕竟还是要回到现实，讨论小同行提到的薪酬增长的可能性和途径。

毫无疑问，薪酬是量化的个人价值的货币化体现。但考虑翻倍涨薪的背后逻辑，仅仅是钱上面数量变化那么简单吗？当然不是！

要实现小同行期待的从 25 万到 50 万年薪的涨幅，恐怕不仅是专业技能的增长，还有责任和领导力的增长、个人软技能的提升等，背后的含义很深，对小法务来说确实不是简单的事情。今天我们说说涨薪背后的秘密。

（一）25 万与 50 万年薪法务岗需求差异分析

既然问的是如何实现薪酬的成倍增长，首先，我们得明确 50 万年薪的法务岗位，需要什么潜质的候选人；然后从 25 万岗位出来，去分析和 50 万岗位的人才需求之间的差距；最后找出差距，尝试去挑战自己的短板，发挥自己的长处，努力成为那类人。这是我认为比较靠谱、可行的方法。

为了方便分析说明，我根据市场上的民企和外企的招聘广告，做了一个简要总结表供读者参考。另，由于国企法务招聘广告样本比较有限，暂时不列入本次分析范围内，请读者谅解。

考察维度	>25 万年薪	>50 万年薪
职位	法务经理（民企）、法律顾问（外企）	高级法务经理（民企）、法律顾问 - 高级法律顾问（外企）
专业技能	在某个专业版块（如合同、诉讼、知产等）内独当一面	项目支持为主，在熟悉各业务模块基础上有项目管理和整合能力
沟通能力	说清楚：口齿伶俐、有条理	说到位：重点突出、层次分明、入耳
执行力	响应速度和完成度中等 - 高，	响应速度和完成度高
主动性	中等	非常主动、内驱型人格
团队协作	配合为主，要求细心、耐心有服务意识、有基本信息收集能力	能主动推动项目发展，要求有大局观、洞察力和业务及政策变化的高敏感度
领导力	基本无带团队要求	有带团队要求
律所管理	可沟通跟进即可	具备一定管理能力

当我尝试在法务招聘广告中，从专业能力、沟通能力、执行力、主动性、团队协作、领导力、律所管理七个维度出发，观察不同薪酬法务岗位对法务候选人专业技能及软技能的要求差异，不难发现目前人才市场上招聘的法务岗位，年薪 25 万和 50 万之间的要求，差得不是一条街的距离。

如果说从 10 万跳槽到 25 万年薪的岗位，对法务候选人的要求可以通

过候选人在技能上的**量变**来实现的话；要实现 25 万到 50 万年薪的跳跃，需要法务候选人有一个全方位的提升，实现能力上的**质变**。这个结论与我一直遵循的"有多大贡献、多大能耐、拿多少酬劳"的原则亦不谋而合。

在这七个维度中，**专业技能仅占了七分之一，其他六个维度均属于软技能范畴。**这意味着，当法务的目标是 N 年之内实现薪酬从 25 万年薪到 50 万年薪的进步时，**与同级别薪酬的律师按部就班着重磨练专业水平，从低年级律师升级到中年级律师，从而实现薪酬增长的路径不同；法务的升职、薪酬的提升偏重在从软技能上着手努力。**这是法务的工作环境和工作方式与律所迥然不同使然。这个分析恰好回应了小同行在篇首所提出的律所和法务薪酬增长方式的疑问。

在这七个考察维度中，局限于篇幅无法挨个分析；我们暂时先将重点聚焦在专业能力、沟通能力及领导力三个方面展开讨论。

（二）专业技能上从单面手到多面手

千万不要因为法务晋级更看重软技能，从而认为专业技能不重要，于是产生在专业上偷懒的想法。虽然法务只服务于一个内部客户，但如果让客户觉得不专业，感受不到你的价值，一定会影响到晋升和涨薪。

总体而言，**法务的专业技能局限于内部客户的业务范围，几乎没有成长到大师级的空间和机会；但在内部客户所在的行业里，法务应是行家里手，这是从法务经理晋升到高级法务经理的必然要求。**作为一名法务经理，在某个业务领域比如合同、诉讼等方面独当一面，是一种基本需求；而作为高级法务经理，在晋升前通常会经历各个专业岗位的轮岗。轮岗一是积累各个岗位必要的常识，以便在跟进项目时能具备对各类法律事务的基本判断力；二是作为高级法务经理，需要经常协助公司法总监处理各类法律事务，如果没有对各个岗位的相应了解，仅局限在自己感兴趣的领域发展，就会存在比较大的局限。

譬如我曾遇到一位法务同事，只想做喜欢的专业版图，守着地盘不放，也不愿意去其他领域尝试一下。在晋升考察的时候，她就遇到了比较大的困难。她的优点是职业方向目标明确，缺点是不愿意拓展自己的专业版图从单面手成为多面手，从而承担更大的责任和义务，成为对公司有更大贡献的法务，因此她在公司的晋升空间便受到了局限。

显然，服务于一家公司提供的平台是有限的，服务于多家客户对专业上深入发展更有帮助，能提供更多的专业上升通道。**像这类在专业发展上有坚持的法务同事，而且在薪酬的增长上有不小的期待，我建议考虑转型去律所发展。反过来，如果想在公司的法务岗位上实现升职涨薪，有必要说服自己，早日实现从专业上的单面手到多面手的转变。**

要实现如上所述的转变，比较理想的状态是领导主动为法务安排了此类机会；如果领导没有主动安排，法务亦可和领导沟通，主动去争取此类机会。我以为，这是实现加薪升职所需要经历的第一个转型。

（三）沟通上从会说话到会得体地说话

无论是公司律师还是律所律师，均是非常注重口才和文采的。不容否认，回到我们所讨论的如何晋升并实现薪酬增长，从 25 万到 50 万的年薪飞跃，法务的沟通能力必须有大幅提升。

同样意思的话，从不同的人嘴里说出来，以什么方式、什么场合，甚至什么语气说出来，往往效果迥异。具备好的沟通能力，将令法务工作事半功倍。毫无疑问，会说话的人日子好过许多，不会说话的人寸步难行。

我有一位伶牙俐齿的同事，能把专业上的事做得有条有理；但她软沟通能力存在很大的问题。说好听是说话太耿直，说不好听是太任性、自我中心，不考虑听者的感受。在法律团队内部开会时，她说话耿直但自己人见怪不怪，也相安无事。但当她直接面对内部客户的时候，因为不会说话常把事情给办得特别生硬；有时候甚至有其他部门的同事来办公室气呼呼地投诉。鉴此，在项目上，为避免项目没做成而投诉需要不断替她收拾各种残局，我就尽量不安排她跟进项目，除非实在是找不到人用。

我把这类法务归为有能力做事，但沟通技巧有限的人。她其实也是有着很强的事业心的人，并认为以她的专业能力不给她涨薪升职简直没天理。但她没意识到，**没有沟通软技能支撑的事业心，在更高阶的管理者的眼里，属于有勇无谋无法委以重任的类型。**这样既无法实现所预期的晋升和加薪，也容易在工作中出现怀才不遇的心态。

相比较前一种什么都敢说出口的法务，有的法务就比较胆小怕事，属于说什么都战战兢兢，我把他们归纳为谨小慎微型。此类法务生怕说错一句话得罪人，习惯做个和事佬、老好人。可是做法务工作，和客户之间难免会有一些底线和原则上的冲突要妥善处理，重要的是以妥善、得体的方式把话说到位，把事情沟通清楚。**唯唯诺诺不敢说出自己的观点，既无法得到客户的尊重和认同，也体现不出法务存在的价值，自然在升职涨薪路上的预期容易落空。**

还有第三类法务，客户总是不等她说完就打断她的话，这种类型多数属于沟通上过于细致全面的法务。**这类法务貌似很负责，其实是他们没有头绪，不知道什么是重点，所以事无巨细地说，让客户自己去判断；而客户就不断打断她，要求她挑重点说。**这类法务需要培养全局观和抓重点能力，在话说出口之前，有意识地想一想沟通的重点，假设只给一分钟的时间，会挑哪些点来说，被挑中的那些就是重点。

以上举例说明的仅是口头沟通中存在的问题；书面沟通中存在的问题，有的更为夸张。沟通上存在不足的法务，首先需要意识到这个问题在工作上的重要性；然后需要通过有意识的训练，甚至参加专门的培训，长期由教练提供一对一沟通辅导；最后，沟通上的问题是习惯和思维方式所致，改善也非一朝一夕所能达成的，需要不断的实践和锻炼才能有进步，要有耐心。

之所以沟通能力的改善对法务升职加薪如此重要，是因为法务工作的成效需要通过影响和说服他人来实现；越是高阶的法务人员，需要影响的人更多、层次更高，对沟通自然有更高要求。同时，法律应用能力是需要通过语言这个载体体现的，具备更好的沟通能力能帮助法务将想传递的信息清晰、有效地传递并为客户所接受。

想从 25 万年薪到 50 万年薪，甚至更高的薪酬，实现沟通能力从会说话到得体说话的转变，是必须实现的第二个转型。

（四）领导力上从管理自己到管理他人的飞跃

要薪酬翻倍，只能领导自己进步是不够的，还需要领导他人一起前行。独木难成林，如果在领导力上不实现转型突破，对公司的贡献也就局

限比较大，在薪酬上有实质性提升的目标就很难实现，亦或者说，只能在有限的范围内实现。那位来向我提出这个问题的小同行，就存在这个问题。她提到她没有带团队的经历，虽然有短暂的带实习生的经历，但她从心底里觉得那是件很麻烦的事，这是她需要着手去改善的一个方面。

领导团队，首先要能以身作则，做个好的职业榜样。一方面，要求领导者有值得团队成员学习之处，领导者本身就需要不断地学习提升、乐意为团队付出；另一方面，领导者也应在各方面更自律，带个好头。**我始终认为以身作则是最强大的领导力，具有无声的教化力量。**所谓上梁不正下梁歪，试想我们怎能期待一个无法守住底线的领导，教出一个坚守底线的团队成员？而一个以身作则的领导，往往能影响一群人。

领导者要公正，能兼顾和平衡内部利益及冲突。做领导的人，对外不能再以自己的喜好为中心，在位置上就要放下自我，发挥好职位所需要的特质。比如我是一个内向型人格的人，很享受办公室里一个人工作的清净，但作为领导者我得积极主动地和同事们交流沟通，建立起必要的工作人际关系圈，及时获取信息解决问题，也争取为团队成员提供更多的事业机会。回到团队内部，领导得公平公正、不偏不倚，能兼顾和平衡内部利益及冲突。举个例子说，十个手指有长短，十个人总有几个是领导者更欣赏的，但领导者就需要不断以理性来克服感性。譬如有好的培训和外派机会的时候注意适当的内部平衡，不以个人的偏好办事，尽力做到公平公正。

领导者要为团队成员提供明确的前行方向，并能为团队成员规划未来的职业生涯。没有明确的方向，团队成员会感到迷茫，不容易形成合力；有了共同追求的目标也好、远景也罢，大家可以齐心协力朝一个共同的方向努力，遇到困难时共渡难关。作为领导者，不仅自己要有清晰的职业规划，更重要的是也能辅导团队成功，结合他们的个性和特长为他们谋划职业晋升通道和空间，这是作为领导的责任之一。

领导力这三个字含义深刻，字面上的阐释只是第一步，重要的是在带领团队的实际过程中，去不断地实践和积累领导力。一个能带领一群人向前走的人，和只能自己跟上向前走的人，对公司而言，贡献差异很大。因此，如果想实现薪水翻一番的目标，在领导力上实现从一个人奋斗到带一群人奋斗的转型，是必须经历的第三个转型。

（五）总结

同样是法务，身处职场有人日进斗金，有人在温饱线上徘徊。除了天分的差异，我们更要理性分析高薪的职位需要什么样的人才，然后揭开升职加薪背后的面纱。

只要能在专业技能上实现从单面手到多面手的转变，沟通能力上实现从会说话到会得体地说话的转变，领导力上实现从带领自己奔小康到带领团队奔康庄大道的转变，升职加薪、年薪翻倍都不是梦！

法务年薪翻倍的七个秘诀（下）

上篇我们从不同维度对 25 万年薪和 50 万年薪法务岗位进行了对比分析，尝试揭开法务年薪翻倍的七个秘诀。限于篇幅关系，我们从专业、沟通和领导力的角度提出了法务想实现年薪翻倍需要做的三个转型，我们且称之为三大秘诀。下篇我们拟从内驱性、执行力、团队协作及律所管理这四个角度入手，考察法务年薪翻倍的秘诀。

（一）主动性上从被动做事的外驱型向主动做事的内驱型转型

当我们还处于 25 万年薪的法务经理或者法律顾问岗位时，工作上多数是听从上级主管的安排，配合领导完成工作，但使我们在日常工作中不知不觉地养成被动做事的依赖性。处于这个段位的法务，工作的注意力以上级领导的指示和安排为中心，对于那些领导没有安排但也需要有人做的事情，多数并没有足够的注意和重视，更谈不上先想一步。

随着职位的进一步提升，中级职位的法务逐渐转换角色，成了给年轻法务安排工作的高级法务。到了这个段位,他们自身就是领导层的一份子,不太会有人再如从前这般催着他们做事。但他们所做的一切,又处于群众的无数双眼睛的观察和考量之中,需要在有条不紊中主动、自觉地进行。那种仅仅依靠领导的指令催一催动一动的行事方式,恐怕已不能满足公司管理层对高阶法务的期望。高阶法务不仅需要接受管理层的指令,而且需要能主动发现处于灰色地带的工作,看得更远更透彻,工作上凡事能多想一步。

主动性可以借助心理学的一些知识来略作解释。心理学上将人格做了内驱型和外驱型的区分。举个例子说,有的法务平常工作中偏好主动地做一些总结和回顾,当这类法务写年度工作总结和展望时,不仅材料翔实,而且会不断主动修改,力求完美。有时候甚至自己的总结已经被领导认可了,但如果事后能将其改得更精炼,他们仍会主动再次更新。而形成鲜明对比的是,有的同事,一个总结无法及时上交是常有的事。即便交上来了,也仅仅局限在规定的内容之内,不会对那些虽然没明确规定但也对法务工作非常有意义的事,主动地做一些梳理和回顾。这样的两份总结,在年终考评时得到的评价当然会不同,而年终考核又是晋升的主要依据,结果自然是不言而喻了。

所以,要实现法务年薪的翻倍增长,自然也要改变做事的方式,积极完成从被动依赖型向主动型的转变。虽然人与人之间,在人格上天生不同,其具有一定的先天性,但是后天的人格也是可以逐渐发展改善的。**实现法务年薪的翻倍增长,其中的秘诀之一,就是主动对工作充满热情和好奇,做到眼里有活,带有一定前瞻性地去工作,不再被工作被动地推着走。**

（二）执行力上从完成到满意的转型

公司任何高瞻远瞩的战略均需要通过执行，从而在工作中一步步得以实现。一个组织倘若缺乏执行力，制订的战略就无法得到有效的实施，这将导致公司的营业和利润的预期无法实现，着实是一件很危险的事。所以拥有执行力强的团队，是每个 CEO 的梦想；而执行力强的成员，在团队中的优势是不言而喻的。

首先，不同的人有不同的执行力，不同的薪酬和工作责任的岗位对从事相应岗位的法务的执行力要求也是不一样的。那些能够比较快获得晋升和涨薪的法务，是能与岗位对执行力以及其他方面要求相匹配的法务。

其次，执行力的高低是通过工作响应速度、完成率和满意度几个方面的指标去衡量的。初中级的法务岗位在这几个指标上的要求和高级法务岗位有明显区别。比如说，初中级岗位人员一般在响应速度上还不错。但由于初中级的法务实务经验比较有限，遇到突发情况时，在完成度上会存在小部分工作延期，甚至无法独立完成、需要高阶法务人员辅导才能完成的情形——这均属于可以接受的范围。但高阶法务，不仅要求响应速度迅速，而且在完成度和满意率上，考虑到长时间的实务工作经验的积累，理应表现得更为出众。

再次，中高级法务和初中级的法务在执行力上的一个重要的分水岭在于客户满意度。随着年龄、职务、经验的增长，中高级法务能更透彻地理解公司高层的意图，前瞻性地预料到公司的战略或者项目在执行过程中可能会出现的问题，提前做风险防范和规避，防患于未然。同时，中高级法务在人格上更为成熟稳重,对待执行过程中出现的内部阻力甚至是冲突,心态上更成熟,手段上更老练和自然,在内部客户满意度上自然更胜一筹。

执行力从完成到满意的飞跃,不是凭空实现的!除了工作经验的逐步积累,还需要高度自律坚持不懈地学习,尤其是学习法律之外的知识,譬如说如何柔性沟通、战略思维能力。同时,执行力是可以训练的,在一个组织里,上级如能定义清晰有效的考核制度,可以有效帮助员工提高执行力。作为法务高阶主管,反过来也需要能够及时辅导执行力不高的员工,帮助员工发现问题并不断提高能力。

(三)团队协作从配合到核心人物的转型

公司内的大部分工作需要职能部门之间协作完成。有的时候为一个重大、关键项目,公司会考虑成立跨职能或者跨部门的合作小组,以期通过协作产生协同效应;有的时候虽然不特意成立此类跨部门合作小组,但其实在组织内部对团队协作早已形成一套规矩,每一个相关人或职能部门,都会自觉地遵守这套潜在的合作规则。

在一个项目内,法务部内部有时也是需要有几位律师来相互协作完成工作的。譬如大的并购项目,不仅需要并购律师,也需要知识产权律师、反垄断律师来一起查看相应的内容把控好风险关。这个时候法务总监就需要确定主办律师和协办律师之间的关系,如何汇报和沟通。归根结底,都是为了能将团队合作中的正向价值发挥到最大。

从团队协作的角度考察,毫无疑问,25万年薪的法务岗位和50万年薪的法务岗位也有本质上的区别。在中级岗位的法务,由于还没有晋升到

业务多面手的等级，无法在项目中担当主办律师，即便是有这样的机会多数也属于锻炼试验性质。从其他有法律服务需求的职能部门的期望来看，如果中级法务能做到主动、细心、周到的配合，多半是能令人满意的。从法务部内部管理的角度而言，如果中级法务除了做到在项目中的配合让业务同事满意，并具有主动收集项目的必要信息和敏感信息的意识，从而配合高阶的法务主管对前方情况做出无偏差的判断，据此对项目所需法务人员和资源做出妥善的安排，即是令人满意的。

而身处 50 万或者以上年薪法务岗位上的法务，仅仅是信息收集和妥当的配合，恐怕已经不能满足内部来自法务总和公司其他职能部门的期望了。因为内部期待这位中高阶法务有更大的作为，包括在商务谈判中起到主导作用；在项目合作中的未知领域，主动提供解决方案引导团队往正确的方向走；在项目合作对外出现停滞或僵局的时候，具有破僵局并推动项目的发展的能力；对内出现意见不一致的时候，具有强大的沟通和协调管理能力。

如果说 25 万的法务岗，在团队协作中能主动站在团队中间、和团队共进退就算成功的话，那么 50 万的法务岗，需要的是能成为团队协作中的核心人物、引领团队共同向前。这是法务实现年薪翻倍的过程中，必须实现的团队协作上的转型。

（四）律所管理上从跟进合作到管理合作的转型

律所是公司法务部最常合作的伙伴。上篇说过，公司法务部有它独特的优点也有它明显的局限性。局限性主要体现在法务专业能力的发展过度依赖所服务公司的业务平台大小，很难获得律所那般开阔的视野和多样的案例标本，因而一旦出现疑难杂症，请外聘律师帮助解决问题也是常态。这使有的公司法务部组织庞大，仿佛一个中型至大型的律所，每个内部律师也有不同的方向和专业分工，但也要注意受限于业务量和公司的经营范围，遇到特别的问题时，依然需要请资深的外聘律师介入出方案，乃至一起解决问题。

律所管理，包括律所甄别和选择、律师资质审核、费用的核算、合作过程管理等方面的内容，更多的是涉及管理学的内容。介入律所管理对有进取心的法务而言，不仅是职业发展过程中必然的一步，而且到了这一步，意味着小法务逐步从员工岗位向管理岗位的职能转化。这个转化的过程自然离不开职务的提升和薪水的增长。

25 万年薪的法务，基本没有自主聘请律所的权利。如果遇到自身解决不了的问题，首先求助的对象并非外聘律所，而是内部的高阶主管。由主管根据过往的经验决定是否有必要请外聘律师介入，最终经公司的法务最高级别领导批准后作出定夺。25 万年薪的法务，实际上和外聘律师配合的机会也是比较少的。难度大的项目才会请外聘律师，而负责这些比较难的项目的往往是公司里工作了七八年左右的资深中高阶的法务。对初中级的法务而言，在此类项目中主要做些辅助工作，能有机会观察如何和外聘律所合作，如何和外聘律师沟通，或者适当跟进催催材料、确认下不清楚的点，就算是不错了。

相比之下，50 万年薪的法务，则不同程度的要协助总法律顾问介入律所管理流程。在总法律顾问的授权下，甚至有权在项目中根据约定的权限，自主地向律所下达特定指示以便及时完成工作。当我们查阅各类

招聘广告的时候，尤其是资深的法务岗位，往往有一个醒目的要求"具有知名律所工作经验"。这一方面是因为知名律所培训到位，转法务的资深律师在工作质量上有保障；另外一方面，资深律师需要独立负责重要项目的机会比较多，多会涉及和外聘律所的合作和费用结算等问题，在熟悉律所计价方式方面，从律所转战法务领域的律师更具有优势。

同样，当我们期待着从 25 万年薪的法务岗位向 50 万以上的法务岗位迈进之时，需要学习如何在有限的预算下选择最合适的律所协助处理疑难杂症；如何找到靠谱而有诚信的律师一起工作，核查律师提供的工作量和最终的结算金额是否存在重复计算和虚高；在项目中过滤掉不必要委托的工作、并提高和律所的沟通质量等。这些都需要初中级法务在律所的管理方面，主动实现从跟进合作到管理合作的转型。

（五）结语

在本文中，我们分上下篇、从不同的维度来讨论法务实现薪酬翻倍增长所需要实现的七个转型。细心的读者可能已经发现，加薪升职所需要实现的七个转型，存在互相关联性和内在逻辑关系，专注于一个方面的转型并不会带来期待中的改变。法务管理岗是个对综合能力要求比较高的岗位，需要在七个不同维度上齐头并进。当然，在这个转型的过程中，我们可以先选择其中几个维度来提高，后再专注于剩余的几个维度。如果只提高某个方面，而忽视其他方面，那么在实现加薪升职的效果上将是非常有限的。

此外，我们必须承认人与人之间天分和兴趣的不同，并不是每个律师均可以通过转型考验，实现加薪升职的。这是为什么有些内部律师适合专家岗，而有的内部律师经过不断的自我修炼，最终可以顺利走上管理岗位，甚至成为总法律顾问的原因。对于未能顺利转型的法务，也无需过于担心。如果有自己愿意执着研究的领域，可以继续深入下去，成长为专家型律师，这也是有机会实现内部加薪升职的。

如何做好法务年终绩效考评？

　　每到年终考评，无论职位高低，公司法务均不由自主地滋生出"如临大敌"般紧张焦虑情绪。年终考评关系到调薪幅度和晋升的机会，每个人都知其利害所在。做好法务年终绩效考评，不仅是对当年法务业绩和工作能力的认可；更是为来年创造新的事业小高峰做准备的良机。就这个话题，本文拟从如何做好年终绩效考评准备工作、在考评过程中如何恰如其分地表现自己、在考评结束后如何后续跟进三个角度展开讨论。

（一）好的工作总结是成功的一半

　　考评首先要有依据，光嘴上说说是不够的。更何况"七分靠业绩、三分靠总结"；有的人平常表现中上，但由于总结做得好，最后得到更高等级的考评结果的事情也时有发生；准备一份既精彩又务实的年终总结很有必要。那么在上司的眼里一份好的工作总结的标准又是什么呢？

　　首先，工作总结宜重点突出、层次分明，令人一目了然而印象深刻；面面俱到的工作总结并不是一个好的呈现方式。具体到法务工作总结的写作要点，一份比较完整的公司法务工作总结所包含的要素及建议比重如下图所示：

编号	总结要素	建议比重
1	绩效回顾（主要 KPI 指标完成情况回顾）	20%
2	综合回顾（除主要 KPI 指标外，在财务、综合管理、流程提升等方面的情况回顾）	10%
3	经营中的法律风险分析及提示	30%
4	风险控制	20%
5	下一年度计划概要	15%
6	专业创新	5%

其次，法务工作的风险预判要求，使得风险提示分析及风险控制成为管理层关注的重点。和普通岗位的工作总结不同的是，绩效业绩回顾在其他岗位的工作总结中应属于重点，但在法务的工作总结中并不是重点。**绩效回顾无论是主要 KPI 还是其他综合的 KPI 都是对过去所处理的纠纷和法律服务支持的总结；而法务工作有风险预判的要求，仅仅进行总结汇总是不够的，要对症下药提示经验管理层在运营中所发现的法律风险并提出有效的风险控制计划。**

再次，下一年度计划概要在整个工作总结中起的是转承的作用。许多公司的年终总结和未来计划的设定时间节点不同。年终总结根据公司发放年终奖的时间而不同，可能是公历年的年末，也有可能按照中国的传统在农历新年前完成。而未来计划的设定则要再晚一点，一般在年度考核完成之后一个月到两个月之间，新年的工作计划指标也会需要相应地指定完成并落实到每一个责任人。**虽然总结和计划的时间点，在大多数的公司是分开的；但从公文写作的逻辑上而言，有总结就有计划；这一个环节在**

总结中起到的是转承的作用，且能为未来的新年绩效指标沟通起到一个概略的勾画和指引作用。篇幅无需太长，能有一个总体的轮廓和框架就足够了，细节可以留待制定详细的新年 KPI 指标时再另行商议。

最后，**仅仅遵循惯例完成工作任务于优秀的公司法律顾问是远远不够的，专业创新是工作总结中的亮点。**21 世纪是创新时代，即使是传统的法律行业，也需要创新精神。过去在专业创新上，公司法务给予的注意力普遍不够，公司高层给予的压力也比较小；加之法律行业本身的传统性和保守性，在专业创新方面的贡献实在是贫乏得很。但随着人工智能的快速发展，绝大多数公司都加大了对研发的投入，甚至在法律行业出现了法律机器人；恐怕再不做创新，就会被这日新月异的时代无情地淘汰。尤其是公司法务中的基础岗位存在这种风险的可能性不小，公司法务理应在专业创新上有所作为。

至于专业创新的形式，可以是风险控制方式的改革，可以是工作流程的大胆革新，这不是以摊派指标生搬硬凑的方式实现，而是自然而然地与公司的商业战略及发展阶段相匹配的应用式创新；毫无疑问，缺乏专业创新的年终总结是缺少点睛之笔的。

（二）面对面绩效沟通对考评的关键影响力

公司的年终考评形式多数由两个环节构成：书面写总结加绩效沟通。当按照上文的结构所拟定的法务年终总结撰写完毕并发送给领导后，我们该主动地和领导预约一次面对面的考评沟通和辅导模块。

谈考评沟通过程之前，先来回顾下年终总结的目的。年终总结，对于下属而言，是对一年的工作做归纳和梳理，是下属不断地承前启后、继往开来的时机；对上司而言，是了解下属的业绩完成情况和心理动态的一个好机会；对公司而言，是总结经营过程中的经验教训，提振士气、增强凝聚力的好时机。比较理想的情况是双方在面对面沟通交流后，就业绩的完成情况做出一致确认，成为当年晋升加薪发年终奖的依据。如果不幸个别员工在考核过程中出现绩效结果不及格的情况，则需要跟进后续的辅导计划，有可能还会多些环节。鉴于大多数的员工在工作中是能完成工作并予以定级的，我们在此文中仅限于最终通过考核的情形做讨论。

首先，沟通的时候，首先应该理性，避免让主观感受支配我们的行为，最终出现考评结果与预期之间的偏差。

没有完美的员工，也没有完美的上司。上司一般会在此阶段提出对员工的一些明确的建议甚至批评；上司指出员工的不足帮助员工提高是上司履行对员工的管理职责，员工不必战战兢兢、主观地认为上司的说法不公，或者认为其有偏向性地针对自己。不管上司说了什么，也无论上司的表达方式是否照顾到了员工的情绪，员工如果不能理智地对待上司的反馈，出现情绪上的强烈反应，甚至是对抗情绪，并不会让绩效考评的结果有所好转。这类反应的结果，十有八九考评的结果是降级。

其次，如果在考评过程中确实员工与上司之间存在对一件事情理解上的误差，需要的是精确、坦诚而不回避问题实质的沟通，对抗或者婉转的表示反而容易引起上司的误会。

精确沟通，要求描述清晰、界定清楚、用语简练，不会令人产生歧义。中国员工和上司用中文沟通，尚且有可能出现误会；在外企工作的员工，由于上司和员工生活成长的环境和背景不同，这种沟通上的误会就很容易

发生。如能做到表达上的精确沟通，就能很大程度上避免误解的发生。

坦诚沟通，并不是说员工要把的心思全部吐露给上司，而是就事论事，在彼此说到某件事的时候，能公开透明、信息对称，直面问题，说出自己的看法及理由，哪怕这个看法彼此并不一定认可。中国员工可能受儒家文化影响，当自己的观点和上司不一致时，往往不好意思直接说出观点。照顾到上司的面子无可厚非，但是在没有第三人在场的绩效沟通场合，说说自己的观点和理由并不会拂了上司的面子，除非用语激烈出语伤人。通过沟通，了解了对方的真实想法，使误解得以澄清，即使彼此的看法依然无法达成一致，至少彼此加深了了解，有助于帮助双方纠偏，做出相对公平的判断。

再次，在绩效考核过程中，千万不要当上司和员工讨论需要改进之处时，员工为了辩解而扯进第三方并背后打小报告。这不仅会使上司认为员工不诚恳，有逃避问题的嫌疑；而且背后打小报告，遇到正直的上司，这样做并不会有什么帮助。合适的做法是就事论事，说自己的问题，少说别人的问题。如果实在避免不了说到别人，轻描淡写地一句带过即可；切不可当成重点来描述，不失时机地"聪明"地打小报告转移视线。

最后，虽然在个人工作总结中并不适合写上书面的加薪晋升的要求；在面对面沟通的环节中，如果绩效辅导的结果尚可，可在接近尾声处向上司提出关于薪酬和晋升的想法。当沟通辅导接近尾声，交流想法后宾主尽欢，后一步自然是需要考虑来年给员工的加薪幅度和晋升等级。上司虽然已有自己的判断，也需要和 HR 沟通后再通知员工，但是如果员工在这方面有额外的一些要求，比如薪酬幅度上有高于公司政策的期待，则需要特别地和领导提一提。将自己的要求事前想高，一是方便上司和 HR 做提前沟通,避免按照公司政策普调薪酬后再根据个别人的要求额外地调整;二是有的出众的员工已经有其他机会,但如果公司能有诚意挽留,也会考虑留下来,直说是给自己和公司均等的机会。这是一个自然而然的过程,不应显得太唐突,中间的说话尺度,还需要公司法务自己去把握。

当然,其他在沟通上需要注意的点还有很多,譬如避免个人英雄主义将功劳都背在个人身上,避免浮夸,就不再文中一一赘述。

（三）考评后的行动方案和知识管理

公司法务和上级之间就绩效考评的结果达成一致并签字确认,无论对公司法务还是对法务管理者而言,并不意味着年终考评的结束。有经验的法务和法务管理者还会采取下列后续动作,来增强年终考核的目的。

首先,如果法务的绩效和预期存在差距,需要法务和其上司一起找时间制订针对特定员工发展的提升计划。考核的目的并不是简单地决定当年的年终奖,而是通过考核这种方式帮助法务来不断地提升和改进业绩。考核过程中上司不仅会传递其对法务的基本看法,也会不时地传递商业伙伴对法务工作的反馈。一方面,考核及绩效面谈结束后,针对考核过程中汇总的问题,公司法务可以自行拟定一个改进提升计划,围绕这个计划和上司进行讨论。另一方面,合格的关心下属的法务管理者,应积极地帮助员工确定适合其个人的发展及培训计划,让员工有发展的空间和明确的发展途径及努力方向。

一个员工的发展及培训计划大致包括以下内容:(1)个人发展及培训内容(需要培训项、目前水平和期待之间的差距、达成方式);(2)设定

达成这个发展及培训内容的周期;(3)预期完成水平（完成率）。不难发现，这个计划其实是针对考核过程中出现的改进项做的补充和提升计划；如果有个别改进项的完成周期比较长，建议可直接将改进项加入下一年度的考核指标中进行长期监控关注。

其次，总结创新、经验和教训，将工作中的亮点和所有员工共享。总结中的工作创新点就是法务工作中的亮点；一个稍有规模的法务组织的管理者，一旦确认某些员工的做法对组织有益，具有普遍意义，就需要及时地将总结中所发现的创新、经验甚至教训在内部做沟通交流。这个环节可以帮助公司总法律顾问将针对员工个人绩效提升的年终考核的意义，自然而然地延展到公司法务部整体业务和管理水平提升上，从而在内部建立内生型、学习型组织。对于普通的公司法务而言，一个法务部内的员工的经验往往呈阶梯状分布，经验丰富的员工的亮点对年轻法务无疑能起到"传帮带"的效果，使得每位公司法务的成长和发展能建立在公司法务部的知识管理的平台上，从而缩短经验曲线，提高成员的价值创造能力。

（四）总结

法务的年终考评年年做，但什么样的年终考核才算是一个完整而有价值的年终考核，并不是每个法务都心中有数。考虑到年终考核对职位晋升和职业发展的影响，本文从如何写好一篇得体的年终考核开始，介绍了如何做得体的绩效辅导沟通，以及考核后的后续方案和分享对法务个人和公司法务部的重要意义。希望能带给法务界朋友一些启发。

海外并购

公司法务在海外并购中的作用及常见误区——以浙江吉利控股集团并购瑞典沃尔沃汽车为例

海外并购时下称得上是个热门话题，针对此话题的各类研讨会可谓层出不穷。

原因有三。一是中国企业通过过去几十年的积累，具备一定的经济实力，加上中国政府在此方面的政策支持，有把企业做强、做大想法的中国企业家不会将眼光局限于国内市场的发展；国际化经营布局早已提上日程，只待合适的时机。二是企业本身也到了一个从粗放型以价格及数量取胜，转型到追求工匠精神以质量取胜的关键阶段，对技术、研发能力提升的追求是驱动企业走出去的一个重要原因。三是同一个等级、经营规模的中国企业家之间，在这个不进则退的时代，与普通人一样，存在着来自同类企业走向海外获得成功案例的竞争压力（Peer Pressure）。因此，在企业家的群体中，海外买了吗？是句时髦的问候语。

海外并购需要企业家掌舵，需要合适的时机，更需要一群"抬轿子"

的人，把企业家心仪的并购标的按照最优交易条件买回来。而外部投行、律师、会计师和企业内部的并购项目团队就是那群"抬轿子"的人。

由于海外并购对资金、管理实力的要求比国内兼并重组高得多，目前参与到这个领域的企业，集中在少数国有垄断企业和大型民营企业。对于这群"抬轿子"的人在海外并购中所发挥的作用，许多企业家尚未形成清晰的认知；即使是有过海外并购经历的公司，内部参与者对律师、投行、会计师所起的作用的认知也存在很大的误区。今天这篇文章以浙江吉利控股集团（**吉利汽车**）并购瑞典沃尔沃汽车（**沃尔沃汽车**）为例，针对公司法务在海外并购中所发挥的作用，做深入的剖析。

（一）海外并购交易流程——以浙江吉利控股集团并购瑞典沃尔沃汽车为例

吉利汽车在并购瑞典沃尔沃汽车之前，已经于 2006 年在海外掌握了英国伦敦出租车公司的控制权；2006—2008 年曾经想并购德国奔驰的 Smart 汽车品牌；2009 年初并购了澳大利亚 DIS 变速箱公司。可以说内部已经培养出了一批能够做海外并购的人才，但主要集中在少数具有国际化背景的高管中。

但发生在 2009—2010 年收购沃尔沃汽车的海外并购交易规模和复杂程度，是以上的并购交易无法比拟的。除了初期意向接洽阶段所知者甚少，在项目步入正轨后，集团选拔了内部最精干的力量参与到此交易中。**通过这个交易，在吉利内部培育了一批中坚力量的管理层，也培养了一批海外并购人才。从这个意义上讲，通过这次"蛇吞象"式的海外并购操练，**

为吉利汽车管理能力提升及迈向国际化打下了坚实的基础。这也是企业家们在并购中，除了眼下现实有形的并购利益之外，希望通过海外并购而实现的另一个无形利益。

我当时从集团法务部领导位置抽调到此项目，完全放弃了原来的工作内容，用了近两年的时间专注于此。相比此前参加各类其他跨境项目时的兼顾状态，成体系的学习海外并购的过程，令我受益匪浅。考虑到大部分读者可能并没有太多机会接触海外并购项目，我先以吉利汽车并购沃尔沃汽车为例，通过表1概略地总结海外并购的流程，然后再就公司法务在并购交易中的作用及其误区做相应的陈述。

表 1　海外并购的阶段和流程

意向阶段	谈判阶段	签约及交割
市场信息	入围	签约
交易意向	合同谈判	政府审批
尽职调查	合同草签	过渡期安排
提交主要条款书	资金验证	正式交割

表1虽然是对吉利汽车收购沃尔沃汽车的项目流程概要的总结，但也是其他工业类并购的典型流程，对其他行业的海外并购兼具参考价值。

（二）并购交易中对公司法务和律师的作用的常见误区

首先，企业管理者心态过于冒进，在海外并购过程，唯商业是从，认为付律师费没什么必要，只要有翻译在，合同文本翻译一下就可以把交易完成。

许多法务会提到在公司不受重视。典型表现之一是有重大项目的时候，财务早知道了，但法务恐怕是要等绕不过去了才会知道。这话虽然有一点发牢骚的意味，但说的的确是绝大多数民营企业的实情。**这反映了中国企业家群体和其管理层，法治经营意识缺失，对律师的信任度不够。虽说公司法务是内部人，但遇大事，依然是能躲则躲、能绕则绕。**

前年一个真实的中国企业海外并购案子就是在基本无律师参与的情况下完成的。并购对象在美国，标的为人民币 10 亿元左右，合同是对方提出文本，中方请英语专业八级的秘书翻译一下，发给内部关键人员看看给意见，再带着翻译谈一谈，请一个美国华裔的律师看，很快就签约了。

我因特殊机缘就此事和朋友交换了意见，出于好意，提醒了他们关于陈述和保证责任的要点、解答了最后的交割价格为什么会有调整机制、未来政府审批的注意要点、知识产权条款注意事项，以及美国的劳工、雇佣和环保问题上这些中国人不太重视但在美国很要紧要命的问题，并建议他们立即请美国所在中国的代表处或者中国做并购前几名的红圈所看看提意见，由美国并购经验丰富的律所出具意见后，再决定是否签约。很遗憾，管理层最终匆忙地签约了。

前文所举例的这桩并购是否成功尚需要时间检验，但**缺乏律师参与并出具意见的并购项目，出问题的概率大，是不争的事实。其实是否请律师或公司法务参与，关键在于决策者的风险偏好度。走出国门，文化传统、法治成熟度、政治和法律监管要求不一样，有国际视野的企业家应该意识到，虽然请了专业律师也并不能百分百排除风险，但至少可以根据律师建议的方向去和对方商谈，从而排除主要的交易风险，或者说不合理的交易风险——这是海外并购中的法律服务的价值所在。**

另外，公司财务或外聘财务顾问之所以在海外并购中的作用比法务或律师更被认可，本质上是交易离不开钱和税的缘故。许多企业在交易中重度依赖市场融资，需要提前做规划，是企业管理者眼中一个绕不过去的环节，这是法务和律师不具备的一个优势。**从管理的视角来看，中国民营企业内部其实是缺乏信息透明化机制的，信息封锁或者信息不对称十分普遍，注重用关系而不是法律解决问题，也从企业文化层面上增加了律师介入提供有价值的法律服务的难度。**

其次，管理者认可外聘律师的作用，但对公司法务在交易中的作用的认识模糊不清，过度依赖外聘律师。

虽然相比第一种对律师的作用完全无知，这种观点进步之处在于意识到了律师的作用。**但企业管理者由于缺乏海外并购的实际操作经验，对律师、公司法务在同一个项目里如何配合以达到最佳效果，并不十分清晰，存在着厚此薄彼的现象，难以达到比较理想的协同效应。**

在海外并购中，外聘律师业务能力相对中国企业的法务部强，很自然这就形成了强律所和相对弱的法务部配合的情况。比如在吉利汽车收购沃尔沃汽车的案件中，先不说交易结构和融资结构的复杂程度，仅仅从投资审批和反垄断审批层面而言，由于交易涉及 20 多个国家的业务合并和审批，不请一流的国际外所，是行不通的。那么当时的吉利法务部有 33 名公司法务，虽然研究生毕业的成员占比高达 80% 以上，能做国内诉讼的大有人在，但英语熟练能做海外业务的就我一位。这个差距自然可想而知。

企业的管理者也观察到这一现实，因此很依赖外聘律师。但如果过度依赖外聘律师，考虑到大项目中普遍存在成功费，顾问很想让交易成功，

客户想按照自己的底线做事彼此之间利益诉求不一致，什么是底线才是合理的，就成了外聘律师会反复游说客户妥协的问题。这时如果没有公司法务把关，其实是蛮危险的。**偏听偏信，不仅使得企业管理者失去自己的独立判断能力，也失去了公司利益最佳保护者公司内部律师的支持，带不出自己内部队伍，浪费了一次操练的好机会。**

另外，外聘律师虽然业务能力强，但是对企业情况不熟悉，**如果没有人从内部借他第三只眼，帮助他有效理解和消化公司的真实运营情况，加上公司政治在项目中的隐藏作用，再好的外部律师也无法有效地深入到公司内部去解决客户真正需要解决和防御的并购风险。**

再次，有的企业管理者认为，既然公司有了内部律师，只需要公司法务就可以把交易完成，不需要外聘律师参与。

这种认为公司法务无所不能，亦是企业管理者对公司法务定位的误解。公司法务就像是大企业里的全科医生，外聘律师就是专业医院里的专业医生。**岗位的不同、接触的案例的差异决定了他们的不同作用，一方并不能取代另一方的存在。**

即便企业有能力给出最有竞争力的价格从一流的律所挖到外聘律师为公司服务，**脱离了外聘律所一对多的事业平台，从事一对一的专业工作，久而久之曾经优秀的执业律师逐渐转变成公司内部法律顾问，局限于某个产业、某家公司发展，对这位律师而言不可否认存在技术上"吃老本"的情形。**这导致不少有追求的执业律师刚开始因为有竞争力的薪酬和生活工作的平衡性选择了公司法务，往往在几年后存在不同程度的反流律所的情形。同时公司法务部事务性工作源源不断，律师逐渐向管理者的定位靠拢，无暇在技术上深入，这也从另外一个角度要求公司考虑请外聘律所在大项目时的技术更新及工作支持。

成熟的企业管理者，该如何正确定位公司法务和外聘律所在海外并购交易中的作用？

（三）法务在整个交易中的关键作用——以管理角度为例

首先，公司法务负责人参与并购项目外聘律师的选聘，和项目负责人一起就此事做出决策。

过去律所选聘大多由公司高管直接选定，或者参考投行的建议选择。这种方式的好处是项目负责人对外聘律所有足够的控制权，对整个项目的控制力会相对较好。毕竟财务和法务在海外并购中的作用相当于两大支柱，控制了法务和财务就基本控制了项目。

这种操作方式的缺点有二。缺点之一是项目负责人由于缺乏对律师业的了解，对行业知识和业内知名度的了解不到位，容易导致钱花了人没请对，或者在费用结算时由于对律师业行规的陌生闹纠纷。缺点之二是外聘律师对公司内部不了解，如果没有公司法务部的支持和引领，外聘律师在公司内部寸步难行。譬如面对浙江吉利控股集团在香港有上市公司，在内部有几百个子公司几大产业、几十个副总裁组成高管队伍，股权结构复杂的企业，**最坏的结果是，项目负责人掌握了律所控制权的同时，处理不好和公司法务部的关系，得不到内部支持，事情无法得以在内部有效推进和执行，耽误项目的进程。**

有谋略有战略眼光的项目管理者，看到的不仅仅是项目，而是如何让项目有效地在内外之间运行，让外部顾问团队和内部团队彼此通过有效的

磨合达成最佳的协同效应，因此需要在选聘律所阶段邀请公司法务部负责人参与并听取意见。

其次，海外并购项目的法律负责人作为公司的全权法律事务代表，是公司法律事务内外连接的桥梁和所有对外法律文件的唯一出口。

对于海外并购项目负责人而言，法律工作有许多属于事务性的，这其实是很磨人的。如果能找到内部足以胜任的人担当此角色，无疑将从项目负责人的肩膀上卸下很大的一个负担，使其可以专注于其他更重要的事项上。

项目法律负责人一般由公司的法务负责人兼任。以吉利汽车并购沃尔沃汽车为例，**首先，在并购项目的架构安排上，法律组作为并购项目中的一个组别和财务组、项目办、研发、生产制造、销售处于并列的位置。其次，项目法律负责人有权作为公司法律事务全权代表，就交易文件和对外政府审批文件签字确认。再次，法律组负责人是对内对外法律文件的唯一出口。**如外聘律师团队无论是向中国政府监管机构或外国监管机构报送的法律文件，需由法律负责人最终代表公司签字确认；合同谈判关键交易条款和最终定稿文本需法律负责人代表公司确认。**最后，在沟通上，外聘律师团队在交易过程中需要公司内部沟通的事项，统一由法律负责人进行，避免交叉沟通引起信息误解和内部声音不统一。**

但也必须承认，海外并购项目并不常见，一个经验丰富、能让公司管理层完全授权的内部法律负责人，在大多数民营企业内部是十分罕见的。这就需要海外并购项目负责人有一定的容忍度，并愿意在前期给法律负责人足够的支持和必要的导入，逐渐带出合适的人。这一点，是吉利汽车收购沃尔沃汽车时的真实情况的写照，也是其他知名企业未来走向国际化过程中可以借鉴的一点。

再次，法律负责人代表公司在并购过程及结束后就项目所发生的律师费用进行结算和清算，包括基本费用和项目成功奖金。

这点也是并购项目法律负责人从管理视角考察基本工作内容之一。法律费用结算涉及法律业的行规和一些内在的约定机制,哪些收费是合理的,哪些收费是不合理的，要商业人士去判断，显然是既不合适又浪费人力资源的一件事。而公司内部法律负责人，其日常工作中需要大量就此类事宜和外聘律所打交道，对外聘律所工作成果，其作为业内人士最有发言权。因此企业的 CEO 也好，海外并购项目的负责人也好，**把事情交给专业的人去做，无疑是明智的做法。**

（四）法务在不同并购阶段的现实作用——以专业角度为例

并购中最理想的状态是，公司法务全程切入海外并购项目，贯穿意向阶段、谈判阶段、签约及交割阶段，并为之提供连贯高标准的法律服务。但不同的项目阶段，重点和要点不同，律师在交易中的重要性也是逐渐为人所知。另外，考虑到公司内部在法务人力资源的配置上往往存在不太充分的现象，每个阶段短则一两个月，长则半年以上，因此对项目组的法务负责人而言，有的放矢抓重点是王道。

1. 意向阶段

在意向阶段，海外并购法律负责人的重点应落在尽职调查和主要商业条款书（Term Sheet）的拟定、修改和确认上。

市场信息多数由有经验和渠道的商业人员从可靠的渠道获得，交易意

向的确定也主要是双方高层表白和考虑的结果，商业为主比较妥当。从尽职调查开始，对法律从业者而言，好戏才真正开始。尽职调查时查阅卖方提供的电子数据库，可以交由有经验的律所筛选识别，但是到了现场实地调查阶段，公司内部律师的参与是外聘律师替代不了的。

以吉利汽车并购沃尔沃汽车为例，现场实地调查，除了落实一些有疑问的问题，也是和并购标的同职位的人（match peer）建立起一对一的对应联系的机会。比如当时我和瑞典沃尔沃汽车的总法律顾问及并购标的管理团队集体见面、互相介绍、安排一对一时间，可以邀请有经验的外聘律师一起参与，但包括法律负责人在内的并购团队的内部成员应该起主导作用。

对于外聘律所出具的尽职报告，公司法务需要和律所就报告内容进行逐条沟通，以便共同识别出哪些对企业而言是真正在意的风险，哪些方面内容企业想知道但未能得知而需要继续去和对方沟通跟进，哪些方面外聘律师认为是风险但是企业认为是行业操作惯例等。**通过外聘律师和内部律师的沟通协商，最终识别出尽职调查报告中不同等级的风险，可要求卖方未来在交易中提供担保、进行价格磋商，并作为后续主要商业条款书拟定和修改的重大依据。**

主要商业条款书（Term Sheet）虽不是正式合同，但如果在主要交易条件上双方分歧太大，几乎没有什么可能进入一对一谈判阶段。律所会根据市场普遍接受的交易条款拟定内容，一般是标准条款加上卖方的一些特殊考虑。对于主要商业条款书，公司法务要和商业团队一起进行分析，尤其是对有可能影响公司并购战略实现的商业条件是否在商业条款书中有充分的保障，待内部达成一致意见后，向外聘律师提出相应的修改意见，最终确认后提交给卖方。**就技术层面而言，需要把握一个文本的修改尺度问题。这主要是由买卖双方的谈判能力决定，公司法务要和外聘律师团队沟通到位。过度的修改，或者过分的妥协，都不利于交易达成。**

还有一个要点，我认为是有经验的总法律顾问在这个阶段需要做的。**由于外部律师对公司内部十分陌生，有必要为外聘律师准备一份"引导清单或指南"（Do-Don't List）。这一是帮助外聘律师团队理解公司管理架构的需要，尤其是那些在管理架构上看不见但实际运行的潜规则；二是帮助外聘律师理解客户企业的企业文化。许多外所在海外并购技术上接近完美，但他们真正的中国客户有限，所以帮助中国客户做海外并购过程中所遇到的文化挑战，才是他们这样的全球化大所面临的真正难题。**

我认为这样一份引导清单或者说指南，对外来支援的律所战友是非常有价值的；反过来对公司法务而言，藏着掖着对合作并没有什么好处，需要开阔心胸保持开放心态，外聘律所在项目中起的作用相当于我们的左膀右臂——这份清单可以帮助彼此合二为一成为"不可分割的法律组"。

2. 谈判阶段

到了谈判阶段，真正的大戏才上演。在海外并购的谈判阶段，如果确定了主要交易条款符合双方期待，买卖双方接下来会组织各自的谈判队伍，和各自的外聘顾问们一起，就交易会涉及的各方面展开深入的谈判，以期达到期待的交易条件，为签约做准备。

这个阶段有几个特点。**第一，谈判人员涉及面广，就制造业企业的并购而言，涉及制造、研发、生产、采购、销售等各环节，需要分别从企业内部抽调人员组成精干的队伍，齐头并进展开谈判。**

这对企业的人才储备是个不小的挑战，同时法律负责人要能帮助团队

配备足够的法律人员跟进。比如在吉利汽车收购沃尔沃汽车案例中，交易的时机非常重要，我在并购中的一个重要体会是我们在和时间赛跑（race against time），这就要求我们只能并行组成八个专业组进行谈判。因为公司内部有涉外业务能力的律师奇缺，我必须同时出现在八个组的谈判现场，这对我的体能、耐力、专注力都是极大的考验。因此项目签约之日，集团对我的贡献总结成了一句话"以一己之力，牢牢地为公司锁定了项目风险，保障了公司利益"；交割后，我的贡献得到吉利汽车的认可，获得了公司的嘉奖荣誉。但过了这么多年，当我想起天天在不同的会议室进进出出赶场的场景，我总在想，如果当时吉利汽车已经有足够的内部涉外律师配合我工作，也许能把事情做得更完美。

第二，谈判内容深入具体，关系到并购后能否成功整合，每一个不起眼的小条款都有可能成为阻碍谈判进展下去的绊脚石；谈判负责人的性格也有可能造成谈判场所火药味甚浓，甚至进入僵局。法律负责人就要和内部不同方向谈判团队负责人做及时充分的沟通，理清关键问题、沟通到位、风险判断准确以推动交易的进行。

法律负责人要有能力及时地帮助团队理清关键问题，帮助团队从针对细节和情绪的争吵中回归到理性的交易中。记得并购中，曾经有一段时间因为模具的归属问题，生产组的谈判进入僵局；在知识产权方面，因为有分歧，也出现了类似的情形。经过讨论和识别，我们认为生产组现在必须明确模具归属的要求，已经通过另外一个条款得以保障，不应成为交易的障碍。而知识产权方面的问题，却是真正的风险所在，需要双方团队在框架上放弃原有合同文本，重新构建一个合理的知识产权交易体系。

第三，法律负责人要重视细节，更要关注大局，尤其是要关注到不

同法律文件之间的关联性，要有全局观和系统观。譬如对知识产权协议中的约定做一个小小的妥协，就有可能引起生产、销售、研发等方面的连锁反应，牵一发而动千钧。外聘律师在项目中也是分团队工作的，项目的法律负责人就需要和外聘律师团队的案件主办律师及时交换意见，有战略眼光，能看到细节，更要考虑到基本面和大局。

第四，法律负责人要及时把公司的交易底线和外聘律师团队做充分沟通，避免因东西方不同交易习惯、文化和对客户并购战略不清晰而引起误解。在海外并购中时常会遇到不同国家法规、文化和交易习惯的差异，外聘律所普遍根据英美并购市场上通用的条款制作的交易文本，虽然都会咨询他们在中国的合伙人从而加入了和中国法规政策相关的特殊约定，但客户有自己的并购战略和底线，这一点项目的法律负责人如果不和律所做充分的沟通，就可能出现不必要的误解。

第五，从心态上，法律负责人要真正承担起责任，充分信任律所之余，要仔细研读核心交易文件，对主要交易条件做到心中有数，做甩手掌柜是行不通的。

并购交易千头万绪，工作量是巨大的，外聘律所的存在，客观上创造了项目负责人做甩手掌柜的条件。再加上民营企业的法务负责人在英语上或多或少存在障碍，也增加了他们认真研读条款的难度。律所和客户虽然在绝大多数事情上方向是一致的，但是为了促成交易获得成功费，方向不一致的情况时有发生，项目的法律负责人如果自己不研读法律条文，是一件很危险的事情。即使是双方利益完全一致，如果项目负责人对主要交易条款的理解，完全来自外聘律师的解读和输入，并不能理解它存在的机理和背后的逻辑，如何去说服 CEO 签署文本，也存在巨大的问号。

就吉利汽车并购沃尔沃汽车交易而言，我读过的法律文件至少有超过
1.5 米的高度，由于精力和阅读速度的牵制，许多文件我是利用国际长途
飞行中的 10—11 个小时读完的，有些文件也曾通宵阅读。我无法每一个
细节都读得很仔细，但是主要交易文本比如 SPA、知识产权协议、生产及
采购协议等，都是细细读完。遇到有疑问的，及时和外聘律所沟通，即使
承受内外再大的催促和各类压力，也要弄明白了再签字确认，以做到我代
表公司签署确认的文件，我心中有数。

3. 签约及交割阶段

最后，签约和交割阶段，尤其在反垄断和海外投资审查中，起主导作
用的是公司内部律师，其组织和沟通能力极其重要。

不少人以为签约交易就成了，这是一种错误的理解。签约仅仅是双方
就交易条件达成一致，海外并购在政府审批中终止的不在少数。并且即使
政府最终给予双方审批通过，但如果不能在 SPA（股权购买协议）约定的
交割日之前，获得完成交易所需要的政府审批，交易即流产，有责任方需
要付分手费。

政府审批的存在，让交易结果变得不可预测。在吉利汽车并购沃尔沃
汽车案件中，律所最终识别出有 20 个国家和地区在四个月内需要获得所
有国家和地区的审批通过，包括情况不明朗的俄罗斯、乌克兰和中国发改
委、商务部，否则交易流产。提交文件的基础是及时报送审批材料，材料
来自公司内部。这时如果项目法律负责人不能发动公司内部上上下下及时
准确提供材料，这是不可能完成的。同时这也是需要严肃认真的时间上的
承诺和精力上的投入，有大量的内部外部沟通工作需要做，由外聘律所来
领导内部团队提供资料显然在效率和沟通上会差强人意，因此最后领导决

定这个部分由我主导。

起初外聘律所根据他们过往服务客户的经验，对此抱悲观态度，尤其是融资结构中不停的有新伙伴的加入，直到 4 月中旬才最终确定，这又为审批增加了不少的难度。更要命的是，我们的投资人所属的公司有政府背景，读者也许想象不到，就连提供投资公司的法定代表人身份证这样的小事情，也需要政府常委会决定。最终通过大量的解释和说明工作消除了合作伙伴的疑虑，我们顺利取得在反垄断和政府审批中需要的基本文件。

另外，内部信息收集的难度不在于费力，在于确保报送的材料和数据的准确性。有些材料和数据根据我对集团的了解或者常识，一眼就看出来有问题；有的则在几个数据之间存在偏差或者冲突。这些都需要和内部相关负责人沟通确认后才能对外发送，因此审核和确认很关键。另外根据收集到的信息，律所需要针对每个国家准备报送审批的报告，每一份报告最终需要我签字后提交。每周我都会和律所通过电话会议讨论不同的报告内容之所以这么写的理由和它背后的逻辑，并制定了一个时间管理表，做到心中有数。

最终我们和外聘律师的合作堪称完美，不分日夜的通力协作使我们报送的材料于 2010 年 7 月 26 日全部审批通过，2010 年 8 月 2 日正式交割，变不可能为可能。

（五）总结

我用一个表来总结外聘律师和公司法务部在不同阶段的职能强弱问题（表 2），读者会发现，两者在不同阶段各有强弱、各司其职才是最佳拍档。

表 2　外聘律师和公司法务部在不同阶段的职能强弱对比表

阶段	外聘律所	公司法务
意向阶段	主导	辅助
谈判阶段	势均力敌	势均力敌
签约及交割阶段	辅助	主导

海外并购是一个复杂的系统工程。从统计数据而言，只有大约百分之二十的海外并购最终被证明是成功的。过了八年当我们回顾总结时，我可以骄傲地说 2010 年交割的吉利汽车并购沃尔沃汽车案就是其中成功案例之一。

当时我作为项目法律负责人专注于此案件中，没来得及跳出来从另外一个角度观察并购案的得失，包括我个人在其中所扮演的角色的作用和所获得的经验教训。项目结束后的五年内，由于保密协议的约定，我不宜公开评价此案。随着时间的推移，中国"走出去"进行海外并购的企业越来越多，但有大型海外并购经验并深度参与的公司法务人才稀缺，我认为是时候和大家分享一下我对公司法务在此类海外并购中应该起的作用以及管理层可能存在的误区的认识。希望对同行和中国有国际视野的企业家有所帮助。

文章的观点仅仅代表我个人观点。**希望企业管理者面对海外并购时，第一能充分注意到海外并购的法律风险；第二能充分理解公司法务和外聘律所在交易中的不同作用和合作机制；第三能充分理解交易不仅仅是生意，带出一支自己的内部律师队伍，有百利而无一害，是需要做也是值得做的投入。**

中国企业海外并购后
如何构建海外法务管理体系

　　我的海外投资并购的经验，是随着中国本土企业走出去的过程而积累获得的。工业并购有它的复杂之处，不是国企土豪式的买买买能比拟的，尤其是当两家企业在国际上的影响力和商业实力都强大的时候。在吉利汽车并购沃尔沃汽车过程中，作为曾在一线奋战，伴随着枪炮声突出重围的吉利方并购法律组负责人，我对本土企业海外并购得失有深刻体会。

　　并购成功后，经历了企业的整合之殇。最终抱着向先行者雷诺日产联盟致敬学习的心态，我出任了法国雷诺汽车中国区的总法律顾问。在近五年的雷诺职业生涯中，不放过任何一个机会去观察寻找——过去我所经历的并购整合中没有解决的类似问题，是否在雷诺日产联盟这两家东西方企业的整合实践里，存在更好的经验和做法。作为内部人，找获得的信息充分，再加之自身的投射反思，可谓收获良多。

　　曾经有很多人在不同场合问过我，并购经验你准备烂肚子里了？确实，除了并购结束后作为 Panelist 为并购时候的战友英国福尔德律师事务所在香港北京两地研讨会站台之外；就是为 Johns Day 美国

众达所的中国团队做过关于并购中律师如何提供高附加值法律服务的交流；其他场合，我选择三缄其口。原因之一是有为期五年保密协议制约，我不方便说；况且即使没有了保密协议的制约，职业素养让我有意地想回避谈论其中的商业核心机密。原因之二是我想读者想听的应该不是并购中的花边新闻，而是要点难点。要回顾并购，一需要时间的深度以便充分地考察并购得失；二需要丰富的维度来观察和回顾。简单地说，当我们探讨并购中的法律问题时，需要有跳出法律框架从更大的格局去观察的能力和勇气；而作为讲述者的我，也需要沉淀和飞跃。

时间和经历是天然的沉淀器，学习和反思是最佳的飞跃器，它们最终帮我抽丝剥茧、直观内核。这个沉淀和反思直到我上中欧国际工商学院时，达到了一个高峰。在并购课和战略课上，经过教授的指点，我把反思和体会做了简要书面回顾，并和过去并肩战斗的项目负责人一起做了交流。时过经年后的回顾和交流、商学院的理论支撑和近年来任跨国公司总法律顾问工作经历所带来的全新体会，三者相互碰撞，终于将我脑海中吉利并购沃尔沃的整卷画轴，变得立体而饱满。

最近因机缘巧合，投资并购的话题一次次地被提及。我作为知名并购案的亲历者，当初的体会如涓涓细流，经过七年的沉淀和提炼后，汇聚成河，有呈奔腾入海的磅礴之势。关于海外并购的法律事务，自己的体系化看法已形成，十分欣喜。

今天我就本土企业并购后如何构建海外法务管理体系的一些看法，和大家交流分享。

（一）并购后建立海外法务体系的基础是什么

并购后，**第一步想到的是如何招兵买马派自己的人到海外去接管企业；第二步是如何建立一个有远程管控能力、以中国为基地的跨国集团总部**。这是一个总体趋势。

一思考难题就出来了。**一是中国的人才国际化程度和经验度比西方国家落后，现实与期望之间的鸿沟如何填平成为难题**。民营企业家对忠诚度是有要求的，对"自己人"这三个字是有热切期望的；而西方国家人才培养体系成熟于中国。在实践中，中方认为是人才的人，派到被收购企业所在国，其能力资质往往和该职位上原有人才难以匹敌，处于十分尴尬的境地。殊不知，对中方来说，派出去的人往往是能在市场上寻觅到的最好人才，或者虽然不是最好，但对企业的忠诚度是有保障的人才。**二是如何建立一个有效的涵盖境外企业、有远程管控能力的集团总部，统筹控制风险的问题**。中方派去的人一般很难被接纳并开展工作，这时，怎样对被并购企业进行整合和风险控制，这成为走出去的本土企业需要慎重思考的问题。

在此大背景下，考察本土企业在并购后建立海外法务体系的可行性，首先要考察企业是否有建立海外法务体系的基石。而**基石我认为在于两点：（1）本土企业是否有长期积累的法务文化的存在；（2）其国内法务体系是否完善和成熟，是否和企业的战略及文化匹配并具有国际输出能力**。

一谈到这个问题，很多企业肯定地告诉我，法务部已经存在 10 多年，甚至 20 多年了，企业长期存在法务文化。我觉得仅仅凭这一点而言，只

能算企业有风险控制意识，谈不上企业有法务文化。**首先，法务文化和企业家风险意识的深浅息息相关。**大的民营企业虽有比较健全的公司治理机制，但依然是围着老板转的企业文化；如果企业家本人缺乏法律风险对公司经营存在重要影响的意识，那么即便有法务部，法务部也难有作为。**其次，法务文化还在于企业所组建的法务部是否能在公司实际运营中实施有效的风险管控。存在和发挥实际作用，是两个层面的问题，存在不等于有效。**一个存在了 20 年却并不专业的法务部，是很难谈得上有所作为的，更谈不上通过实际工作将法务文化影响到公司的每一个层级架构中。

理解了我所说的法务文化，现在我们再回过头来审视本土企业的法务文化是否存在的问题，我相信不少本土企业的主人会收起这份自信。仅以存在法务部这个单一考察维度来说明企业有法务文化，是很难有说服力的。

当然我相信本土企业中也有先进的法务部和好的法务文化，尤其是在当下法务人才在跨国公司和民营企业之间的交流日益密切的时代，但缺失法务文化的法务部在本土企业中依然占了大头。当回到如何在海外建立法务体系的问题时，一句话："根基不稳，何谈输出？"对中国走出去的本土企业而言，不要急于输出，而应该快速自我升级，稳固根基再谈输出。

（二）海外法务体系意味着什么

海外法务体系首先意味着法务文化输出。不同的企业有不同的企业文化，随之带来不同的法务文化。比如我到雷诺任总法律顾问的前两年，我对 "Renault Way" 把握不太精准；相反 "Volvo Way" 在我身上的痕迹更为明显。沃尔沃的 "respect for customer, care for employee" 的精神对我

236

影响很深。举个小例子来说，来雷诺的前两周，新同事们找各种借口来我的办公室，一是由于好奇新的领导者，二是我的穿着是严肃北欧风格正装，和雷诺的五颜六色相对有激情的着装风格差异比较大。随着我在雷诺的工作时间增长，我渐渐明白了黄色菱形车标背后所代表的激情与速度，熟悉了灵活民主运作管理方式，明白了花花绿绿的着装后所蕴含的源于法国的自由、平等精神。

回到法务文化层面，不同的企业有不同风格。同是车企，相比沃尔沃"强总部弱地区"式法务文化；雷诺是"弱总部强地区"——本土法务团队在本土事务上更有自治权和发言权。**作为本土企业，"走出去"的时候会带有自己的独特气质；这种独特的气质，便是它的企业文化，在此基础上，从而衍生出相应的法务文化。**建立海外法务体系的第一步，是界定清楚企业的气质特征；结合本土企业并购战略和企业文化，确定母公司的法务文化，这是输出的基石。

其次，建立海外法务体系意味着法务制度输出。制度是法务文化的体现。文化务虚，注重感受和领悟；制度务实，偏重实际实施。**制度是根，文化是魂。如果没有制度的根深扎到海外子公司，管控无从谈起。这并非事无巨细的中国式汇报请示，而是有的放矢的企业文化落实过程。让海外子公司有效独立的运营，让听到枪炮声的人做决定，是管控的精髓。**

具体而言，制度可以涵盖招投标、合规、合同评审、重大项目诉讼案件汇报、知识产权等各个方面，重点是权责清晰、界限分明、容易理解，并需要本土化，请当地律师审阅，看是否和东道国的法律法规相抵触。

（三）是否向外输送懂外国法的本土法务人才

这个问题，是很多总部会左右权衡的问题。但解决方法往往会走极端：要么希望在人才市场上找个能懂各国法域法律法规的全才；要么就急切地希望送自己的法务人才到海外子公司蹲守。这种现象非常值得探讨。

首先，通才是不存在的。 我们学习本国的法律成长成才尚且需要10年以上的过程，以我们有限的寿命来看，即使拼命努力学习并且机遇奇佳，能通晓两三国的法律制度就实属罕见了。有的本土企业在海外许多国家有企业，如果抱着这个希望去找能通晓各国法律的通才，这恐怕是会令人失望的。

其次，虽然一名律师成为通晓各国法律的通才不现实，但如果能借助海外投资所在各国优秀律师之力，妥善地委托和管理，形成有效的风险控制体系是可行的。 这就需要本国的总公司的法务人才具有国际化背景和国际化法律资源，特别是在海外大型项目中对律师团队的管理经验就非常重要，合作与管理方能使本土公司立于不败之地。

再次，在海外建立起法务团队有一定必要性，但派驻本土法务团队成员到海外需慎重。 海外的子公司产值达到一定的金额标准，或者员工人数达到一定标准，从人力资源的角度配备法务人员是有必要的。但回到我们在文首曾提到过的本土企业能获得的最好人才和所在国企业的法律人才的专业度之间的差距，派不派法务人员出境工作需要三思。在过往的经验中，我见过不少派驻人才无法得到当地公司管理层认可并顺利开展工作的境况。相反，我认为可以大胆地考虑在本地招聘东道国成熟的法律人才做当地公司法务，这相对于派出有忠诚度的自己人，更容易开展工作并被东道国的管理层接纳，从而为东道国子公司提供及时有效的法律服务。

当然从人才培养的角度，有时候也需要派几位有潜力的母公司法务去学习历练，但这应该是少数，而不是大多数情形。**更重要的是，作为本土企业，既然有向外发展的抱负，在用人方面也应有"白猫黑猫，抓到老鼠就是好猫"的格局，管它黄皮肤、白皮肤、黑皮肤，能为企业发展做贡献的，就该大胆用。**这也是国际化管理者应有的胸襟和格局。

再谈中国企业海外并购后，
如何构建海外法务管理体系

2017 年 5 月，我总结了吉利汽车并购沃尔沃汽车收购和整合过程中的一些经验教训，写了《中国企业海外并购后，如何构建海外法务管理体系》一文。同年 11 月，应浙江省法律顾问协会邀请，我在全国地方性法律顾问协会论坛上专门就此话题做了主题发言。有读者和到会嘉宾留言，这方面的探讨前沿而先锋，希望我能继续就这个话题做一些后续分享，这篇文章既是我的进一步反思和探索，也是对留言的回应。

（一）寻访全球总法律顾问并提供统一的法务管理平台

构建海外法务体系，落到实处，除了企业家要有战略眼光，归根结底要靠人去完成。一方面，全球化的企业需要全球化的人才，企业家的任务是找到匹配的人，让合适的人去做合适的事；另一方面，向海外扩张发展的企业的实际情况是，他们法务团队的实力，多数只能支撑国内发展，并不能支撑全球化发展的需要。随着全球化浪潮的不断深入，中国企业驾船出海的弄潮儿层出不穷，要构建全球管理总部，建立海外法务管理体系，首要任务是给集团法务部寻访合适的当家人。

不可否认，全球总法律顾问在企业全球化经营体系下的重要性日益显著，他们担任董事会和首席执行官的战略顾问，在企业间兼并收购、联盟合作、风险管控、网络安全和新市场进入等一系列事务中提供专业意见。全球总法律顾问是具备丰富的国际化经验、强烈的法务领导力和高度战略敏锐度的总法律顾问。而能和上述要求相匹配的人才，毫无疑问，在许多走出去发展的中国企业的原有法务体系内是罕见的，需要向外寻找。现阶段，民企的企业文化比较本土化，品牌对国际化人才的吸引力有限，工作氛围相对野蛮生长，薪资待遇上套路多；综合而言，对于国际化经验丰富的法务总监，吸引力并不大。

再者，值得一提的是，企业意识到了国际化人才的重要性仅仅是第一步。即便是企业对国际化高端人才具有吸引力，不少企业由于历史发展的原因，原有的法务部由创业元老兼管；虽然企业已经发展到了必须由专业出身的法务总监来领导法务部的时候，但企业内部的权力调整显得力不从心。企业家往往出于权力平衡和牵制的考虑，折中方式是将海外法务部和国内法务中心分开管理，此类情形在民营企业尤为常见。笔者因为在海外并购上积累的小经验，机缘巧合，见过不少此类状况的知名民企。

正如我在《中国企业海外并购后，如何构建海外法务管理体系》一文中所提到：**海外法务管理体系的构建，与国内的法务中心是否能提供坚实的战略和战术上的支持大有关系，是一枚硬币的两面。现在许多民企所奉行的"分而治之"的法务管理方针，并不能提供适合的海外法务体系构建的土壤。**

民营企业家应该意识到，**提供有竞争力的薪酬寻访高端人才成为海**

外法务体系的领军人物，是一个方面；提供一个可靠坚实、内外统一的法务管理平台，由全球总法律顾问统一管理，是决定事情成败的另一个方面，两者有机统一、缺一不可。而后者对许多民营企业而言，涉及内部组织结构的梳理，比出有竞争力的薪酬全球寻访人才更是难上加难。反过来，这也是国内许多企业谈建立海外法务管理体系多，而实际的推进进度艰难、不断出现反复、高端国际化人才无法长久扎根、存活率低的重要原因。

（二）"弱总部、强地区"与"强总部、弱地区"的选择

引来"金凤凰"之后，最重要的就是定战略，俗称定调子。既然构建海外法务体系，那么它和总部的法务管理体系是什么关系。换句话说，想要海外法务部在整个集团管理中发挥什么样的功能。这是这部分我们将探讨的内容。

强或弱，是相对而言的。建立海外法务体系时，强弱的选择归根结底要有利于企业的生存和发展，而不是闭门造车做决定。回到战略定位层面，应和企业的整体战略、集团总部综合实力及总部管理消化吸收能力挂钩。

总法律顾问在向企业家做这个提议时，应以商业逻辑及商业指标为导向，提出海外法务管理体系的调子。总法律顾问需考虑并购企业的自身整体实力，及被并购标的的实力或者海外被收购子公司的实力；考虑企业设定的并购战略意图，是快速扩大市场份额占据领先位置，还是看重了对方的技术和管理实力等；权衡海外市场在全球市场所占据的份额，以及海外市场和中国市场份额的对比；考虑总部和海外子公司之间的并购整合后所处的阶段等因素。如果中国企业在海外的并购企业数量很多，务必要

考虑海外企业的总体营收、利润率等指标，应对整个集团的指标进行权重和考量。

如果并购是类似吉利汽车收购沃尔沃汽车的"蛇吞象"案，中国公司实力不如目标公司，那么并购后筹建海外法务体系，采取"弱总部、强地区"的管理模式作为法律统筹管理的起点，比较务实。实力指标可以从年营业收入、利润率、市场份额、经营范围、员工人数、企业存在年限、品牌知名度、国际影响力等角度进行综合分析。

收购沃尔沃汽车后，2010年我从吉利汽车转沃尔沃汽车工作。吉利汽车虽然是百分百对沃尔沃控股，但由于"蛇吞象"交易的现实，吉利和沃尔沃采用了独立运营、分而治之的方式。同时瑞典总部对当时的沃尔沃中国在法务层面上的管理也是强势而严格的。具体包括每周与总部法务部的周会、每月一次去总部述职或者总部派律师到子公司检查工作，政策上无差异的承袭之类。当然，近年随着沃尔沃亚太在沃尔沃集团全球战略中所占的重要性不断提升，在总部和海外子公司的法务管理体系的关系和作用上，会适时地进行相应调整。**总部和地区之间的关系，无论是财务、法务或是综合管理，显然是动态的、需要不断重新审视的关系；尊重事实、尊重商业逻辑来定调子，是核心。**

如果母国或其他主要市场的市场份额太大，海外子公司所在国的市场在集团的战略版图中贡献较小，也会采用"弱总部、强地区"的模式。2012年我出任雷诺汽车中国区任总法律顾问后，最大的变化是，由于中国市场所贡献的营收和集团整体营收相比比重较小，地区正在快速发展需要法务配合商业团队就市场变化做出快速反应等原因，相对当时的瑞典沃尔沃汽车集团法务部对沃尔沃中国的法务管理，法国雷诺汽车股份有限公

司对雷诺中国采取的是地区高度自治的法务管理方式。

首先，从汇报逻辑上，以中国区 CEO 为主，总部的总法律顾问为辅；其次，虽然总部的法务、合规文化及政策需要继承，但有全新的提议也可以讨论，只要合理就通过，前提是政策有利于中国市场的发展；再次，总部的总法律顾问虽是汇报线中的一条，但完全属于中国的法律事务无需汇报，唯独涉及亚太层面讨论的重大法务问题需要汇报，比如反垄断事务、重大立法、重大集体诉讼；中期和年度也会向雷诺总部的总法律顾问去巴黎做面对面述职、每月一次亚太法务总的联席会议，但主要目的是亚太各国的法总之间互相交换信息、交流管理经验以及进行必要的跨国合作，而非总部强势监管；最后，充分尊重东道国法总的专业意见，律所聘用权下放。

毋庸置疑，在"弱总部、强地区"法务管理模式下，地区法务管理者有比较大的自主权，但要注意管理模式背后商业逻辑上的明显区别。对比我所曾经工作过的雷诺汽车和沃尔沃汽车，不难发现，沃尔沃汽车是并购后整合的案例，由于收购方整体实力比较弱，目标公司实力强，所以最终采用的是"强地区、弱总部"的管理模式。但雷诺汽车的总部和地区关系，是建立在业务自然延伸而发展的基础上，它之所以采用"强地区、弱总部"的管理模式，并非是出于兼并收购后实力的博弈，而是建立在总部对全资子公司管理层的信任与尊重的基础之上的。

虽然总部与地区之间的法务管理模式在不同发展模式的全球化公司之间可能定的调子是相同的，但支撑管理模式的商业逻辑发挥着强大的作用，导致管理细节上产生的放大作用显而易见。另外，基于不同的商业逻辑所形成的法务管理关系是动态的，随着情势变更而变更。对筹建

全球法务管理体系的总法律顾问而言，要有前瞻性而不宜孤立地做考量。再者，应避免在地区内"一刀切"，对地区内不同的国家应予以逐个评估。考虑到地区内国与国之间的市场和法律法规要求的差异，应留有必要的灵活性。这无疑对总法律顾问的战略思维和战略眼光是不小的考验。

（三）无国界法务管理及其国际影响力

定完调子，让我们回归到战术本身进行讨论。中国企业海外法务管理体系的存在，依托于国内法务管理体系，缺乏国际化的国内法务体系领军人物领导下的国内法务体系提供坚实的支撑，海外法务管理体系无从谈起；但反过来，先进的海外法务管理体系，将促进总部的法务管理体系改革进一步深入。

首先，这是管理思维和理念的转换，表现为从本土化甚至地区化的法务管理理念，向无国界法务管理理念深入。这既可以是全世界子公司统一使用法务 EPR 平台进行标准化统一管理；也可以是在某些领域，尝试实施无国界化的政策和标准化法务工作流程；更可能是在法务人才和律所资源的启用及布局上的全球化考量；最关键的是，在法务的预算和考核管理上，总结共性而力求建立部分可全球统一适用的核心指标；诸如此类。

其次，以静态的公司业务板块来观察。以公司法律事务、诉讼及仲裁业务、知识产权管理、合规管理、重大项目这五大板块为例，我认为知识产权管理和合规管理最适合作为法务无国界化管理方式的抓手。公司法律业务，虽然业务内容在各国大同小异，但各国法规规定毕竟不尽相同，不过，在流程梳理上也还是可以部分实现无国界管理模式的，此处另

做讨论。而抛开诉讼仲裁的地域性明显，重大项目往往只涉及个别国家，而不能覆盖全局的特点，合规管理和知识产权就是最适合作为无国界管理的抓手。

技术是第一生产力。现代企业如果无法对知识产权进行全球化统一管理，那么在战略上已输在起跑线上了。从另一个角度而言，知识产权的保护又具有强烈的地域性保护的特征，国际化申请和保护是常态；从集团的角度对全球所有的知识产权做战略上的统一谋划和保护也确有必要。

合规的重要性在现代经济发展过程中日益凸显。反舞弊、反腐败、反垄断、反洗钱，这些领域各国的国际化合作程度很高。考虑到"长臂管辖"原则的适用问题，即使子公司发生合规漏洞，事后证明总部的管理层事先并不知情，但本地的法律法规如果适用长臂管辖，总部也难逃其责。更要考虑到合规上一旦出现问题，将对公司的商誉和品牌形象带来的巨大的影响，因此总部有必要进行统一的管理和布局。

因为知识产权和合规管理对总部的影响深远而重大，其从战略上最适合无国界管理。这是许多以外国为总部的老牌跨国公司的普遍做法，也是未来以中国为总部的跨国公司可以走的一个方向。

再次，管理是实施影响力的过程，就动态的无国界法务管理过程而言，是法务管理的国际影响力不断增长的过程。无论内部法务政策的输入与输出，还是全球化的法务资源配置和考核，无非都是集团整体经营战略的一环。通过管理而实施影响力，从而实现集团整体战略的落地。中国的管理文化，落在根基上无非是"人、财、物"管理。

人，对法务的全球化管理者而言，指的是全球人才布局和考核。作为走出国门正在经历全球化变革过程的企业，破除"自己人"这个伪命题至关重要。在原来的文章中我谈到，中国的法务业发展落后于西方发达国家，如果中国企业收购了西方国家的子公司，没有必要非要在国内招聘一个海外法务人员，送"自己人"去国外才能实施管理。作为管理者，要有大胆启用本地专业的公司律师的心胸和管理能力，否则构建海外法务管理体系将是一句空话。

这并不排除法务管理者选派部分有潜力的中国法务去海外子公司交流学习一段时间；交流学习与管理的含义是截然不同的，管理者本身和交流者自己，切忌盲目定位。同样，在考核层面，管理者也需要有意识地梳理出部分可以全球适用的标准，比如"客户满意度"等；或者考虑单列几个全球考核指标，添加到各国法务的绩效管理考核体系中，在考核上部分实施全球化标准，促使法务专业化程度相对落后地区和国家的业务水平提升。

财，在我看来是法务预算的全球化筹划和子公司分中心的独立预算相结合；财权的相对独立和互相支持，是联系总部法务部和海外子公司法务部的重要纽带。法务部的预算对于集团法务管理者而言，不仅需要和集团的战略紧密集合，而且需要起到蓄水池的功能。子公司在独立做预算的基础上，向集团总部做汇总也是必要的。唯有如此，集团的总法律顾问才可以在当年做预算时就清楚，明年大致有多少重大项目、潜在的诉讼和招聘需求。虽然只是预估，但这些数额对总法律顾问做统筹管理来说是至关重要的。预算的最后落实，则会回到子公司的财务中心层面，必要的时候，总部的总法律顾问帮助子公司的法务负责人去争取经费和预算。同时，如果子公司出现意料之外的情况，集团的法务预算，应能起到部分缓冲或者说蓄水池供水的作用。

物，反映在法务无国界管理上，我的理解，它不是有形物，而指无形的法务知识库管理 (Knowledge Management)。具有战略眼光的总法律顾问，意识到了法务知识库的重要性。它有可能是几代法务部经验的积累和传承，是不可多得的宝藏，通过它不仅可以实现已发生的案例和法律实践的无边界全球知识共享，还可为各国的法务，遇到新事物时提供一个可靠的参考和索引场所。比如在反垄断上，中国的做法很大程度承袭了欧盟的做法，那么欧洲同事存放在知识库中的反垄断案例将是中国法务管理者可以参考的内容，这是非常有价值的。正是这个跨国界知识库的存在，为有进取心的来自不同国家的法务人员，在集团法务部的平台内，提供了国际化发展和学习成长的机会。

（四）总结

我理解本文所探讨的命题，在法务管理上是具有前瞻性的，这也是为什么读者和学者感兴趣的原因。而由于中国企业国际化正在发展进程中，许多并未完成，因此这样的先锋探讨方有意义。

我的观点总结起来就是：**想要构建海外法务管理体系，首先企业家要找到有资格的法务领军人物，并提供一个海内外统一的法务管理平台；其次作为法务总监，要在理解总部和地区商业逻辑关系的基础上，对两者的关系有清晰的界定；最后法务总要有能力从"人、财、物"三个方面着手，实施无国界法务管理，增加法务的国际影响力，为商业国际化保驾护航。**

而无论法务总监怎么构建海外法务管理体系，尊重商业逻辑是一切的起点，否则再完美的全球法务管理体系也只是无本之木。

中国跨国经营企业
是否该海外派驻法务

2017 年 11 月在全国地方法律顾问论坛杭州峰会上，我受邀做了主题发言，内容主要围绕着企业法律顾问在海外并购中及整合管理中需要注意的几个问题。其中探讨了中国跨国经营企业是否该向海外派驻自己的法务人员的一些看法，引起了现场听众的共鸣，希望我后续能够写文章做深入的探讨。

2018 年 4 月 16 日中兴通讯案件一夜之间在媒体发酵，关于其违法证据被北美地区总部的法律顾问出卖的传闻说的有鼻子有眼，这也促使中国其他跨国经营企业管理者重新考虑：（1）是否将主要子公司的法务法规岗定为核心岗；（2）在核心岗位上是否有必要从中国派驻海外法务人员；（3）如果派驻，该采用何种模式？

本文围绕上述问题展开，既是对《中国企业海外并购后如何构建海外法务管理体系》的延伸，也是对读者要求和国际新形势的一个回应。希望能给中国跨国经营企业的法务管理者和 CEO 一些启发。

（一）中国跨国经营企业海外发展模式对人员派驻决定的影响

中国企业海外发展模式，在不少学者和媒体的表述中总结成三个模式：贸易式、契约式、投资式。个人并不赞成这种过于学术的分类。要讨论中国跨国经营企业的海外发展模式，先需要确定中国跨国经营企业的定义。我认为，**企业的本质具有逐利性，也具有一定的属人性；从控制权及全球资源配置的角度来考察，比较符合中国跨国经营企业的实际。**

跨国公司（Multinational Corporation，MNC），根据维基百科的定义，是在多个国家有业务、通常规模很大的公司。这些公司在不同的国家或地区设有办事处、工厂或分子公司，通常还有一个总部用来协调全球的管理工作。**本文所说的中国跨国经营企业，我们不妨理解为总部或者控制权和中国有密切关系的跨国公司，无论是其总部设置在中国还是控制权在中国公民、法人手中。**

我的拙见是，凡是称得上中国跨国经营企业的实体必须满足三个条件：首先，它在世界主要市场有经营场所；其次，有一个全球总部对生产、营销、配送、物流、供应、研发及人力资源网络等资源进行全球配置，以期达到协同效应，从而达到成本最优化、利润最大化；再次，总部设置在中国，或者其控制权在中国公民、法人手中。**通过进出口贸易在海外经营是货物输出阶段；通过契约在海外发展的企业处于服务和管理经验输出阶段。而本文所指的中国跨国公司是通过获得控制权，从而实现全球资源配置，追求利润最大化的企业，是资本输出的结果。**

目前中国的企业在跨国经营中做得比较引人注目的，如海尔、华为、中兴通讯、联想、吉利汽车，以及国家石油公司诸如中石化、中海油和中石油。**但深究其海外发展模式，一种以通过并购为主的方式来实现全球扩张，如吉利、联想；也有主要通过伴随着业务扩张而设立自己的海外分子公司形式从而在海外站稳脚跟的本土企业，如华为、中兴通讯；当然，走花式混合的也不在少数。**

选择某种海外发展模式，受国家政策、市场发展需要、企业文化、进入时间等影响，并无优劣之分。**但进入海外市场的方式不同，决定了各企业扩张的商业模式存在显而易见的差异，最终会影响到企业在当地分公司或子公司的实际控制力，进而影响管理层在某国是否派遣人员的决定。**

（二）中国跨国经营企业对法务合规岗位的重新定位之需

无论选择并购还是以设立独立的子公司的形式进入海外市场，人事任免安排是必须考虑的问题。

习惯做法是由母公司派高管到海外子公司。即便是在收购兼并方式进行全球化经营的中国企业，无论全资收购也好，控股收购也罢，更无论是占绝对股比的大股东，还是占相对股比的大股东，一般会在并购交易快结束前确定相应的人事安排，包括董事会的人员任免安排，及其他核心岗位的人员任免安排。

对于 CEO 的人选和董事的人选，和西方人想象中的中国企业非自己人不用的观点不同，中国跨国经营企业多采取委托高端猎头全球搜寻人才的方式，我有幸观摩过其中的一小段落，过程相当国际化。当然如果是国

有资本背景的中国跨国经营企业，注重政治性也是难免的，所选任 CEO、董事人员多数是党组成员。**但是，回到除 CEO 和董事人选之外的核心岗位的识别和人员任免安排上，中国跨国经营企业最关注财务人选，其次是传统的研发、制造、采购等岗位；坦率地说，在中国跨国经营企业中，能将法务与合规岗位识别为核心岗位的寥寥无几。**

受中国商业文化和传统的影响，中国企业通常将人际关系置于组织机构关系之上，进而影响商业决策，导致中国的本土商业环境和文化，无法帮助中国企业培植出合法合规基因。缺乏透明性和主动内部监管机制，无法将合法合规经营放到战略高度去考虑，和西方大的跨国公司相比，不重视法律人员、合规人员的作用是中国跨国经营企业的常态。不可否认，某些走出去企业依然高度政治化，这些都是中国企业跨国经营过程中经常被诟病的问题。

西方发达国家对合法合规的高要求，相应地对中国跨国企业的经营管理提出了新要求，首当其冲的是公司内部法务部和合规部门的建设应提到战略性高度。西方文化侧重管理层与员工之间的团队及合作、详细可行的长期计划、运作透明度及监管、多元文化融合、对腐败问题的严肃惩戒以及企业内互相关系的制度化。加上西方国家的法治传统深入人心，依然靠跑关系这一套方式去解决冲突和问题基本无效，因此内部法务和合规的重要性在中国跨国公司的海外经营中被凸显出来。最近发生的中兴通讯被美国政府制裁的案件，从另外一个角度说明了上述观点。

务实跨国经营的中国企业会努力去适应当地的环境，重视法律对商业经营的重大影响，进而重新界定法务和合规岗位人员在跨国经营企业中的作用，将其定位为核心岗位人员。反过来，积极适应海外法治经营环

境的中国跨国企业也会从中受益，促使其在中国的母公司更规范地运营。

譬如在吉利汽车收购瑞典沃尔沃汽车的交易中，母公司吉利汽车得到的不仅仅是众所周知的技术、股权和知识产权。瑞典沃尔沃汽车的董事会下设审计委员会、采购委员会、薪酬福利委员会，不仅这些机制最后被母公司吉利汽车吸收引进，而且吉利汽车更进一步，在董事会下设了合规委员会。这一举措毫无疑问将有效地促进母公司吉利汽车在公司治理架构上的现代化进程，缩小和西方跨国公司之间存在的差距，从而在经营管理中越走越稳健，成为实质意义上的跨国企业。

（三）海外子公司关键岗聘用模式探讨

跨国公司的海外派驻，原则上只针对核心岗位人员和本地稀缺人员。当法务部、合规机构在中国跨国经营公司中的定位被调整到核心岗位时，那么从人力资源管理的角度，就会涉及在世界各地的法务核心岗位是否派驻的问题。

在做出海外子公司法务合规人员派驻决策之前，法务管理者有必要先从成本的角度来考察下海外派驻人员的三种模式：海外派驻（expatriate）、当地聘用 (local hire)、出差 (commuter)。

海外派驻的方式下，劳动关系保持和原公司不变，但公司会为员工办理当地工作签证，也会在薪资以外提供包括生活津贴、眷属津贴、探亲假与探亲机票、搬迁补助等福利。这样做的好处是有利于母公司企业文化的输出，公司高层对派驻的人员有可靠的信任度，方便沟通协调；劣势是人事费用非常惊人，正规的跨国公司为此付出的代价将包括：本薪＋生活津

贴＋社会保险＋搬迁补助＋住房津贴＋眷属福利＋探亲假／探亲机票＋
税负补贴／汇率补贴等，这些数字加在一起对公司而言，是巨大的负担。
基于以上原因，跨国公司近年都在进行"本地化"调整，也就是将海外派
驻人员的外派身份取消，让员工变成本地聘用的身份。

本地聘用，在东道国招聘符合公司资质要求的员工，无论员工是本国
人还是外籍人员，聘任条件等同于当地员工。公司可能会提供一笔搬迁补
助，这取决于双方谈判结果，但没有任何外派人员福利；劳动关系上员工
身份是本地员工，如果员工是非本地籍，公司会协助员工办理签证事宜，
但员工要对此负主要责任。本地聘用模式的好处是，在海外市场聘用合格
人才与东道国所推动的劳工政策不谋而合，政治法律风险小，且费用相较
于海外派驻大幅度减少，毕竟有时候海外派驻的福利产生的费用就有可能
比员工的本薪还要高。劣势是员工和母公司不存在聘用关系，磨合期相对
长，信任度相对低，招聘失败的概率比较高。这些劣势也导致有的跨国公
司会采取变通方式。譬如要求母公司员工先解除合同，再和海外子公司签
订劳动合同；但在这种情况下，存在母公司的资深核心员工并不愿意接受
此类工作机会的问题。

出差，公司以出差方式派遣员工去另外一个国家短期工作，通常会
依照出差日期提供给员工差旅费。这种模式通常用在项目支持上比较多，
多为短期技术支持和服务；且这种模式常作为未来长期海外派驻的过渡模
式，以帮助拟长期海外派驻员工提早了解未来的生活工作场景，有一个文
化和职业的缓冲期。好处是比较灵活，在项目前景或当地市场前景不明时，
可作为一种过渡模式操作；而且由于劳动关系保持不变，员工相对而言也
乐于做这种尝试，最终再根据项目或市场的前景做出是否接受海外派驻的

决定。劣势是员工每月频繁往返，机票、住宿成本比本地聘用高；其次，由于员工有大量的时间在两地奔波，许多时候是在出差途中，员工有效工作时间大大降低，从而降低劳动生产率；另外，对员工的管理控制力可能会面临一个真空区，由于东道国没有法律上的管理权，母国又由于时差和距离问题的存在，实施有效的人力资源管理的难度比较大。

（四）决定派驻与否的几个关键因素

第一，派驻法务和合规人员与否，和商业发展模式息息相关。

如果以并购方式进入，需要考虑并购后整合的问题，直接派法务驻扎海外是否合适就会是个很慎重的决定，尤其是当被并购的公司在业内本身就是比较成熟的公司，已经有成熟的法务部的情况下。如果是以自我扩张的方式进入当地市场的，那么派驻条件合格的中国人去当地开展工作，在公司政治这个层面的障碍就小得多。因此我们有必要在做出相关决定前，将商业发展模式这个关键因素考虑在内。

拿华为为例，其发展模式主要是从一个个海外市场的项目做起，通过自我扩张模式进入海外市场。相应的，华为的商业发展模式决定了它对海外子公司有绝对的主导权，它可以根据主要市场的区分，在各大洲设立地区总法律顾问，由中国人担任；同时在当地每个国家派驻中国籍海外法务管理人员；在汇报线上，地区的总法律顾问向集团法务部汇报。可以说，这种以海外派驻母国法务为主开展工作的模式，与华为的海外商业发展模式不无关系。

第二，以海外并购模式进入东道国市场的中国跨国经营企业，派驻法

务与合规人员与否，应考虑母公司与海外子公司的管理实力。

中国大型企业在国家信贷强力支持的背景下，"走出去"的不在少数。但论管理能力和管理实力，许多被并购对象反而高于母公司。举例来说，在吉利汽车收购沃尔沃汽车的案例中，瑞典沃尔沃汽车虽然是被收购公司，但其公司治理架构按照美国上市公司治理架构设置，非常完善成熟，其法务部在管理上也是成熟的。相比之下，吉利汽车虽然是100%股东控股，但其当时的法务部相比海外发达国家有很大差距。因此在这个阶段，即便是瑞典沃尔沃汽车公司的General Counsel岗位是核心岗位，吉利汽车并不适合派遣法务管理者接管，否则会引起文化上和管理上的不认同不说，且基本无法开展工作。

遇到上述情形，睿智而有全球化格局的中国跨国经营企业总部管理者，则会主动摒弃关键岗位上非自己人不用的政治为主导的用人方针，而以企业的正常运营和盈利有效增长为出发点做决策。

实际上，吉利汽车在瑞典沃尔沃汽车的财务岗位上曾派遣过副CFO，但是一年后不得不铩羽而归。主要原因在于中国严重缺乏国际化人才。中国籍国际化人才和瑞典这样的成熟国家可获得的人才相比，有不小的差距。即便是财务类最核心岗位，当被并购公司的成熟度高于母公司时，这种海外派驻很难有效，法务合规领域亦复如是。考虑到人员派驻方式效果不理想，一年后吉利在瑞典沃尔沃汽车高级管理人才和核心岗位的人员任用上，改变为自治管理方式。因为省略了文化磨合和管理震荡，最后反而取得了理想的效果，瑞典沃尔沃汽车很快开始盈利。

第三，考虑是否需要派驻海外法务合规人员要参考当地子公司的发展阶段，尤其是人员规模和净利润这两个指标。

仅仅考虑海外扩张模式、子母公司的实力博弈是不够的，母公司法务管理者和人力资源管理者需同时判断海外业务的发展阶段，然后做出是否应该派驻的决定。

如果海外业务刚刚起步，即使是通过自我扩张方式进入了主要海外市场，也可请母公司有资质的法务在总部兼任。同时，海外业务的发展阶段和人员聘用成本又是有机地联系在一起的。

以我的经验，在当地子公司净值利润超过 500 万美元，并且当地员工人数超过 50 人时，总部法务管理者考虑聘请一位专职内部律师才是合理的。在未达到这两个指标的情况下，总部的法务管理者可以请当地外聘律师协助解决海外子公司经营过程中发生的法律问题，或考虑母公司有资格的内部律师在母国兼任。

第四，决定派遣海外子公司的法务及合规人员时，除非需要雇佣的人才仅在母公司存在，否则应该优先考虑本地雇佣的模式。

作为法务管理者，成本是在国际招聘时需考虑的关键性因素之一。鉴于海外派驻模式成本昂贵，同时成熟的西方主要市场人才供给充足，即便是在本地雇佣中国籍的人才，也是不难实现的，因此应重点考虑本地聘用的模式。除却成本因素，派驻人员在海外开展工作的难度也是一个考虑因素。譬如前文所举例被并购企业本身具有成熟的管理机制和管理人员时，非要派驻中国的来自母公司的员工，在工作中被排斥和轻视时有发生，文化融合和职业融合的难度可想而知，反而不利于开展工作。

如果总部对海外子公司关键岗位人员缺乏基本信任，可以考虑本地聘用。这样的好处是一则可以如愿替换成中国总部期待的"自己人"，另外本地聘用成本上和本地员工相当，语言上和文化上没有太大差异，容易在

工作中被本地员工接受。

第五，没有绝对自己人，信任是逐步建立的，不应在选任上存明显偏向。

中国跨国公司的海外经营，需要的是从国际化、多元化的人才身上求同存异，互相学习进步，增强互信和内部透明度，逐步向建立健全、先进的公司治理机制发展，而不是靠自己人把控法务合规等关键岗位，利用信息不对称从事违法经营事项。

毕竟大部分和中国关系正常的西方国家给予包括中国等外国企业以国民待遇。国民待遇包括享受东道国给予的政策优惠，也包括受当地法律监管接受违法惩戒。如果中国跨国公司在海外存在违法经营行为，并不会因为你是总部设立在外国的跨国公司，而网开一面给予原谅和理解。

另外，西方国家讲究权利平等。如果在员工选任上存在明显偏向，很有可能会牵涉诉讼。这方面问题在中国较少发生，而国外有强大的工会撑腰，中国跨国经营企业需要在包括人员选任等方面及时调整思维模式。

（五）总结

现在中国企业从事海外经营的越来越多，许多企业正处于逐步成长为跨国经营企业的过程中。笔者经常被大公司法务问，"公司提出要派我去海外市场，我该不该接受"的问题。

法务和合规人员被公司委任派驻海外，反映了中国跨国经营企业的法治经营意识的提升。但我们也该看到，仍然有不少走出去企业并没有将海外的法务和合规岗视为关键岗位，在派驻上依然是以财务为主。这一点，中国跨国经营企业管理者的意识有待逐步提升。

对被委派的中方企业人员而言，这是难得的机会，但作为法务管理者，我们要考虑的不仅仅是派自己人是否更安全可靠的问题。相反，企业发展模式和发展阶段的对比、候选人资质和本地雇佣人员资质的对比、子公司和母公司实力的对比，比海外法务和合规岗是否是中国人，更为关键。

法务管理者的出发点应围绕着派驻的决定是否对企业在当地的经营发展更为有利这个总体方针来考虑。同时，新的商业发展趋势，促使跨国经营的中国公司法务管理者要更具前瞻眼光，在海外法务合规人员的任免上保持开放的态度，做到不拘一格降人才！

中国全球经营企业如何提升 合法合规软实力——从中兴 通讯被美制裁案说起

（一）背景回顾

中兴通讯（ZTE）继去年在德克萨斯州联邦法庭承认了所受指控非法向伊朗输送美国的货物和技术，并为此付出了8.9亿美元的罚款后，美方于2018年4月16日宣布将对中兴通讯继续处以极其严重的处罚。除了额外付出3亿美元的罚款，美方宣布拒绝中兴通讯在美国的出口许可，而且在全球范围内，7年之内禁止美国公司与ZTE进行业务合作，这实际上是禁止一切美国公司与ZTE进行任何形式的交易。这无疑是中国全球型企业史无前例的最大一笔因违反美国出口管制而遭受的罚单。业界评论者直言，这几乎意味着灭顶之灾。

据路透社报道，此前中兴通讯被指控通过第三方公司向被制裁的国家伊朗和北朝鲜出口包含受管制产品的设备，而且通过"清除数据库"的方式隐藏这些销售信息。作为和美国政府达成的协议的一部分，总部在深圳的中兴通讯承诺解雇 4 名高管，对其他 35 名员工进行处分。中兴通讯今年 3 月承认解雇了 4 名高管，但是并没有处分那 35 名员工。美国商务部称，中兴通讯对此事做出了失实的报告，隐藏了它向这些员工支付全额奖金的事实，没有处罚一些涉事员工，也没有在相关信件中提及这些错误做法。

事件一经媒体报道，引起了巨大的舆论影响。本文无意讨论中兴通讯被美国商务部处罚的合理性，但本文将理清本次事件的基本脉络，在此基础上，借助法律合规的视角，对中国全球化经营企业所面临的法律层面的挑战展开探讨并提出建议，试图给中国的"走出去"企业一些启发及参考。

（二）资料来源及基本事实脉络

表 1 是整理的美国政府网站上公开可获得的文件地址；表 2 是根据公开可获得的文件梳理的事件脉络。

表 1　美国政府网站公开可获得的文件网址

网址	文件内容
https：//www.bis.doc.gov/index.php/forms-doclments/about-bis/newsroom/1658-zte-final-pcl/file	Proposed Charging Letter（指控信）
https：//www.commerce.gov/sites/commerce.gov/files/zte_denial_order.pdf	ZTE Denial Order（制裁令）
https：//www.bis.doc.gov/index.php/documents/update-2017/2156-zte-the-investigation-settlement-and-lessons-learned-recap/file	BIS Update 2017 Conference on Export Controls & Policy（美国商务部工业及安全局在出口管制及政策论坛上以中兴通讯案为例的 PPT，内含 BIS（商务部工业与安全局）总结归纳的五点教训）

表2　中兴通讯事件相应脉络

日期	事由	处罚结果
2012-2016	2012前后ZTE在伊朗及北朝鲜的业务迅猛增长，引起了BIS的秘密调查。继中兴通讯美籍内部律师举报，及ZTE高管在美国海关被查获的电脑资料，坐实了违反美国出口管制法向禁运国家出口禁运货物的证据	商议阶段
2017	中兴通讯于2017年与美国政府达成协议，承认存在美国BIS所指控的违规出口伊朗和北朝鲜禁运货物行为，接受处罚并如期缴纳了第一期罚金	8.9亿美元罚款，另有3亿美金罚款和销售制裁令，视后续情况整改而定
2017-2018	中兴通讯在认罚后并没有将与美国政府达成的协议执行到位，并且被美国政府认定存在落实和解协议过程中存在不诚实行为	3亿美元罚款+7年期内禁止向ZTE销售美国产品禁令被激活
2018	中兴通讯的上述行为导致了美国政府的第二次重罚	处罚结果对外公布，中兴通讯并对此予以官方否认

（三）中国企业全球经营中对法律政治风险淡漠的现状

　　改革开放以来，随着东方经济体的崛起，中国具有全球经营抱负的企业，在2000年左右逐步开始了全球星辰与大海的征途。在国际化过程中，国有企业特别是能源型及技术型国有企业，是全球化经营当之无愧的先头兵。2010年前后受国家政策鼓励，民营企业尤其是以制造业起家的民营企业开始全球布局，加大了海外并购及全球化经营步伐，以吉利汽车收购沃尔沃汽车为代表，你追我赶形成小高峰。2010年至今，以中国为总部的互联网 TMT 及高科技企业在全球经营中形成一股新兴力量，成为中国企业全球化经营的新势力。

中国企业走出去的驱动力主要集中在开拓海外市场、获得先进技术、全球经营布局、提升国际知名度、寻求海外收益这几个方面。走出去，既是中国经济和企业崛起的必经之路，同时也面临巨大挑战。除了语言、制度、文化等不同，在全球经营过程中，面对不同国家的法律法规和政策规定，如不留意经营环境的变化、不主动转变管理思维、不建立起法律为准绳的经营理念，企业即有可能面临灭顶之灾。

在全球化经营语境下，与在国内经营不同，企业及企业家该关注的重点是不一样的，风险防范尤其如此。一家跨国经营的企业所面临的风险，可分为法律政治风险、金融风险、税务风险、整合管理风险等四大方面。其中在法律政治方面，又包括政府审查和行业准入、劳工和工会、环境保护、政治风险和民族主义风险、合规及背景调查等方方面面。

企业的逐利性，导致走出去的跨国企业和企业家更关注金融、税务、整合、国际化人才及团队建设等方面，因为这些与收益盈利直接相关。反之，企业对法律政治风险的关注度远低于其他风险，背后潜在的逻辑是，关注这些方面并不能带来直接收益，加之大多数中国企业文化里更注重人情，并不天然促使中国企业产生合法合规基因。 套用身边企业家朋友的一句大实话："做企业先要生存下去，法律风险我都知道，但现阶段顾不上，先挣钱再说，其他放一放。"我想有这种想法的企业家并不在少数。

但企业忽视跨国经营中存在的法律政治风险，后果一旦发生，譬如中兴通讯所面临的高额罚款、断供，足以在一夜之间压垮任何一家企业。此次事件无疑给中国跨国经营企业在海外发展中对法律政治风险淡漠的现状

敲响了警钟。危，即是机，我国的跨国经营企业能从此案中得到警示，将海外法律政治风险列到第一优先顺序考虑，并在调查过程中学习正确应对，跨国经营的步伐方可更加稳健。

（四）法律视角下中国跨国经营企业存在的六大问题

通过公布的信息来看，美方对涉案企业的处罚是具备法律依据的；同时，本案中暴露出涉案企业对法律政治风险的淡漠，尤其是企业管理层集体法治及合规经营意识的缺失，令人扼腕叹息。

第一，客观上我们有理由相信，美方此次处罚是对 ZTE 开展调查及 ZTE 应对行为的法律层面上的精准回应。美方指控（参见 Proposed Charging Letter）结构上分为三个部分，第一部分针对涉案公司开展的伊朗业务，第二部分针对涉案公司开展的朝鲜业务，第三部分针则对涉案公司试图脱罪的行为。其中，大部分指控事实做到精确到日。如果没有坐实的证据，中兴通讯也不会在 2017 年认罚。

第二，在事实层面上，中兴通讯处罚案中"then-CEO"这个高频指代词反复出现，反映了企业管理层集体法治经营意识的缺失，及其不可推卸的管理责任。美方的文件中反复提到"then-CEO"是为表明所指控的行为是经过当时的 CEO 的认可和批准的，并有组织、有步骤实施的，属于明知故犯。在事后涉案公司与美国政府达成的认罚协议中，就包括对 4 名高管及 35 名员工的处罚，这从另一个角度佐证涉案公司高管对这些被指控的行为是有责任的。最后本次制裁令激活的导火索，很大程度上是由于涉案公司对承诺处罚的高管和员工实际处罚不到位引起的，导致美方对涉案公司及其管理层极度不信任,最终制裁令生效。

第三,在战略层面上,反观管理层集体无意识法治经营理念缺失,除了中国式管理文化中天生缺乏合规基因,还存在企业在海外扩张过程中未能主动转换经营思路,将依法合规经营提升到一个关乎企业存亡的战略高度来看待。企业,作为法人组织,与自然人一样,天生具有趋利避害性。在中国式、把人情和关系看得重过对法律尊重的经营语境里,作为中国知名的大型高科技企业,政府和周围的环境采取的态度还是像对待自己的孩子一样是比较包容的。即使企业发展过程中有一些合规合法经营问题的存在,中式管理方式习惯于通过跑关系和做解释来解决问题,而非从政府监管、惩戒和处罚的角度,通过让自己的"亲生儿子"在法律上严格承担不利后果,帮助企业树立合规文化,从而帮助企业在创立及发展过程中产生合规基因及依法经营的文化传承。结果,走出国门后,在另一个把对法律政策的遵守和尊重放在第一位的经营语境中,部分中国跨国经营企业的管理层未能及时在管理理念和经营思路上做出调整,没有将依法合规经营提升到一个关乎企业存亡的政治高度来予以重视。相信关系、重视斡旋,自然也谈不上在认罚后用契约精神遵守和履行处罚协议,这导致了外国政府最终对中国企业采取了最严厉的制裁及处罚。

第四,涉案企业管理层对法务部的功能定位有偏差。企业对其法务部所提示的出口管制风险,没有予以应有的重视,从而主动撤离上述市场以规避风险。相反,管理层在企业逐利性驱使下,将法务部沦为逃避监管的工具,最终指示法务部提出与常识背道而驰的手段应对调查,这是集体法治经营意识缺失在执行层面的体现。在美方公布的文件中,提到涉案企业法务部早在 2011 年 9 月初的一份文件中就已经提到了向伊朗

出口包含禁运货物的法律风险。这些风险提示翻译过来包括**"一旦被美国政府发现，巨额民事责任和高管承担刑事责任的风险，上黑名单，停止供货，并举例其他公司有类似事件发生。同时注明高级别的高管同时也是中兴通讯美国子公司的董事这一额外风险。"**但遗憾的是，管理层在收到法务部的风险提示后，并未终止与禁运管制地区的业务，反而是指令法务部牵头采取规避措施，包括隔离和半隔离销售手段、销毁证据和员工签订违约金额高达 100 万 RMB 保密协议的做法，并且在伊朗项目上中方企业还提供了 85% 的项目融资。

第五，涉案企业在全球经营中面临美国或其他国家政府调查时的反应，未能做到积极应对、及时纠正；没能处理好内部管理思路分歧，在踩到红线的禁止性行为是否该做的原则性问题上，产生了"主战派"和"主和派"之争，最终应对失策，导致事件升级。涉案企业为了防止违规行为被外国政府发现，组成了具有 13 个成员的"合同数据 Induction Team"，用来洗白违规交易行为。其组织方式相当严格，包括用 YL 来代表伊朗客户，凡是伊朗客户的名字在销售系统中均是隐匿的；组员沟通邮件不过夜；所有的组员签署保密协议，成员泄密则需向涉案企业赔偿 100 万人民币的违约金，反之如项目最终顺利完成，则有 40 万的奖励等。但即便企业想方设法试图毁灭违规痕迹，无论是由于内部线人举报还是由于高管过美国海关时绝密文件被查使得证据坐实，最终纸包不住火，东窗事发，后悔晚矣。

对此，美国商务部工业与安全局（BIS）大为光火，在其 2017 年 10 月出口管制及政策论坛分享的 PPT 上，公布了对涉案企业调查中发现的五点经验教训分享，这五个要点如表 3 所概括，值得走出去的中国企业及其法律和合规部门，在未来可能面临的类似应对和行动中，作为一个重要参照系进行参考借鉴。

表 3　BIS 公布的五点经验教训

编号	总结内容
1	Don't ile（不要撒谎）
2	Don't destroy the evidence（不要销毁证据）
3	Don't rely on non-closure agreement to cover up crime（不要试图用保密来掩盖犯罪行为）
4	Don't restart your criminal activi ty during the investigation（不要在调查期间重启犯罪行为）
5	Don't create a written, approved corp. strategy to systemati law（不要用书面的、经批准的公司战略成体系地违反法律法定）

　　客观地说，涉案企业在本案中暴露的问题代表的是个体行为，并不能代表中国企业在海外经营的形象。采取对抗和隐匿的手段应对调查的企业毕竟是少数。我们也留意到不少中国跨国经营企业能主动转换经营方式，根据国际经营过程中法律法规和政策的要求，做到依法依规经营。据报道，同样受美国禁运法规管辖，中兴通讯的竞争对手华为，权衡风险后主动退出了伊朗市场；吉利汽车在拿到向伊朗销售的 5000 辆订单后，最终主动取消了对伊朗市场的销售。

　　第六，涉案企业的保密制度名存实亡。掩盖事实的内部文件虽表示了保密等级但内网随意可下载，高管过海关被扣下的电脑中有绝密资料，这类内部管理中的经典漏洞，是不少企业或多或少都会存在的问题。事后从媒体获悉，涉案企业本身对员工是花费了大量的时间和财力做了合规培训的，但不得不说涉案企业的合规培训无疑是欠有效的。这中间反映了员工、管理层培训通过和员工、管理层实际执行到位之间的差距。前文提

到的两点疏忽坐实了违法事实，最终导致涉案企业于 2017 年与美国法院及检察院和解、认罪并接受处罚。保密制度引起的漏洞，最后泄露了定罪的决定性证据，这也不得不引起我们的反思。

（五）转换思路，将合法、合规视为全球竞争力

触犯美国出口管制条例，面临巨额处罚，也并非世界末日，波音公司在 2005 年也曾受过类似的处罚，但通过一系列严肃的整改，企业不仅恢复了生机，而且比过去更健康、更富有竞争力。据媒体报道，波音公司当时所涉及的罪名包括：触犯出口管制条例、涉嫌收买五角大楼的政府官员、未经授权使用专利文件。可以说波音公司当时的处境与涉案企业相比，有过之而无不及。不仅是涉案企业需要反思和整顿，其他中国跨国经营企业也需要从本案沉重的代价中吸取教训，主动提升全球竞争力。

第一，杜绝习以为常的应付政府管制的"上有政策、下有对策"的中式对付式应对方式，建立以合法合规经营为先决条件的企业发展战略。

不仅美国政府有管制，在国内做生意，也会面临中国政府在相关领域的管制。但有的企业并不严肃看待政府在企业经营层面设置的管制。一旦出了问题，跑路子、各种打点、找关系，信奉大事化小、小事化了，这种中式、应付式经营管理模式在中国企业中并非罕见。窃以为，此类企业即便盈利良好，其良好经营的基础是关系经营；一旦关系网出问题，整个企业便面临颠覆式毁灭的风险。

即便企业在中国有关系，各方面畅通无阻，但在全球化经营的语境中，那些关系还能否起作用，恐怕就是个巨大的问号。即便是如涉案企业这

样有政府背景的国企，在 2017 年处罚出台后也只能如期认罪并给付罚金，更不用说对于主要靠自食其力的民营企业。与其采取对付式的应对方式，不如主动遵守东道国或海外市场的法律法规规定，建立企业信用，在依法经营的前提下谋求生存和发展，长期可持续地追寻自己的星辰与梦想。

依法经营，意味着企业要根据法律法规主动放弃某些市场、某些客户、某类行业，但从长远发展的角度来讲，这才是企业常青的战略性基石，是全球化的先决条件。这一点，应该写到企业的发展战略中，提到头等重要的高度。

第二，企业在国际化进程中，管理层应转换经营思路，将合规及合法经营视为全球竞争力，着眼于有效利润，去除虚假繁荣。

追求经济利益，体现了企业逐利性本性，本也无可厚非；但在强调企业社会责任的今时今日，仅仅一切向钱看，是远远不够的！企业应该将合规及道德规范列入企业的价值观，渗透进企业的基因里。

过去我们的经营管理者，过于强调业绩指标，认为凡是和业绩作对的意见或行为均是不可接受的，是制造问题。思路决定出路，在这种管理思维主导下的企业中，公司内部的法务部和合规部长期处于边缘化状态。律师所提出的法律意见得不到采纳是家常便饭；更有甚者，法务部和合规部门仅有服务功能，而丧失了必要的内部主动监管功能。中兴通讯的案例，无疑给中国企业管理者狠狠地敲了一记警钟。强调合法、合规所避免的第一批罚金，就抵得上本案中企业六年的经营利润，谁说这不是企业的最重要生产力之一？

诚然合法合规经营不产生正向现金流，但合法合规经营能有效避免负向现金流，从而使得企业保持有效盈利能力。在产生正向现金流的同时，

不可避免地带来负向现金流的业务，是耍流氓的业务，要看穿其伪盈利能力；而合法合规经营，正是帮助企业透过虚假的繁荣，剔除伪盈利能力的泡沫的唯一途径。

鉴于中国式管理文化不能有效地促使企业产生合法合规基因，优秀的具备国际化视野的管理者在走出国门时必须提前注意到这一点，及时地通过公司政策、制度、文化、行为守则等方式将跨国经营所必须的合法合规理念，植入到中国跨国企业之中，并使之在企业内部形成共识，写入企业的价值观里，成为人人遵守的意识、文化和习惯。

第三，在调查事件发生后，应请专业律所应对此类法务事务，尊重律师的价值，对外聘律所和内部律师不应欺骗和隐瞒。

在美方的指控报告中，反复提到涉案公司在律所不知情的情况下通过律所和调查机构联系，并做出虚假陈述，这也是部分企业在跨国经营中会犯的傻事之一。背后的原因在于对国外的复杂司法现状认识不深刻，并且对律师的功能定位及信任度都存在偏差。

中国社会传统上讲究和为贵，属于典型的厌诉社会，缺乏对律师必要的信任，进而对律师的价值也无法给予相应的尊重。即便是到了今天，大多数企业对外聘律师包括属于自己雇员的内部律师的使用，仍是半信半疑的。遇到法律问题后，能透明理性地分享事情前因后果、以寻求律师帮助的企业家是少数。但美国是一个法律体系复杂到连普通人都需要求助于专业律师帮助的社会，更何况企业？如果用中国式对付律师的方法来处理法律事务，有事藏着掖着，甚至对律师欺骗和隐瞒，就没有人能帮得了你。

对全球经营的企业而言，该花的钱要花，得体的做法是请一个信誉良好在当地有一定知名度的律师团队配合企业开展工作。有时候请一个律所也是不够的，不同的律所在不同的业务上各有所长，几家律所一起合作帮助客户解决问题也很常见。**我的建议是，即使所聘用的律所是全球型的，也必须要注意它的总部所在地。总部所在地，代表了律所的主要网络人脉资源集中之处，这是企业聘请律所应考虑的决定性因素之一。**假设公司的法律问题出现在美国，就应以美国律所为主牵头解决问题；在英国出现问题，就以英国律所为主协助公司应对。另外，用人不疑、疑人不用，既然请了外聘律所，就把它或他们当作企业的左膀右臂，诚恳地配合律师解决问题是王道。

对于内部律师而言，仅仅向 CEO 汇报是不够的。在公司内部的体制中，董事会应考虑内部律师在非正常事件中对董事会直接负责。我所指的"非正常事件"指代的是与合法合规经营有关的、应启动内部调查的事件。**总法律顾问受雇于公司，而非 CEO 本人；汇报线如果缺乏在"非正常事件"中总法律顾问对董事会负责的界定，那么这种体制安排无疑就将企业的合法合规经营，完全依赖于 CEO 本人的道德水准上了。现在公司治理应依靠制度，而不是某个高管或高管群体的道德水准。**

第四，规范内部规章制度，尤其是保密制度务必落实到位。

对一个企业而言，能影响企业经营成果的信息属于保密信息，并根据影响力的大小进行分类，以适用于相关保密管理制度，这无疑是每个企业都在做的事。但魔鬼隐藏在细节里！**保密制度这种不痛不痒、平常看起来一点都不起眼的制度，就是此类决定管理成败的"细节"。**从美国政府对涉案企业的调查过程中，保密文件管理上存在的严重疏忽令人印象深刻。我们无意去追究涉案企业管理上的责任，但**这提醒其他从事跨国经营的中**

国企业及时进行内部检查，不能光有制度而疏于执行；说一套、做一套的制度，就是名存实亡的制度；最终细节上的疏忽就有可能在意想不到的环节酿成大祸。

另外，有制度必须实施到位，能巧妙的利用人性特点的制度才是有效的制度。企业有逐利性，人亦如此。在内部管理上，**合规培训于企业并不是新鲜事，但重要的是将合规培训从纸上静态的制度落实到行动上。无论是保密制度还是行为准则，光有制度没有惩戒，制度终究是停留在纸面上。因此在制度的设计层面，管理者要设定必要的KPI（关键绩效指标法）进行引导，从而使上到高管、下到普通员工，都能主动遵守。**

（六）总结

中兴通讯案的后续结果还有待观察，但可以预见美国政府的行为具有一定示范性，中国跨国经营企业今后在海外经营中会面临各国政府更加严格的监管，学习主动积极应对是很有必要的。

从此案中需要学习的经验教训很多，其中以合法合规为前提的在全球法律框架下经营，改变中式应付式管理，主动转换经营思路，将合法合规经营视为全球竞争力，是目前中国企业在走向海外市场的过程中迫切需要学习的。

对中国企业而言，全球化经营现阶段仅仅是起步，道路是漫长的、曲折的，但只要我们能积极主动地适应国际政治与法律环境，遵守东道国法律法规，无论是美国的出口管制法，还是英国的反腐败法，相信前途是光明的。

职业道德及合规

《血战钢锯岭》：
愿你成为有信仰的法律人

元旦假期看了热映的美国大片《血战钢锯岭》。这是关于一位"二战"军人在信仰与现实的剧烈冲突之间，如何执着他的信仰并在残酷的战争中贡献他的价值的故事。剧中主人公对信仰的坚持和手无寸铁地在战场上治病救人的勇气，深深地感动了我。尤其是戴斯蒙德·道斯（Desmond Doss）即使身处绝境，依然不背叛内心的选择，他对信仰的守望和坚持，值得作为法律人的我们借鉴学习。

（一）没有杀人记录的英雄

说到"二战"英雄，我们难免将英雄和"骁勇善战、杀敌无数"这几字联系在一起。而影片所呈现的这位"二战"英雄的故事，却和杀敌没有任何关系。相反，作为一名手无寸铁奔赴战场的医疗兵，他以救人而闻名。

美国"二战"英雄戴斯蒙德·道斯，1942年4月自愿入伍。出于自

身信仰，服役期间拒绝携带武器在战场上杀敌，在军中被视为异类和懦夫。他因此受尽欺凌，上过军事法庭，但凭借无人能敌的意志力，最终获准以医疗兵身份不携带任何武器奔赴地狱般的战场。在临近太平洋作战前夕，被分配到第 77 步兵师的 307 步兵团医疗分队奔赴战场，他致力于以自己的方式"作战"：救人。他坚守信仰及原则，孤身上阵，无惧枪林弹雨和凶残日军，拯救一息尚存的战友。数以百计的同胞在敌人的土地上伤亡惨重，他冲入枪林弹雨，不停地"再救一人"，最终 75 名受伤战友被奇迹般地运送至安全之地，得以生还。

在死亡人数超 16 万的冲绳岛登陆战中，戴斯蒙德·道斯手无寸铁，凭借心中的信念活了下来。戴斯蒙德·道斯从未有过任何杀死敌人的荣誉记录，但在多次战役中使许多因无法救助而面临死亡威胁的士兵得以幸存。1945 年 11 月 1 日，时任美国总统杜鲁门为他佩戴上了美军最高荣誉的象征国会荣誉勋章。

（二）杀人和救人，究竟冲不冲突

《血战钢锯岭》全篇，令我热泪盈眶的场景有两处，先说第一处。

当戴斯蒙德·道斯因坚持自己的信仰和军队里的同伴格格不入，受尽欺凌和误解，最终走上军事法庭时有一段发自肺腑的陈述：**"别人在杀人，而我会救人，这是我参军的目的。当世界分崩离析，我想把它们拼凑回来，这终归不是什么坏事。"**

说这话时，道斯已身陷囹圄。他面对军事法庭的审判，全世界都给他压力，他"被"错过了和未婚妻的婚期，被关押，被各类人劝说，要求他服从军人持枪原则。道斯的本意是想作为一名医疗兵上战场救人，但不持枪的他被认为是懦夫，没有人相信他在战场上能手无寸铁而有所作为，除了他的父亲和未婚妻，全世界都不理解他。但当他面对军事法庭法官的质问时，腼腆的他依然遵从自己的内心，勇敢而诚恳地说出了他淳朴的想法。

出发点很好的想法，为什么却和现实起了巨大的冲突呢？先是训练时教官指着道斯对他的战友说："看看这个人，他不愿意持枪，别指望将来他会在战场上保护你们。"后来战友因为道斯不愿和他们一样持枪，认为他软弱，甚至欺凌他。最后，他的连长希望他主动因病退伍，并请他的未婚妻来劝使他退出。他面前只有两个选择：（1）选择承认精神有问题而退伍；（2）忘记教会"不可杀人"的训诫，像其他士兵一样，特殊时期拿起枪械保护自己和战友。在道斯的面前，仿佛没有第三条路。但道斯却坚信它存在，他可以做到。

为什么众人要逼道斯做出选择？核心在于：没有人相信存在第三条路。所有人都认为，在战场上的战士拥有武器天经地义，因为敌人有武器，作为战士保卫国家必须用武器自卫或反击，**"持有武器"与"具有保卫国家的能力"是被等同理解的**。如果你不愿意持有武器，意味着你变相地没打算保卫国家，所以大家认为他是个待在军队的懦夫。就算道斯是认真的，在他自身难保的情况下，这个集体会认为他是个拖累而不会有什么贡献，更别提救助战友。这就是为什么众人劝他要么离开军队、要么持枪上战场的原因。

那么第三条路究竟存在吗？当然是存在的！**第三条路的存在取决于战友之间的信任和配合是否存在**。正如影片中所展示的，在地狱般的冲绳岛战场，同伴没有抛弃他，战友们用枪掩护道斯救人；同样，当全体队伍

撤退时，道斯决定独自留了下来，继续搜寻没能及时撤退的受伤战友，道斯同样守望着战友的生命。道斯后续的经历很好地佐证了他不是懦夫，而是位真正的勇士，甚至称得上死士。

影片中这个片段给我的深刻启示是：有一些解决方案，没有建立信任的时候，你看不到它的存在；但看不到，不代表它不存在；它基于同伴之间的信任和配合而真实存在，需要一颗如道斯般真诚坚定的心去探索。

（三）法律人可以不信教，但不可以没有法律信仰

信仰，广义的理解不仅包括宗教上的"不可杀人"，也涵盖了个体所信奉的价值观和为人处世的底线。如果我们把影片中的场景来个乾坤大挪移，把战争场景挪到现代商场，我仿佛看到道斯和战友们的故事天天在企业里上演。如果我们更深入地回归到法务管理的层面来观影，此片堪称法律人职业信仰经典教科书。

毋庸置疑，世界上最优秀的管理在军队。为完成军事任务，除了战略部署、战术制定，核心的是分工合作。有人上前线杀敌，有人救助受伤的战友；有了救助的保障，杀敌者才能勇往直前。类比到企业也是如此。在企业里，业务部门奋战一线、攻城略地，负责拿下江山；而法务等支持部门，打扫清理后方战场，为一线提供坚定、可靠的后勤保障。这和战场上的分工何其相似！

法务，从功能定位上看，除了在看得见、已发生风险的领域，做无畏而英勇的、冲进火场灭火的"救火队员"之外；在看不见、尚未发生的、潜在风险领域的功能，更是位"打扫卫生的大妈"。

　　无疑，抛开紧要关头冲入火场无畏救火的英勇瞬间，法务的日常工作是细致而琐碎的。而相比救火队员立竿见影的成效，大妈细水长流般的贡献却容易被队友们忽略，容易被误解为没有芝麻大点的价值。譬如说，法律风险的水龙头漏了要及时修理好，以免一不留神出纰漏酿成大祸；地板脏了，赶紧趁四下无人悄无声息地拿扫把拖干，以免日后有小伙伴不小心滑到；千里眼般在审理合同或做项目分析时预见到前方危险，应及时放置警示标志，标明哪里可以走，哪里不可以，告诉业务伙伴行动的边界和底线，预防潜在风险的发生。正是因为有了防御在先的"婆婆妈妈"般的努力，公司才不会时时起火、发大水，甚至隔三岔五地面临诉讼和危机。

　　而面对日趋激烈的市场竞争，业务部门拿下每个单子需要做很多努力和尝试。商业环境不是真空，不得不承认，在灰色区域打擦边球的行为，或冒进地做红线边缘的尝试，是现实存在的。**而法务，作为法律的践行者和守护者，职业定位要求我们有公平公正、法律至上的职业信仰，在公司里扮演的是商业道德底线捍卫者的角色。为了捍卫法律信仰的底线，又何尝不是在职场中因为坚守职业信仰而不时受到同伴和上司的拷问和误解，经受着内心的煎熬呢？**

　　同样一件事，业务伙伴看到的是机会，而法务洞见的是风险。考虑问题的思路不同，意见和想法也会相应的不同。运气好的时候，商业伙伴会用同理心去考察你的意见，一起找到解决之道；但更多的时候，他们会满不在乎地嘲笑说："有了法务，真是什么事都做不成。"对此类评论和场景，法务们应不陌生。

　　不是每个法务和每个法务当家人能承受得了此类拷问和误解。时间一长，在业务们的轰炸和游说下，内心也发生着不同的化学反应。有些为了

先度过眼前焦灼煎熬的难关，唯业务马首是瞻，把风险提示抛之脑后，和业务开始了"蜜月期"，完全失去了对法律的职业信仰。前几年媒体披露的英国 GSK 在华子公司的法务总监参与业务行贿案，就是深刻的警示。**也有法务在顽强执着地抵抗着，但内心感到孤独，感觉并不受人待见，时常有被边缘化的感觉，甚至有时想自暴自弃、赌气地一夜之间城门改换大王旗，想转去业务岗试试。最终有人受不了这份孤独和执着的寂寞，又不愿意违背内心的想法，要么转岗去了业务，要么换了个事业平台继续尝试。**

的确，没有点为法律信仰而执着的精神是做不了好法务的，换句话说，**一个没有法律信仰的烂好人是不适合做法律工作的！**职业要求我们的角色是道德底线的捍卫者。而捍卫底线又显得与众人格格不入，这是许多青年从业者中普遍存在的困扰。在工作了这么多年后，**当冲突不可避免发生时，即便你处理得多有技巧，但是底线毕竟是底线，你捍卫了，意味着有人会不高兴，有时面对相处已久关系不错的同事，人毕竟是感情动物、社会性动物，又何尝不曾失落。**甚至连我，面对不理解的同事，沮丧是常有的事，我很想让大家都开心、和同事们打成一片，但有时候有强烈的取悦无力感。一条职业信仰的底线清晰的在那里，无法逾越，那种挣扎经历过的人会懂，这可能是我目睹道斯在影片中的表现感同身受的原因之一。

但恪守职业信仰和帮助业务打下业绩江山，真的有冲突吗？真的只有你进我退的选择，而没有第三条路的存在吗？

第三条路当然是存在的，正如影片中所示范的，如果法务和业务之间能够建立起信任机制，彼此理解和信任，互相在商场上不抛弃、不放弃，结成真正荣辱与共的伙伴关系，就能找到第三条路，变不可能为可能！

正如不是每个想当医疗兵的美军士兵，都能像道斯那样坚持自己不持枪、不违背训诫的信仰，而最终经过考验成为"二战"英雄。**要实现这第三条路，对公司法务也不会是件轻松而容易办到的事。这很大程度上和企业文化、管理层的眼光和格局、法务总和法务团队的品格及追求、公司的发展战略阶段、业务伙伴的格局和眼光等因素息息相关。但即便如此，依然值得我们去坚定地探索并勇敢地追求！**

（四）没有被误解过的法务人生不完整

最后，我们来揭晓影片中第二处让我为之动容的片段。影片的结尾处，当道斯凭借自己在战场上的英勇救人表现，赢得了同伴的尊重和理解，没有他，士兵们甚至不愿意上战场，大家尊重他的祈祷习惯，尊重他的信仰，那个时刻大家已理解了他存在的价值。戴斯蒙德·道斯的上司对他说：**"我从没有如此深地误解过一个人，希望你有一天能原谅我。"**

这句话对我来说触动很深。我不由得想起了很多年前，因为我坚持不肯迎合上司的要求，改变我认为项目不可行必须做方案调整的法律意见书，曾被一位 CEO 深深地误解过。那段时间过得甚是煎熬，我认真想过，怎样处理同样的事情，下一次会更技巧娴熟；但我从来没有为自己做了正确的事情被误解而后悔过。我明白，只要我从事法律工作，那种概率事件就会存在，有一天它会发生，并考验我们的心志和对法律的信仰。能做的事情，我尽一切努力去配合；不能做的事情，学习温和而坚定地拒绝。

但最终时间和经历证明了一切，最终 CEO 找到我，向我道歉并希望我原谅他。误解和道歉，对我并不重要；相反，那段经历是一段宝贵的财富，

时刻提醒我，作为一位总法律顾问，即便是在最艰难的抉择中，该如何行得正、守住对法律的初心。时刻拷问自己，什么是能做的，什么是不能做的，我们的行为底线在哪里。这才是经历赋予我们的成长。

没有被误解过的法务人生是不完整的。**愿作为法律人的我们，以影片中表达的信仰精神为鉴，坚守职业信仰，建立信任，和业务团队彼此不放弃、不抛弃，开创精彩的新法律人生！**

左规则右人情，
如何破解公司合规困局？

　　在公司做法务，合规是一个绕不过去的坎。过去合规是绝大多数法务在项目支持、合同评审等过程中需要一肩挑的工作内容；当下由于政府监管有不断加强的趋势，以及公司内部规范商业行为的需要，不少公司正在考虑或已着手在法务部下设立专门的合规岗，或者干脆将合规从法务中独立出来，合规的价值在公司越来越受到重视。不仅跨国公司配备有专业的合规人员，知名民营企业也纷纷设立了首席合规官，可谓十分重视。

　　但一说起合规的工作内容，却又是许多法律从业人员唯恐避之而不及的，原因有二：一是经常因为工作需要由内部人去查天天抬头不见低头见的同事，是一件得罪人的事，心理上有顾忌；二是公司领导面对合规的建议，通常一句，这事我知道了但业务要照做，出了事情我担。两厢夹击之下，让合规人员无所适从。

　　顾忌情面，装作没看见、压根不敢管，日子是好过了，但后患无穷；又或者被业务领导一句"出了事我担着"这样的豪言壮语压得哑口无言，一旦东窗事发，除了来自监管部门对公司的处罚、追究高管责任等压力，有些国家还会追究合规人员的责任，这就意味着职业生涯的终结，后果十

分严重。左规则、右人情，那么又该如何破解合规工作的人情和原则的困局呢？

（一）合规困局机制上的成因

任何事物都有成因。首先，设立合规岗是公司主动应对各国政府监管不断加强而在组织架构上的反映。

宏观层面而言，除了银行保险等金融企业的合规历史较长之外，大多数中国企业在发展之初并不重视合规，求生存的阶段是顾不上合规的。与之成鲜明对比的是，20世纪八九十年代，跨国公司进入中国之后，面对中国社会中存在的关系、人情和腐败，考虑到本国政府或其他从事主要业务的所在地政府监管要求，首先将其在母国的合规理念和机制复制到了中国公司。进入21世纪之后，中国企业告别了求生存的阶段走向求发展的阶段，逐步走向国外开始国际化扩张。鉴于东道国与母国完全不同的经营传统及法治环境，企业逐渐考虑在传统的内控体系之外，将合规列入公司管理之中。

其次，合规内容涉及企业经营的方方面面，它在传统法律事务之外，发展出许多特殊的、与企业经营风险防范相关的非标准法律业务，需专业人员去做。

"合规"指企业遵守母国、经营所在国、主要业务地所在国等对公司有监管权限的政府的法律法规及监管规定；据此制定相应内部规章、业务流程和商业行为准则等，并要求企业全体员工及利益攸关方（包括供应商、商业合作伙伴等）予以遵守；对于员工而言，还包括遵守职业操守和道德规范的要求。

从所需要的专业知识来看，与从事普通法务工作所需要的合同法、公司法、知识产权等民商法为主的知识不同，合规岗位无论是反腐败、反垄断、税收，还是金融法律法规，以行政法和竞争法体系内容居多。因此，由普通法务去兼顾合规的内容跨度比较大。

从工作范围和监管程度而言，合规内容已经从最初的反腐败为主，发展到涵盖税务、劳动用工、反垄断等涉及企业经营的方方面面；并且不遵守政府的监管规定，将面临严重的处罚，需要专人跟踪研究处理。 譬如笔者长期在汽车业工作，2016 年 12 月，上汽通用因垄断被上海市物价局罚款 2.01 亿元，是继奥迪、奔驰、克莱斯勒及东风日产后，又一家因垄断被处罚的汽车企业，而且反垄断的监管趋势不断加强，此类案件还在源源不断地发生。反垄断在 2010 年以前，对绝大多数在中国从事生产经营的车企而言，是不需要多加考虑的，但是 2010 年以后，监管方向和监管环境的转变，已经成为车企合规必不可少的一项内容。专业的事需要专业的人去做。在预算允许的情况下，设置专门从事合规岗的法务人员或者专门在组织体系中成立合规机构，是比较理想的。

再次，合规虽然作为商业的推手比传统法律事务和商业的联系更紧密，但从其功能上界定，属于风险控制类岗位。

合规是企业管理者考虑到政府监管风险对企业经营的重大影响，看到了公司员工不符合职业操守和行为准则的行为对公司商誉和品牌的损害，主动从内部去审视风险，达到防范潜在经营风险的目的。企业管理者通过对不同角色的分配和功能定位，在内部形成对商业的制衡；通过部分牺牲

商业效率，达到主动防范重大经营风险的目的。虽然合规的行为需要镶嵌到管理流程的主要步骤中，而且越前端、和商业结合越紧密就越有效，但从管理职权上而言，如果说商业部门扮演的是进攻者的角色，合规和传统法律事务岗位一样，扮演的是守门员一类的防守型角色。

况且逐利性是企业的本质。组织中的成员，会倾向于为了追逐商业利益而不断向合规人员挑战，因此在从事合规工作时，与业务之间彼此牵制、拉锯，甚至冲突会时有发生，实属常态。比起抗拒和排斥，通过变相的怠工，甚至不惜牺牲原则和底线，去避免和内部同事之间因合规而引起的僵局，并不是明智的做法。**理智上合规人员更应看到困局形成的原因，学习接纳冲突情境，把它视为工作的一部分，并在此基础上尝试寻求减少冲突、加深理解的方法。**

（二）合规困局的文化层面和合规价值层面的成因

合规之所以让周围的同事感觉比较突兀，进而在工作开展上不太愿意配合，甚至一言不合引起语言或肢体上的冲突，剔除故意对抗的因素，我认为多数因为心理对抗、心理上的不认同造成的。这与公司的合规文化、合规价值、合规能力的现状，有很大的关系。

首先，公司实际控制人对内说一套做一套，把合规工具化，不看重合规过程的公正性和结果的惩罚性，导致谁都说合规，但合规仅存于纸面而落不到实处；对外看重人情关系，合规更多的是应付政府的摆设，自然就起不到应有的作用。

举例来说，不少民营企业是以老板为中心的企业文化，老板提出某个概念，管理层纷纷迎合，至于怎么落到实处并不是很在意。今天老板对合规的重点放在工程反腐了，法务合规就开始各种查个底儿朝天，等查出个结果要处理的时候，老板又顾念人情和公司政治制衡，可能对涉案人员在处置上不了了之。**长此以往，不仅合规是运动式的、突击式的、缺失常态化机制的，而且合规并不是商业稳固发展的推手，而是老板手上的一把利剑。失去了公正性的合规很容易引起内部的敌意；另外对于合规惩罚性结果落实不到位，对员工和管理层难以形成约束力，难免在公司沦入尴尬境地。**

其次，合规经营并未成为受企业内部尊重的价值观之一。当商业发展和合规发生冲突时，创始人和管理层以牺牲合规为代价求发展，这使得合规权威性难以树立。不少管理层、CEO 挂在口上的"我知道了，但我依然要这么做，我承担责任"，在他们看来这是对法务、合规人员很大的尊重了，但这看似很"勇敢而有担当"的说法，其实反映了管理层并不真正理解合规对公司健康长久发展的价值。一旦合规和商业发生冲突，企业管理层会毫不犹豫地选择铤而走险。比如最近在美国出口监管法的合规问题上栽了跟斗的中兴通讯，在明知违法的情况下，要求法务、合规想方设法去掩盖违法事实，就是这类想法在现实中的缩影。当合规无原则可言时，当专业意见随时被牺牲时，当合规**被用来为业务打掩护时，树立合规权威自然成空谈。没有权威性也就谈不上尊重，因而表现在日常冲突上在所难免。**

再次，合规团队的能力有限，难以得到管理层充分认可，也是使合规陷入两难境地的一个重要因素。

合规和法务一样，具有依托行业发展的特性。除保险、金融等合规

要求非常强的行业，合规在国内绝大多数行业还处于初级发展阶段，因而合规的从业人员存在业务能力参差不齐的状况。最常见的情况是由法务转合规岗。这虽然在工作初期具有一定的优势，尤其在传统类型的合规事务方面，但在新型的合规领域，虽然需要具备法律知识的人才，但更需要财务、税务，甚至 IT、金融方面背景的人才，需要的是一支实践经验丰富的综合型团队。目前来看，综合型合规人才缺乏已成为阻碍行业发展的一个瓶颈，这无疑会削弱团队的合规能力。

同时，合规和商业的结合相比传统法律事务更为前端，可以说，合规人员首先应是行业专家，然后才有能力判断公司目前提供的产品或服务是否存在合规上的问题。而目前企业合规人员流动性普遍很强，3 年换一家单位甚至一个行业比较普遍。这就导致了专业人才对行业背景和对商业的深度理解能力欠缺，更别说扎根下去成为行业专家，所提供的商业价值要得到管理层的充分认可具有一定难度。

除此之外，合规人员软技能上的不足也容易导致困局。不可否认，从事合规工作在企业里相对传统法律事务更有建议权和决定权，内部监管利剑在手，有种手拿"尚方宝剑"内部巡查的"钦差大臣"的意味。相比之下，合规人员在话语权上比传统法律事务从业人员要强；而在服务意识方面，相对传统法律事务从业人员要弱。这些心态和现状都不自觉地将合规置于一个不受欢迎的角色之中，时间长了难免有困顿之感。

（三）加强合规能力建设的五点提议

要破困局，就要从不同层面的原因下手，找到解决方案，各个击破。

虽然现在这种状态的形成，既有体制安排上的原因，有合规文化、合规价值取向层面的原因，但归根结底可以通过加强合规能力建设的方式来破局。

第一，在公司体制内自上而下培养合规文化。

合规文化对于合规的具体制度、流程、执行层面的行动而言，是土壤和作物的关系；没有合适的文化土壤，难出累累硕果。对内，企业的领导者要主动以身作则，摒弃说一套、做一套的做事方式，只有当企业的领导者真正对合规的重要性予以足够的重视时，企业内部的合规意识才会被激活，工作才能开展，这是前提。对外，中国的企业管理者长期面对的厌诉、相信关系的商业文化，相比对法治的尊重和西方发达国家先天就有一定的差距，企业管理者更应该意识到要迎头赶上西方的公司治理制度，不仅要学习他们做生意的战略、战术和技巧，更要虚心学习西方企业防患于未然的法务及合规等风险防范机制，这在面对复杂多变的国际经营环境时尤为重要。

中国企业先天缺乏合法合规的基因，因此合规文化不可能是自下而上自发发生，而是企业家主动地、有意识地培植这样的土壤和基因，切不可颠倒顺序；从另一个角度讲，合规出问题，首先要问责的是管理层。

第二，在合规人才筛选和储备层面，管理者应注意到建立有效的合规防线，需要的不仅仅是律师，更需要其他综合人才。

如上文所述，合规人员必须深入到商业流程之中，提供有价值的意见；拥有这样能力的人，首先就应该是某个领域的专家。**虽然在不少公司，合规和法务依然是一肩挑，但在合规人才的招聘和筛选方面，我认为法律背景的重要性可适当淡化，行业背景的重要性要加强，如此方可建设成一支有战斗力的合规队伍。**

第三，在合规的方式上，改变运动式、突击式合规，通过日常培训将合规常态化，通过和KPI相结合，使得合规意识不仅渗透到组织的每一个细胞中，并通过管理方式上的合规绩效组合拳达到理想目的。

合规是风险防范机制中的一环，事前预防重于事后查办。可不少公司的合规部门，将主要精力投入到事后案件查办中。虽然主动进行自我纠正，比起被监管部门发现强，但是我认为真正专业的合规要深入到更前端，研究每一个流程、每一个产品在设置上是否存在合规风险才是工作的重点。

同时，合规团队在关注产品和流程监管的同时，及时根据业务发展需求组织日常合规培训，将风险防范做到事前。当然，这里的事前是相对的，相对监管部门的处罚而言，没有被处罚之前的合规都是事前；相对于纠正的动作而言，在产品设计、流程设计时能嵌入合规内容，及时根据风险控制点予以调整，这才是真正意义上的事前。

另外，在合规培训方面，除了内部合规人员向业务人员提供的培训外，可以考虑借助外部专家做培训。我们曾经在反垄断的合规方面做过此类尝试，内部反垄断律师和外部专家结合的方式培训，效果好过纯粹的内部律师主讲的培训。虽然请外部专家或多或少会产生费用，但外来的和尚好念经，有时外部专家寥寥数语的效果，胜过内部合规人员千叮咛万嘱咐。只要能达到好的效果，外部专家培训依然不失为一种可以尝试的好方法。

第四，在发现的问题处理上，合规人员应做到程序透明公正，事实认定清楚，法律依据清晰，过程处理公正。很显然，一个处理公正的不利后果，更能得到内部认同和遵从；一个被认为存在或多或少偏袒的不利后果，会引起内部的抵制。程序正义虽然不一定能保证结果的正义，但是没有程序正义保障的结果是难以让人信服的。在法律问题的处理上，主张通过程序正义保障结果公正已成为业内共识，这一规则应同样适用于合规工作中。

第五，沟通方式上，做到以理服人，多做解释，避免咄咄逼人。合规工作因为其特殊性，有内部警察之嫌，同事们对合规的爱恨交加的状态可见一斑。工作状态下"猫抓老鼠"的现象时有发生，或多或少会存在情绪化的状况。专业的合规人员应人格成熟，对内部同事的过激反应，能做到理性处理，做到对事不对人，解释说服为主，尽量避免情绪化行为。这对合规人员的心智而言，也是一种考验和修炼。

（四）总结

合规作为商业的推手，在企业中的重要性越来越凸显。同时由于合规工作一方面面对的是内部同事，另一方面面对的是政府监管，法律和人情之间，孰轻孰重经常要面临选择：有时难免会守住了底线而没有了人缘，或者为了避免被孤立而放低合规的标准，甚至牺牲原则和底线。

如果想让合规人员敢管、敢做、敢当，就需要在文化建设、价值观建设、合规能力建设上下功夫。归根结底，企业家需要主动培育合规文化，在价值取向上合规优先，在合规能力建设上分别从人才储备、监管方式、问题处理的公正性、沟通方式上下功夫，做到对事不对人，相信自然可以事半功倍。

附　录

律政职场私董会第 7 期回放 | 法务如何管理外聘律师

2016 年 8 月 27 日，清明爽朗的下午，第七期律政职场私董会在精致的器茶小院圆满结束。在李熠女士以及和睦家医疗法务总监王凌军女士两位导师的带领下，公司法务们和律师们共坐一室，抛开拘谨，交流探讨双方合作之道。且看"欢喜冤家"变身"得力助手"，法务如何管理外聘律师那些事儿！

两位导师认为，公司法务和律师团队的合作总是好事多磨，绝无一蹴而就的可能性，只有通过双方时间上的磨合，相互节奏的适应，工作质量的把控，才可以出色地配合工作，成为彼此的事业帮手。而在这期间，正需要公司法务具备极高情商的"管理"能力。

（一）费用管理——律师应及时提醒预算消耗

谈及管理，来宾们关注的首要问题就是费用管理。公司在寻求法务帮助时，并不应仅仅追求低价服务，预算是根据公司对于工作质量的要求和合理的市场价格而制定的，王凌军导师的一句话颇有真谛，"公司支付律师费，律所派律师干活；公司支付费用砍半，律所派助理干活；公司给个花生米，律所只能派个猴子干活"。

项目时间还未过半，但律师提交的小时计费单已经达到了预算，李熠导师建议，律师应当承担合理报价和合理收费的责任，当费用消耗过半的时候，律师应当及时提醒法务，并建议公司法务尽可能采用小时计费和封顶费用结合的付费形式。不可避免的是，部分大项目中关系错综复杂，不可控因素过多，若项目出色结案后，法务可以再和律所沟通，酌情提供奖金。

（二）技术管理——聘用性格相投的外部律师

对于法务而言，挑选技术过硬且配合默契的律师团队是行之有效的管理手段。不打无准备之仗，前期对律所团队和律师个人进行充分的尽调，聘用一个和自己性格相投的外部律师，会减少未来工作中的沟通成本，避免诸多不快。头衔过多的律师，并不一定是最出色的且适合自己的外聘律师。

法务单纯依靠律师的专业能力，做甩手掌柜，亦是不可取的。运用法务的专业能力，协调管理律师的工作，以身作则才是王道。

（三）流程管理——方案沟通先行

项目或案件开始之前，需要法务和律师先行沟通项目的节点和实施方案，双方就此达成共识，确保今后的合作不走弯路。

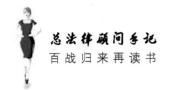

保持信息通道的畅通，无论外聘律师在准备诉讼案还是日常文件，法务都应当和其保持定期电话联系，确认执行节奏，沟通方案思路。统一对外聘律师的信息出口，交由法务部门可靠的人管理，是确保工作流程顺畅，避免纠纷又一行之有效的方法。

选好外聘律师，管理好外聘律师，是法务们为管理层提供出众绩效的有利保障。相互尊重，合作共赢，从不同的立场出发，出色完成本职工作，将法律对商业的价值深入化，将商业市场规范化，应是双方的共同愿景。

律政职场私董会第8期回放 | 法律人在商业谈判中的定位

2016 年 11 月 6 日下午，第八期律政职场私董会在东三环的胡子故事咖啡酒吧圆满结束。十多位法律界的来宾和本期活动导师李熠女士一起各抒己见，分享多年职业生涯中所遇见的"愤怒的小鸟"的经历。

曾在第六期律政职场私董会**"法律人在商业谈判中的定位"**中，导师们提出一个观点：有目的性地、有策略地发脾气是谈判中转移压力的有效方法。本期活动中更换角度分析，**当你不是愤怒的制造者，而是承受者，又该如何处理沟通中遇见的"愤怒的小鸟"？如何用"柔术"与愤怒的客户打交道？**

一味的顺从或者压力状态下的讨好，并不会换来预想之中事情的圆满解决，有时候反而促使对方变本加厉。导师和来宾们认为在遇见冲突的时候，法律工作者**首先要坚持职业道德和原则**，以公司利益为重，顶住压力提出专业意见。下文从沟通技术角度出发总结处理"愤怒的小鸟"的策略。

（一）什么是回形针策略

第一步，要想有效地解决"愤怒的小鸟"，首先需要当事人认清愤怒

的本质，这是选择解决方案的依据。**愤怒是一种紧张的表象，但愤怒的本质通常是当事人双方的意见冲突或利益牵扯。**

第二步，当事人双方的关系破裂后，建议不要第一时间采用回避愤怒的策略，有可能会更加刺激发怒者二次发怒，如果时间充分，**通过幽默的话语和心理学技巧重建双方微小的合作关系，**缓和气氛。

第三步，现场气氛缓和之后，适当地打断对方的怒气并且回避直面的训斥，避免产生与"愤怒的小鸟"的直面冲突。

第四步，通过其他途径了解发怒者的当前状态，**了解对方真正的"需"和"求"，**找到对方的真实意图，这往往可以解决因双方信息不对称而产生的沟通冲突。

（二）柔道术策略

李熠导师认为**柔道术策略的先决前提是强硬的心理素质和抗压能力，**有能力顶住来自外部和内部的一切压力，对内善于并勇于承担责任。如果在客户对法务有抱怨、有情绪的时候，法务先去澄清这不是自己的问题，并不是好的时机。先解决问题，再追责，才是恰当的解决之道。先理解对方，给对方心理认同感后，**给出可行的解决方案，**再共同回顾问题发生的原因，**展望未来如何进行改善。**

（三）寻求外部助力

个人的能力总归是有限的，李熠导师指出，因为自身经验不足或者对于情况的不了解而无法解决"愤怒的小鸟"时，一定要善于向更有经验的同事寻求帮助。

同时，来宾们也指出要小心使用电子邮件，尽量不要通过电子邮件做过多的争论、转发或抄送，一不小心，都有可能引起更大的风波。

总之，"塞翁失马，焉知非福"，遇见"愤怒的小鸟"并不全是坏事，而有可能是件危机并存的事情。在合适的时间，通过沟通的技巧，解决冲突，往往能为自己的职业生涯铺垫基石。

总法律顾问手记
百战归来再读书

律政职场私董会 2017 年会回放 | Less is more，感谢有你

2016 年 12 月 18 日晚上，迎来了律政职场先锋私董会 2016 年度的收官之作。有别于以往开放性参与的律政职场私董会，本次律政职场私董会年会是一次具有特殊意义的会员闭门会议，仅对会员开放。

自 2016 年 1 月 23 日起，律政职场私董会成功举办 8 期，完成了从 0 到 1 的跳跃性发展，众多优质会员的加入支持，居功至伟。公众号创始人李熠女士常说，授人以鱼，不如授人以渔。律政职场私董会不仅是一个成员之间的互助学习平台，更是一个深入交流发现自我、提升自我的平台。**优秀的同道中人通过互相诘问、照镜、反思、共创的方式，同心同行；彼此信任，增强归属感，成为法律人事业发展路上的家人，和社会上的浅社交式的法律人聚会活动有着本质区别**。Less is more，特此感谢所有关注支持律政职场私董会的家人朋友。

美味的食物，红色的元素，倩丽的身影，暖心的举止，深刻的分享，真诚的交流，精心准备的礼品……共同组成了一次令人难忘且意义深刻的年会。

年会上，成员们像家人般毫无戒备和标签，彼此之间真心诚挚地交流，回顾 2016 年职场和生活上令人感动令人印象深刻的瞬间，分享一年来的习得和感悟，见证 2017 年的愿景。**对私董会的董事会员们而言，2016 年是平顺的一年，是磨难中成长的一年，是职场转型的一年，是找到自信心的一年**。过往的一年，每个人都有进步，有大有小，但总归一句"有志者事竟成，苦心人天不负"。对于所有人而言，**未知的 2017 年都是充满着挑战、激情、期待的**。

精彩发言：

▷我 2016 年的推荐书单——《美国宪政历程：影响美国的 25 个司法大案》《向前一步》，都是非常值得一读的书籍。年底收到一本意料之外的好书，Lily 所著的《总法律顾问手记——律政职场胜经》。我相信，所有敢于向外曝光的人，都是内心相当强大的人。因为敢于将弱点曝光就意味着这件事情不再是他的弱点。

▷做每件事情前都要先脚踏实地地提供自己的能力，任何经历都是意义非凡的。这一年，我学习到做事情、找工作一定要扬长避短，做自己擅长的事情，有了满意的收入，人也更有自信。

▷这一年，我被问到，独立意味着什么？到了现在，我理解到独立不仅仅意味着有自己的成本清单，有自己的业务，有自己的客户，更意味着承担更多的风险，意味着更多的合作。这里，让我更愿意去思考。

律政职场私董会能于 2016 年顺利起组，自然少不了创始董事会员的努力和付出。创始人李熠女士也趁此机会，对创始成员表达一份深深感激之情，向创始董事刘妍女士和李晓女士颁发了"创始成员奖"。礼轻情意重，

祝福暖心头。

李熠女士提到，律政职场私董会借鉴了在企业家中间存在的私董会模式（Peer Advisory Group），致力于建立法律职业终身学习型组织。通过律政职场私董会的一年发展，成员之间彼此的信任已经初步建立，这为未来私董会的可持续发展打下了良好的基础。2017 年，相信会是私董会模式稳固发展的一年。

年会必不可少的当然是奖品和惊喜，不仅仅有律政职场先锋特别定制的实用小礼品和 Lily 的私人收藏作为抽奖礼品，更有会员们精心准备的礼品彼此互动，带给彼此意外的惊喜和祝福。

2017 年，律政职场私董会将用实际行动去践行责任，与更多志同道合的朋友一起分享、传播、同行。

律政职场私董会第 12 期回放 | 人工智能真的会取代律师、法务吗

律政职场私董会第 12 期于 2017 年 8 月 20 日在北京顺利举办。此次研讨会的题目是当下法律人最热的话题，人工智能真的会取代律师、法务职位吗？法律人应该及早地做哪些准备？

（一）法律职业，哪个层面会被机器人替代？上升到哪个层面是安全的

实际上李开复在自媒体中做过分享，提到机器和人之间最大的区别在于处事的温度和人性。譬如在医疗方面，机器可以部分代替医生做技术重复性比较强的工作，而医生则从简单繁琐的劳动中解脱出来，更多的去关注整体的解决方案并安抚病人，这对病人的治疗和康复是同等重要的。回归到法律职业而言，枯燥和重复的工作，可以由机器去做，机器的优势非常明显，出错概率很小，而且不受情感的影响。但受制于固定的程式、很难理解文化层面的东西，法律机器人恐怕难以做到与人的深入交流和沟通。谈判活动须由律师、法务去做。参考医疗行业，医生和医疗器械之间的关

系和我们法律工作者与法律机器人的关系是类似的。**医生对结果还需要进行检验和方案把握，律师也是相同的；法律工作者要做方案的提供者，而不是方案的搬运工和检索者。**

李熠女士认为，在非诉领域，在20年前从事外贸工作时，就有销售合同一键生成的软件。许多合同通过整合梳理，未来一键提供的可能性是非常大的；今后律师或者法务需要做的是给法律机器人伙伴必要的合同内容输入，并核查它的工作成果。其次，律所中做的法律检索类的重复劳动，是可以通过机器人来实现的；同时交通、房产、婚姻等程式性比较强的案件的法律咨询，完全可以通过机器人进行，从而有效降低法律服务费用，让更多有需要的人不被高额的法律服务费用阻拦，从而享受到科技进步带来的便利。再次，合同的审查工作，整体法律解决方案的沟通，恐怕很长时间内还需要人来主导；律师行业对语言和思维能力的要求很高，尤其是许多法律问题的解决方案都需要放在商业和文化习惯的大背景下去解决，这一点恐怕是机器人暂时无法胜任的。

（二）在诉讼领域，会不会有机器人法官出现

出庭律师和法官是大家认为比较安全的一个工作。出庭的法官和律师，毕竟要面对许多突发情况，审查的流程是固定的，但内容是多变的；用机器人来审查人类，从伦理上和实际能力上都存在巨大的挑战。举例来说，英美法系的法官会在审查过程中有自由心证，并形成案例积累下来；而机器人，可以理解文字的字面意思，但恐怕很难理解案件当时发生的历史背

景和文化因素对一个案件的影响。所以目前法院有机器人法官出现的可能性还不大；但同样，法院的许多咨询工作，可以由法律机器人来完成，提高效率。

（三）法律工作者将如何实现同法律机器人的连接

会员以京东为例，提到京东无人机是为了解决山沟无人配送的情况，但仍然需要在村庄里找一个人去与无人机对接。我们相信未来法律工作者和法律机器人，也会形成类似的合作伙伴关系，需要一起为完成一个共同的工作任务而协作。

李熠女士强调，初级和简单的谈判也可能由机器人取代，譬如淘宝的客服工作。但证据的真伪和合规中的调查取证、上市过程中的尽职调查等，还需要人来审核。但令人担忧的是，未来法律机器人的推行，会加大客户数据在网上的流通量，"黑客"问题令人担忧；而且现在许多法律机器人由第三方开发，第三方对委托人的数据实施利用时，如何做到合规合法，也是一个需要在立法层面来解决的问题。智能机器人有可能和克隆技术一样，最终都需要划出清晰的边界，涉及的职业道德、信息安全、法律伦理的问题需要我们的立法者认真考虑。

同时，为了更好地和法律机器人合作，我们每一个法律人可能都需要重新学习相关知识，如何操作机器人，如何帮助它更好地工作，诸如此类。法学院也应该在适当的时候有前瞻性地考虑开设相关课程，就好像二十年前全民学习电脑一样。

（四）总结

任何一个革命性的变革或发明出现的时候，历史上人类都产生过各种恐慌。比如汽车之于马车，电脑之于算盘；但人类最终适应了这些变化，并在经历了结构性调整后重新找到了合适的定位。相信人类和机器人的关系也是如此。

作为法律从业者，法律机器人的出现，提醒我们尽早地从重复性工作中解脱出来，找到我们的核心价值所在，学会与法律机器人共同工作，在充分应用法律机器人的基础上，去寻求我们更高的职业价值，并学习做机器的管理者和使用者，这才是大势所趋。

律政职场私董会第 13 期回放｜
法律人职业发展那些事和中年危机

（一）法律人职业发展那些事

2017 年 11 月 25 日下午，私董会有幸邀请到曾在一线国际猎头公司海德思哲工作多年的资深前猎头 Amii 和大家分享职业发展的建议。Amii 现任雷诺日产集团招聘负责人，曾任职诺基亚、彭博社等多家跨国企业，负责高端职位招聘工作，对职业发展和职业转换有独到的见解。嘉宾和会员通过问答方式分享了与跳槽有关的洞见。

Q1：招聘的时候什么样的薪水算得上合理的薪金？

不同角色有不同的考量。

作为求职者应该了解，每个公司情况不一样，某个职位的薪资水平跟所在行业、企业、老板、岗位设置等一系列因素相关。对标的参考值在每个公司有不同，行业薪资水平报告提供的行业对标大部分对我们自己的工作来讲没有太大意义。此外，不同公司给具体岗位的调整空间的灵活程度

不一样，比如在岗位定级有特别细分的公司，调整空间基本上是固定的，而且是由 HR，财务和业务部门共同决定。这些应聘者都应该在应聘之前尽可能了解清楚。

大部分情况下求职者的议价能力（Bargaining Power）不会太高，除了个别候选人可能因自己某些独特之处而稍多一些谈判筹码。求职者应该做好自己的心理建设，不要执着于某个具体的数字，应该跟自己比而不是跟其他人比，因为这不具有可比性，还会影响自己的灵活度。求职者应该对自己的情况和看重的因素做综合考量，了解自己的需求和职位能给自己带来的价值。在必要的时候甚至可以考虑降薪去某些职位，以获得如平台、特殊经验、离家近等对自己更重要的资源。

作为负责岗位招聘的法务部门负责人，应该考量整体预算在部门内的平衡。给具体岗位确定的薪资水平是否合理，需要考虑具体情况。比如对经验、资质、能力都要求很高，没有候选人又需要人员尽快到岗，就应该全面考量各种因素确定合理的薪资，如果有必要甚至应该去跟 HR 部门争取较高的薪资水平，因为就算候选人将就接受了较低水平的薪资，开始工作之后工作投入程度也会大打折扣，基本上遵循给多少钱出多少力的原则。

如果遇到某些特别合适的候选人为了获得讨价还价的成就感而坚持要求比预设的薪资水平小比例上浮，企业也没有必要因此放弃候选人。如果实在无法突破，企业还可以采用变通的办法，如在工资之外的其他福利部分做出相应的妥协。

归根到底，企业最在意的是候选人能完成工作、产出令人满意的工作成果。

Q2：看到同学工资比自己高，如何迅速从20万年薪涨到50万？

不能简单地横向对比。不同的岗位工作要求和内容不一样，付出的时间和精力也不一样，即便是同样工作十小时，工作强度、技术含量、精力集中度和产出都有可能不一样。提问者应该去分析：同学在做什么行业？是否是互联网、医疗、人工智能等处于上升趋势的新兴行业？具体是岗位？工作内容是什么？在什么样的平台？在哪座城市？

所以，要实现这样的目标，最好的方法是选择好的行业、平台，尽可能付出更多。当然，应该在保证健康的前提下做选择。如网游公司作为新兴的利润丰厚的行业收入很客观，但如果以频繁加班牺牲健康为代价，也不建议选择。

Q3：跳槽的频率多久一次比较合适？

曾遇到过五年之中每年都跳槽一次的候选人。这样的变化可能由各种因素造成，可能涉及公司或个人的方方面面。

如果每次跳槽都是为了追求自己的事业心，这基本没有问题，可以理解。即使是学习能力很强的候选人，真正熟悉一个岗位至少要一年。如果转换职业轨道一年就跳槽，需要向新雇主解释这一年里自己的工作价值，在优点方面有哪些变化和进步，如果能给出合理的解释也是可以接受的。

新雇主比较看重的是每次跳槽的理由、动机及是否对个人产生增值作用。经验在10年以内的候选人基本上每段工作都会看，10年以上则会更看重目前的状况。有时候可能是大环境的原因，只要解释合理就没什么问题。需要注意的是，如果频繁跳槽又对自己认知模糊，可能会引起雇主的

质疑。

Q4：如果要跳槽，是否在前雇主拿到好点的title之后再跳更好？很多年做同一个岗位的工作是否不太好？

关于 title，应该看 title 升级后的工作时间长度以及工作内容的变化。当然，如果可以拿到就先拿了再跳。

关于同一个岗位做很多年，需要关注的重点是自己 value 的变化。不管是否跳槽换岗，应该考察这个过程是否让自己的 value 有所增加。即便是在同一个岗位上，也可以通过做一些不一样的项目来增强自己某些方面的 value。如果七八年都在同一公司没变化，则一定要寻求工作内容上的变化，仅在完成工作速度上提升是没有太大价值的。职场年轻人尤其要注意这方面的考量，因为每个企业的文化不同，需要新入职的员工能快速融入适应新环境，同时兼具灵活度。

Q5：如果有心仪的新雇主，但目前没有联络，如何让对方注意到自己并成功跳槽？

求职者可以主动联系和接触新雇主，积极主动的同时也要保持淡定。接触新雇主有不同的方式和渠道，主要包括：

（1）通过职业圈、朋友圈；

（2）通过职业社交平台如 LinkedIn 联系；

（3）在找不到招聘直接负责人的情况下，通过朋友接触，争取提前相互了解的机会；

（4）与猎头保持联络，有机会面对面沟通去获取招聘市场的信息。

Q6：如何和猎头沟通？如果有多个猎头推同一个职位该如何处理？

现在市场上的猎头越来越多，存在参差不齐的情况。有的功利心重，也有经验丰富很专业的猎头。要保持开放的心态，与猎头形成合作关系，共享信息，坦诚沟通。

在猎头选择方面，可以主动去选择，主动把自己推给特定领域口碑不错的猎头公司，并保持定期接触，以拿到更有用的信息，了解新机会、市场活跃度、机会多寡等重要动态。

猎头行业收费模式有不同种类，有不少职位雇主可能会选择多家猎头合作。可以自己选择认为最专业、最好沟通的一家进行合作，但切忌一岗多投，这样有可能让自己陷入比较被动的处境。

Q7：在薪资构成谈判方面，有什么tips可以分享吗？

可以整理个清单列出重要项目：

（1）Monthly base 最重要，确认清楚是 12 薪、13 薪或者其他；

（2）Bonus：如何计算，历年参考值和未来预估；

（3）Benefits：如保险，除标准保险之外是否有商业保险，是否包含家人等；

（4）同样是五险一金，但各公司可能有不同，有些公司会为员工支付个人部分；

（5）弹性福利（Flexible Benefits）；

（6）其他福利：如交通补贴、餐补、过节费等。

Q8：在与雇主谈判薪资的时候，如何知道在公司可接受范围内已争取到最大数字？

最重要的是自己心中的预期数字是否已达到。

一般雇主会先问求职者的预期，如果雇主觉得合理会直接接受。如果雇主给的数字没有达到期望值，不要急于行动和表态，在沟通的时候要留有 buffer，还要注意去了解自己是否是唯一的候选人。最好有猎头在中间帮忙沟通，去试探对方的极限在哪里。如果雇主确认候选人很有诚意又很合适，雇主会在预算可以接受的范围内尽量满足候选人的预期。

Q9：如果通过种种迹象判断对方有其他候选人，应该如何应对？

是否是唯一候选人很难去猜，因为有可能是其他原因导致迟迟不发 offer，如公司内部发生了大的变化、预算被砍、业务调整、公司内耗、团队矛盾等。

此时，作为候选人，唯一能展现的是自己的 motivation，向雇主要求见更多的人去说服对方，因为见的人越多越了解这个职位，也越能把握自己的状态，了解未来合作伙伴，评估自己的机会成本付出是否值得，熟悉汇报线以及是否有比较挑剔不太好合作的人，因此才可以做出更准确的判断。

此外，要有耐心，在等待的同时继续在市场上寻找其他机会。

Q10：前面有提到应尽量去新兴且有前途的行业，但如果已经在一个行业里工作了十年八年，可能已经被贴上了行业标签，如何成功地转向其他行业？

对法务来讲，换行业没有太大问题，只要能找到行业及自己所做工作内容中共性的东西，展现自己对该行业的理解，并可以运用已经掌握的工作方法和流程去完成工作内容。

（二）关于职场中年危机

私董会的第二个部分，大家讨论了时下热门的"中年危机"的话题和如何将"中年危机"转变成"中年生机"的方法。

人到中年，在职业发展心态上趋向于稳定，上有老下有小，工作方面容易出现温水煮青蛙的现象。内心渴望有职业的爆发性突破，现实却很骨感，或者不知道通过什么路径去实现。

律政职场私董会创始人李熠女士认为，对外可以观察行业里顶尖人才的发展路径，思考如何重新调整自己的职业规划路径。充分了解自己的优势以及定位，从教育背景、工作经验、管理能力等多方面评估自己所处的位置，思考如何提升，并付诸行动。

需要注意的是，工作中绝大部分职位不可替代性并不强，要了解自己的优势在哪里，找到自己的核心竞争力。跳槽或者职业生涯的转换，不是和别人比，而是和自己的过去进行纵向比较。如果期待有爆发性的增长，作为律师也好，法务也罢，平常需要注意在工作中留意有没有可以获得爆发性经验增长的案子或项目，让自己有明显增值的机会，增加在就业市场上的价值溢价。

当个人意识到自己的温水煮青蛙状态时，要有跳出舒适区的勇气，有归零心态。当一个职位，五年左右工作内容基本雷同或增长有限时，该想想自己的下一步在哪里。或者转换行业重新开始，突破新领域尝试新机会；

或者充电学习，补上自己的职业短板。这些都不失为一种好的选择。

关于中年危机，每个人都有自己的困境，重要的是要敢于尝试。很多事情要先去尝试，尝试过程中会不断冒出新机会。勇敢突破，想办法让自己增值，同时分析市场上可能出现的机会，就可以破解危机。

有时候，我们想得太多会限制我们做出改变，会限制未来的一些潜在可能性。比如我在某个行业做法务做了很久了，转去其他行业，会不会有人要我？重新开始会不会很累？这些问题都很正常，但也不必过于纠结。**有得就有失，主要看我们在某个人生阶段的追求是什么，我们的长期职业发展追求是什么。在合适的时间选择暂时的后退，以退为进，对于那些目前所在的行业并不理想、职位发展空间有限的人士来说，不失为一种可取的选择。**

回到是长期做法务还是转做律师的问题。**法务和律师最大的不同是：律师偏重技术性，合伙人除外；而法务从事的工作，除了技术，无时无刻不需要和人打交道，这是一份更看重领导力的工作。**领导力包括组织能力、沟通能力、影响力和执行能力等。平常我们在工作中可以有意识地加强自己的管理能力。如果具备这些软实力，无论在哪个行业从事法务工作，均大有可为。

关于法务转换职业跑道时的不同类型企业的选择，李熠女士认为，外企工作环境相对舒适，工作沟通规范省心，专业化程度高，这是很好的一面。但对跨国公司而言，中国往往只是外企全球布局中的一部分，跨国公司的高级职位政治色彩很浓，比如车企基本上派老外做总法律顾问，对中国的国际化人才而言，机会有限。且跨国公司在中国的好时光已经过去，故回到民营企业可以是未来的一种选择。虽然民企也有它的种种劣势，但是民企在走向国际化的道路上需要有全球视野的管理者,也缺乏国际化的人才。如果能在这个进程中帮助国内企业走向国际,就有机会获得更好的机会和实现更大的成就。**没有十全十美的企业,只有能满足你某个阶段需求的企业,不必求全。**

关于法律从业人员薪资水平变化和工作年限是否必然成正比例的问题,李熠女士认为执业时间长短不一定能对薪资起到决定作用。真正的决定因素在于能力、努力程度、执业方向的选择等。如果是知名律所出来的律师转法务的,基本可以按年资判断;但已长期在法务行业的跳槽者就很难衡量。**关键在于考虑候选人过去在工作中做成了什么事,有没有产生高附加值,技术含量如何,这位候选人是不是不可或缺的。**

最后李熠女士提醒大家,每次转换职业跑道后,务必注意总结经验得失,比如建立自己的面试问题清单并不断完善,这样有助于在下一次面试中提升表现。另外薪水取决于自己在市场上的位置,不要"月光",准备walking away money,以便发生特殊情况的时候有所准备。职位越高财务预算越要保守点做,因为职位面临的风险也是很大的,这一点对高职位的法律管理人员而言尤其如此。

律政职场私董会 2018 年会回放｜God Help Those Who Help Themselves

2018 年 1 月 7 日晚，迎来了律政职场私董会第二届年会的收官之作。本次律政职场私董会年会不仅对会员开放，也对非会员开放。26 位资深法律界人士（其中最远的一位从山东青岛赶来）相聚一堂，总结 2017，展望 2018。

自 2016 年 1 月 23 日起，律政职场私董会至今成功举办 13 期。公众号创始人及律政职场私董会会长李熠女士认为：授人以鱼，不如授人以渔。律政职场私董会不仅是一个面向法律职场中人开放的互助学习平台，更是一个深入交流发现自我、提升自我的平台。**优秀的同道中人通过互相诘问、照镜、反思、共创的方式，同心同行；彼此信任，增强归属感，成为法律人事业发展路上的家人，和社交式的法律人聚会有本质区别。**

年会上，成员们像面对家人般回归到轻松愉悦的状态，彼此之间真心诚挚地交流，回顾 2017 年职场和生活上令人感动令人印象深刻的瞬间，分享一年来的习得和感悟，见证 2018 年的愿景。**对不少私董会的会员们而言，2017 年是转型的一年，是在面对挑战中逐渐成长的一年，是痛**

并快乐着的一年，是找到自信心的一年。过往的一年，每个人都有进步，或大或小，但终归一句"天道酬勤"可以概括。

2018 年会着装上女士采用绿色元素，代表希望；男士采用红色元素，代表力量。会场中春意融融，新朋旧友欢聚，共同举杯祝福，十分惬意。

美味的食物，绿色的元素，倩丽的身影，深刻的分享，真诚的交流，精心准备的礼品……共同组成了一次令人难忘且意义深刻的年会。

精彩发言：

▷ 2017，我走出了舒适区，从房产开发法律事务转向并购类法律事务，在沟通方面有了明显进步。我的体会是勇敢地放下心中的负担和焦虑，迈出第一步，行动比内心的多愁善感更有用。

▷ 2017，走上了从薪资合伙人向独立合伙人转变的道路，感恩遇到好老板。年初经历过转型带来的慌乱，年中认识到了自己的局限性，在分歧中学会了包容，学会从彼此的角色出发去考虑问题，年末业务丰收。

▷刚加入新的工作团队，有许多忐忑和不安。有一次竟然工作到了凌晨四点，发现自己非常热爱律师工作。

▷工作两年后 2017 年换了业务方向，八个月，从什么都不会到能独立处理法律事务，很有成就感。因为工作的变化换了三个老板，从一开始只喜欢与自己喜欢的人沟通，到现在学会了如何与不同类型的人沟通。

▷ 2017，基本在加班中度过，累到被保险公司拒保的程度，应该算工伤。成就是使得面临关闭和裁撤的业务线起死回生，希望 2018 有机会多关注生活一些。

李熠女士提到，律政职场私董会借鉴了在企业家中间存在的私董会模

式（Peer Advisory Group），致力于建立法律职业终身学习型组织。存续二三十年的私董会在美国很常见，通过律政职场私董会的两年发展，成员之间彼此的信任已经建立，这为未来私董会的可持续发展打下了良好的基础。2018 年，相信会是私董会模式稳固发展的一年，希望私董会不断吸纳优秀的新成员，陪同大家走过未来的十年、二十年。

律政职场私董会第 14 期回放｜并购知识分享

2018 年 3 月 4 日下午，2018 年第一期律政职场私董会在北京东三环如期举行。

有感于学员学习并购业务的热情，本期律政职场私董会由创始人李熠女士特邀高伟绅律师事务所关颖思律师向律政职场私董会会员介绍并购相关知识；同时关律师自 2017 年起担任香港大学法学院并购实务课外聘讲师，她对并购深入浅出的讲解不仅得到了香港大学学子的好评，也受到了我们私董会会员的热烈追捧。

关律师对并购体系和并购步骤的介绍清晰易懂，同时来自大成律师事务所的张清善律师主动地对其中的部分内容做了中国法下的补充说明，令私董会增色不少。以下是现场关于并购知识的提纲，分享给未能到现场参加活动的朋友们。

附：并购知识分享提纲

- 背景信息
  - 相关的法律法规
    - 外商投资产业指导目录 (2017 年修订)
      - 鼓励类
      - 负面清单
        - 限制类
        - 禁止类
    - 外资企业法
    - 行政审批手续（如营业执照以及相关的特别证照审批等）
    - 经营者集中申报（反垄断）商务部
    - 安全审查 —— 发改委
  - Merger 与 Acquisition 的区别
    - Merger 即兼并：A+B=C 或 AB
    - Acquisition 即吸收：A+B=A or B
  - 购买国内公司股权的两种模式
    - 建立一个新的 WFOE(Wholly Foreign Owned Enterprise 外商投资企业 / 外商独资企业)

- 建立一个合资公司（Joint-Venture Company，JV）：一般是一些限制类的投资项目，如学校、医院、能源行业等

- 并购的不同阶段

  - 尽职调查

    - 目标公司一般法律文件：营业执照等

      - 股权结构

      - 股东／股权结构变更历史

      - 征信记录

      - 主要股东（自然人或法人）的背景调查

      - 未决诉讼及纠纷

      - 贷款、抵押、质押情况

      - 知识产权证明

      - 未履行完的合同义务

    - 财务审计

    - 特殊要求

      - 国有企业资产交易

      - 特殊行业的特殊许可：房地产、医药、医疗、教育等

      - 人力资源、环境等方面的特别证照要求和法规约束

  - 前置审批

    - 工商注册：公司名称、经营范围等

    - 国企资产交易流程

    - 老字号：商务部审批

    - 军事、农业、能源等：国家安全审查——发改委

- 经营者集中申报：反垄断审查——商务部
- 挑战
  - 交易流程的时间掌控问题
  - 各个前置审批程序的不确定性
  - 尽职调查中文件审查的局限性
- 股权购买协议（Share Purchase Agreement，SPA）
  - 形式上
    - 正确完整
    - 一致性
  - 实质内容条款
    - 先决条件（Condition Precedents，CP）
      - 工商局、商务部等前置审批项目通过
      - 特别事项备忘：知识产权、劳动争议／纠纷、租约、贷款等
      - 没有重大的负面事项
      - 延期条款
    - 交割条款（Closing）
      - 交割完成文件清单
    - 限制竞争条款（Non-competition）
    - 保密条款（Confidentiality）
    - 排他条款（Exclusivity）
    - 锁定期（Lock-up）
    - 保证与陈述条款（Warranty and Representation）

- 赔偿条款 (Indemnity)

- 争议解决条款（Dispute Resolution）

● 其他文件

- 意向书（Letter of Intent，LOI）

- 披露函（Disclosure Letter）

- 合资合同（JV agreement）or

- 公司章程（Articles of Association，AOA）

律政职场私董会第 15 期回放 | 法律人如何在职场中脱颖而出

题为"**法律人如何职场中脱颖而出**"的第十五期律政职场私董会，于 2018 年 4 月 15 日在知识产权出版社会议室如期举行，新老会员 30 人济济一堂，围绕着本次私董会主题分享、交流、碰撞。

第一环节：法律人如何在职场中脱颖而出

李熠女士在这个环节中从几个不同的角度分享她对于职业人生的看法。

首先，李熠女士提出职业规划要像拟定商业计划书一样来认真思考、制定和执行。先有定位，有定位之后才会发现机会，发现机会后一定要行动，行动过程中可能会有偏差，需要事后总结，形成一个循环。她分别从性格、背景、资源、兴趣四个方面阐述核心竞争优势的含义，以及结合自身情况解释如何根据个人实际情况进行职业定位。

其次"在人生计划书——向死而生的艺术"这个环节中，李熠女士破天荒地展示自己的人生计划书（Life Plan）。**人生计划书非常详尽、令人**

叹为观止；并且她本人正是按照这份计划书，通过四个中长期规划，逐步接近梦想与目标。这无疑是本次私董会中对听众冲击最大、最震撼的一个环节。

再次，李熠女士深知机会对于普通法律人的事业发展的关键性，认为机会始于定位终于定位。她现身说法分享自己如何争取到吉利汽车并购沃尔沃项目的机会，**别人眼里看上去的幸运，其实是用心经营和准备的结果。这份坦然和真诚，着实令在场的每一位会员动容。**李熠女士认为每个人最大的贵人是自己，让自己成为一个有价值的人，并用真诚和善意去经营，每一个人都有机会找到属于自己的事业良机。

即便有了好的机会，没有到位的执行也将功亏一篑。到位的执行需要自律、坚持、超越。其中自律是前提；在执行中是不会一帆风顺的，遇到困难不怕，请耐得住烦，痛苦和黑暗是力量的源泉。

最后关于人生的螺旋式上升，李熠女士分享了关于勇于归零、不在过去的功劳簿上睡觉的一些想法和实践。唯有放下过去的成就，总结过去的经验教训，主动归零，重新去拥抱不确定性，才能在人生之路上实现事业的螺旋式可持续的上升发展。

第二环节：法律人海外留学之路

李熠女士近期以 41 岁"高龄"申请到了纽约大学 LL.M. 公司法项目的 offer，勾起了不少工作多年的法律人重拾旧梦的想法。留意到了大家的小心思，她特别在本环节中，结合自己申请美国 LL.M. 的经历和体会，系统介绍了申请美国留学的相关情况。

起点低、年龄大、英语不好都不是问题；真正的问题是需要想清楚留学的目的，找到深层次的真实的申请动力。**留学并不能一定为申请者带来未来可期待的财富或事业成功，但是可以让喜欢读书的法律人增长见识、内心更为自信从容。**在 LL.M. 和 JD 项目的选择上，李熠女士分享了利弊；并简要地和会员介绍了留学 DIY 申请流程，分享了可用的留学资源以及学校选择的一些要点。这些过来人的体会和经验对有海外留学想法的会员非常有价值，可以少走许多弯路。

李熠女士认为留学这件事很私人化，并不是大家都去做了就跟风做，而是深思熟虑后根据个人的人生事业规划做出的一个慎重而严肃的选择。许多人有留学想法但一直执行不下去，这也是会员的常见问题，这主要是无法做出严肃的时间上的承诺所导致的。对于长期工作者而言，专注投入准备尤为关键，这就会涉及事业和学业的时间分配甚至抉择的问题。在这一点上，李熠女士分享了她从雷诺汽车中国总法律顾问位置上辞职后全职准备 LL.M. 的心路历程，以及每一个决策的关键因素，对学员们而言非常有借鉴意义。

第三环节：现场互动

1. 您做高层领导多年，请问怎么做好CEO级别的对接，如何平衡好法律和商业的关系？

答：同理心。对接时候的障碍，除了信息不对称，多数是因为法务没有站在 CEO 的角度去想他遇到什么难题、他在考虑什么。律师怕担责任喜欢汇报的比较细，以为跟 CEO 说完就没责任了，导致老板和法务总的关注点不一致。第二点，商人没有兴趣听你讲法律分析，CEO 希望你说的方案或者观点能够在商业中直接拿过来用，这一点需要注意。最后就是在沟通的时候注意软性的技巧，风险很大这种话不爱听，建议定性定量地去表达，比较清晰易懂。

2. 做这么多事情怎么平衡时间？

答：其实最近我天天忙到两三点，所以我希望大家珍惜我的时间，那些可问可不问的问题尽量不问，我会尽量把时间用在真正值得的人和问题上。除此之外就是提高效率和专注，巧妙利用碎片化时间，比如做活动就是。

3. 您觉得EMBA的过程对现在的工作生活哪方面帮助比较大？

答：EMBA 是个名利场，想明白自己要什么：社会关系、资源整合、还是想读书提升？想明白后再去考虑读不读。但中欧的EMBA录取很严格，对职位、工作经历、企业规模还有个人素质都有要求，如果暂时没有达到EMBA 的录取标准，可以考虑 MBA。我觉得 EMBA 给我最大的帮助有几点：首先是管理上的提升；其次是收获了一个高素质且经历丰富的智囊团；再次就是通过中欧的小世界，对大世界看得更加透彻，对人生有顿悟之感。回到工作当中，这三点收获对我无论是把握大局还是提升管理细节、丰富社交圈都有不小的收获。

4. 美国留学后律政职场私董会后面怎么继续？

答：像今天一样的每月一次的现场交流因为距离而变得不太现实，律政职场私董会到 2018 年 8 月暂告一段落；预计在 5、6 月在江浙沪有两场，7 月将回这里和大家做新书签售专题分享会。不过每周一篇《总法律顾问手记》系列文章不会停，我会通过文字把我的想法及时分享给大家，这是我的承诺。当然如果条件许可，也可以考虑组织律政职场私董会纽约分场。

律政职场私董会第 16 期回放｜ 如何突破法律人不同阶段的职业 发展瓶颈

2018 年 5 月 26 日，主题为"如何突破法律人不同阶段的职业发展瓶颈"的第十六期律政职场私董会在杭州凤凰山脚路 7 号兰莲花茶舍如约而至，花间茶香友人来，智语慧思茶盏转。

百战归来再读书，我的职业瓶颈破解法门

李熠女士在这个环节通过自己的职业发展、人生规划分享了自己在面对职业发展瓶颈时的应对方法。

首先，李熠女士接着第十五期律政职场私董会关于人生规划话题，提出不同的法律人，会在不同的阶段面临或大或小的职业发展瓶颈，不论你是职场小菜鸟，亦或是职场老手。李熠女士认为职业发展瓶颈本身不可怕，可怕的是没有找到适合自己的破解法门。她分享自己海外求学规划就是破解自身目前职业发展瓶颈的不二法门。

其次，李熠女士通过形象的例子，生动地剖析了当前跨国公司法务人

才的竞争现状。跨国公司法务在中国初兴时，凡是有跨国公司工作经历的，不管有没有留洋，都属于"稀缺人才"。但是现在只有具备优质教育背景的法律人才，方能在跨国公司适应强者生存法则。

现场互动：他山之石可以攻玉，你的困扰，我来支招

1. 律师向左，法务向右，如何明确自己的职业方向？

答：职业选择基于对自身的内省。只有对自己有足够清晰的自视，才能想清楚自己想要怎样的职业发展。当你在律师、法务两者间摇摆选择时，我的看法是在想清楚现在这份工作是否适合自己，"转换跑道不如经营跑道"；没有考虑清楚，就不要轻易做出"这个工作不适合我"的论断。

另外关于什么是适合的，也是依情境而定，在人生不同阶段有不同选择。如果到公司才一年，如果所处的职位不高，要看清楚一家集团公司是有困难的，不妨多观察一段时间看看公司的平台有多大，然后再下决定。

2. 律师从业20多年，时至不惑之年，实觉茫然无措，怎么选择下个路口？

答：部分律所发展到一定体量时，会出现发展停滞期，合伙人发愁新业务难以开拓，这个问题的症结在于任何地域内的法律服务市场容量存在一个饱和度。这时律所管理团队核心成员更要想清楚律所及律师个人发展方向。律所和律师可以通过内力修炼和外力联合的方式破解发展瓶颈。内力修炼就是以身作则，精于业务，只有痛下决心，方能打破天花板，发掘无限可能。联合外力就是通过加盟融合更大品牌律所的方式，使律所或者律师拥有更大的发展平台。

3. 法务与业务间的冲突，想重返律所或深耕公司法务，哪个转向更好？律师如何开拓客户资源？

答：公司法务转型律师的优势：第一，知晓公司法律服务需求，有助设计最优的法律服务，提高客户体验；第二，知晓公司业务操作门道，可以更好地融合业务与法律。做好自己，当自己足够优秀时，运气自然不会差。公司法务转型律师也是有困难的，抛下"旱涝保收"的工作，要自行"垦荒播种、自负盈亏"。关键在于哪一个行业更合适自己。

业务开拓渠道大致有如下几种：第一，深挖勤耕公司原有客户资源，以此开拓新业务；第二，通过平台授课方式，以点带面，扩大知名度，发展潜在客户资源；第三，勤研勤写，通过优质文章的业内分享，提高自己在行内某一领域的权威性。如果最终决定重返律师行业，可以据此进行业务开拓的尝试。

4. 职场新人，先去律所积累经验，再转型公司法务可行吗？

答：当然可行。刚毕业要多尝试，尝试就是给自己的职业可能性做加法，任何过往经验将成为宝贵积淀。律所是练武场，你可以学习与同事、与客户间的处事待人之道，在学堂之外锻炼法律思维，总结实务方法。而且，大律所工作经验在今后转型法务时是个人履历中的一个加分项。

5. 工作中总会萌生"我要跳槽"的想法，该怎么办？

答：当工作趋于常态化、流程化时，容易产生换工作的想法。但是任何职业都需要一定的稳定性，不能因为一点小事而匆下决断，要沉住气、忍得烦、耐下心。在现有的工作状态中，如果已经发觉自身的不足，这时需要在工作中进行有针对性的技能训练。任何时候不会存在完美职业，只有合适的职业。如果你认为自己已经做好了准备，那么大胆地向前走。

6. 女性法务如何平衡好事业与家庭的关系？

答：事业需要不顾一切向前冲的外扩张力，家庭需要周全家人向内敛的防卫意识。两者方向不同，不可能平衡。女性法务一旦考虑生养下一代，就要做好事业长达 3—5 年，甚至更长时间的停滞期的思想准备。女性偏重选择事业还是家庭，完全是个人的选择，无关对错。

7. 合规行业发展前景如何？如果公司新设法务合规管理部门，如何定位？

答：合规是基于现有法律政策，在公司内部主动对洗钱、商业腐败等发起的监管，合规人员属于公司内部"警察"。不同行业合规重点不一，不同公司对合规重要性意识也不一样。跨国公司极为重视合规的重要性，合规是企业发展的重要抓手之一。随着中国"走出去"战略的落实，国际业务交流日趋频繁，中国本土企业的合规需求将会越来越大，因此合规就业前景是光明的，特别是男性职业者。但是由于合规岗的监察属性容易"得罪人"，要想坚守岗位职责，不仅需要有坚持原则的魄力，更要有极高的沟通艺术。

合规可细化为内控合规和业务合规。公司合规和法务各有分工，当公司新设合规部，我建议可以向有成熟合规制度的公司学习，或者向有合规部的律所学习，进而提出新设部门的职责划分，与公司领导沟通达成共识后再开展工作。